清华版·高等院校
旅游与饭店管理专业规划教材

# 旅游礼仪实务

## 第二版

牟红 杨梅 主编

清华大学出版社
北京

## 内 容 简 介

本书全面系统论述社交礼仪以及旅游服务专业礼仪知识，在一般社交礼仪学内容体系的基础之上，着重体现旅游专业礼仪内容。通过交往艺术与沟通技巧、旅游交往中的礼仪重点、礼仪互动、服务与接待礼仪、商务社交礼仪等内容，全面展示现代旅游礼仪与交往艺术。

本书的结构特点是理论＋实训的写作方法，为教师提供系统讲授、示范操作与训练的蓝本；使学生在掌握社交及旅游服务礼仪的基本概念、常识、基本原理的基础上，通过实训掌握旅游礼仪实际的方法技巧，为今后从事旅游服务工作塑造良好形象、提高服务艺术，奠定坚实的基础；为旅游职业人士提高个人职业礼仪素养，打造个人交际魅力提供有效地指导。

本书面向作为高等院校旅游管理专业的本科学生，也可以作为旅游行业在职培训用书，还可供从事旅游工作的有关人员自学参考。

本书封面贴有清华大学出版社防伪标签，无标签者不得销售。
版权所有，侵权必究。 举报：010-62782989，beiqinquan@tup.tsinghua.edu.cn。

图书在版编目(CIP)数据

旅游礼仪实务/牟红，杨梅主编. —2版. —北京：清华大学出版社，2015（2023.1重印）
（清华版·高等院校旅游与饭店管理专业规划教材）
ISBN 978-7-302-40874-1

Ⅰ.①旅… Ⅱ.①牟… ②杨… Ⅲ.①旅游业—礼仪—高等学校—教材 Ⅳ.①F590.63

中国版本图书馆 CIP 数据核字(2015)第 164199 号

责任编辑：温　洁
封面设计：常雪影
版式设计：北京东方人华科技有限公司
责任校对：周剑云
责任印制：宋　林

出版发行：清华大学出版社
　　　　网　　址：http://www.tup.com.cn, http://www.wqbook.com
　　　　地　　址：北京清华大学学研大厦 A 座　　邮　编：100084
　　　　社 总 机：010-83470000　　邮　购：010-62786544
　　　　投稿与读者服务：010-62776969, c-service@tup.tsinghua.edu.cn
　　　　质量反馈：010-62772015, zhiliang@tup.tsinghua.edu.cn
　　　　课件下载：http://www.tup.com.cn, 010-62791865
印 装 者：北京嘉实印刷有限公司
经　　销：全国新华书店
开　　本：185mm×260mm　　印　张：19.25　　字　数：463 千字
版　　次：2007 年 8 月第 1 版　2015 年 7 月第 2 版　印　次：2023 年 1 月第 8 次印刷
定　　价：49.00 元

产品编号：041503-02

# 第二版前言

本教材是中国旅游职业人自我修炼的教程,是旅游职业人入门读本。本教材使学生和旅游职业人士全面掌握交际礼仪知识,塑造旅游职业形象。熟悉旅游专业交际礼仪知识的具体运用,提升个人修养与交际水平。

对从事旅游接待的工作者来说,礼仪是衡量服务质量高低的重要标志之一。旅游礼仪体现旅游职业人士个人职业素养,掌握正确的旅游礼仪,能使旅游职业人拉近与客人的距离,展现自己的修养,从而有效推动旅游活动的顺利进行。拥有丰富的礼仪知识,以及能够根据不同的场合应用不同的交际技巧,往往会令事业如鱼得水。礼仪比智慧和学识更重要。

本教材第一版出版发行以来,由于使用效果良好,深受广大师生和从业人员欢迎。近年来我国旅游业发生了很大的变化,中国旅游业进入国家战略体系,旅游发展的新阶段已经来临,这对旅游从业人员在礼仪运用方面提出了更高的要求。旅游礼仪教学内容与要求也应有相应地变化。基于以上原因,我们对本教材进行了修编。这次修订不仅保持了教材的原有特色,以理论+实训的写作方法,除了着重体现旅游专业礼仪知识的阐述和实际技能外,还采用了"专题"来统领和整合旅游礼仪内容。本书共分四个专题,即礼仪原理与修养、个人礼仪、社交礼仪、旅游礼宾礼仪。各专题围绕主题拓展,汇总旅游服务过程中的实用礼仪技巧,把专业理论和操作技能有机地结合在一起,形成完整有序的内容体系。此外,本次修订强化了实训按照旅游者活动或旅游业务开展的基本流程,以实用和创新为特点,强化技能训练,促进学生礼仪服务技能的提高,并插入专业演示图示动作示范,使内容变得更容易操作,有利于学生在活动中学习,在学习中活动。

全书从专业角度出发,帮读者有效掌握名目众多、细则纷繁的社交礼仪,使其在旅游活动中,成为待人诚恳、彬彬有礼之人,并受到他人的尊敬和尊重。本书的所有观点和技能都来源于权威的专家学者的专业指导和旅游成功人士的深刻体验,包含深入浅出的理论说明和生动的案例分析,具有很强的实用性和可操作性。

中国现代化的发展，不仅需要物质文明，也需要精神文明。礼仪规范的形成，是人们在社会交往过程中、反复的生活实践中形成的，并通过某种风俗、习惯和传统的行为方式固定下来。这种约定俗成的规范不断地支配或控制着人们的交往活动，它规定着人们在一定的场合中特定的行为方式和表现，告诉人们该做什么，不该做什么。

另外，本书配有电子课件，以适应多媒体教学的需求。下载地址：www.tup.tsinghua.edu.cn.

本书由牟红总体策划、主审和总纂。修订主要由牟红、杨梅完成，程乙昕、雷子珺、蒋云强参加修订。感谢参加原书稿编写的作者班倩倩、邓娇、谢晶、宋林琳、李爽、谭颖、李远；感谢对我们教材提供帮助的朱合娟、沈林、吴谷。在修订版编写过程中，得到了清华大学出版社及责任编辑的鼎力支持和热情帮助，在此致以衷心的感谢。

鉴于编者的认识水平和能力，修订版中仍可能存在许多不足之处，诚恳欢迎广大读者批评指正。

编　者

# 目 录

## 专题一　礼仪原理与礼仪修养

### 第一章　礼仪原理——源远流长 ……… 3
#### 第一节　礼仪的概述 ……………………… 4
一、礼仪的概念 ……………………… 4
二、礼仪的缘起 ……………………… 6
三、礼仪的功能与原则 ……………… 8
#### 第二节　中国传统礼仪 …………………… 11
一、中国传统礼仪的基本内容 …… 11
二、现代礼仪对中国传统礼仪和
西方礼仪的吸收 ………………… 14
#### 第三节　现代礼仪原理及运用 …………… 16
一、人格结构与人的社会化 ……… 16
二、礼仪的本质——尊重 ………… 19
本章小结 ……………………………… 22
习题 …………………………………… 23
实训项目 ……………………………… 24

### 第二章　礼仪修养——温文尔雅 ……… 26
#### 第一节　礼仪修养内容 …………………… 27
一、道德修养 ……………………… 27
二、文化修养 ……………………… 29
三、美的修养 ……………………… 30
四、行为修养 ……………………… 31
#### 第二节　礼仪修养的培养 ………………… 32
一、礼仪的习得 …………………… 32
二、礼仪心理训练 ………………… 35
本章小结 ……………………………… 38
习题 …………………………………… 39
实训项目 ……………………………… 39

## 专题二　个 人 礼 仪

### 第三章　仪表礼仪——亲切端庄 ……… 45
#### 第一节　仪表及仪表美 …………………… 46
一、仪表的构成 …………………… 46
二、仪表美的内涵 ………………… 47
#### 第二节　仪容礼仪 ………………………… 49
一、发型与礼仪 …………………… 49
二、面容的修饰 …………………… 51
三、旅游从业人员化妆的原则 …… 54
#### 第三节　仪态礼仪 ………………………… 56
一、挺拔的站姿 …………………… 56
二、端庄的坐姿 …………………… 59
三、优雅的蹲姿 …………………… 61
四、轻盈的行姿 …………………… 63
五、手势和表情 …………………… 66
本章小结 ……………………………… 69
习题 …………………………………… 70
实训项目 ……………………………… 70

### 第四章　服饰礼仪——整洁大方 ……… 72
#### 第一节　服饰常识 ………………………… 73
一、服饰的作用 …………………… 73
二、着装的原则 …………………… 74
三、首饰的佩带 …………………… 75
#### 第二节　男士服饰礼仪 …………………… 78
一、男士礼服 ……………………… 78
二、男士西装 ……………………… 81
三、西装与领带 …………………… 84
四、辅件的配搭 …………………… 85

第三节 女性服饰 ...... 86
　一、礼服 ...... 86
　二、裙装 ...... 87
　三、旗袍 ...... 88
　四、服饰配件 ...... 89
第二节 旅游职业服饰 ...... 90
　一、旅游职业服饰着装原则 ...... 90
　二、饭店员工着装规范 ...... 91
本章小结 ...... 93
习题 ...... 93
　实训项目 ...... 94

## 第五章 形体训练——匀称健美 ...... 95

第一节 形体健美的标准 ...... 96
　一、形体训练的健美标准 ...... 96
　二、健美指数 ...... 98
第二节 形体基本姿态训练 ...... 99
　一、头、颈部练习 ...... 100
　二、上肢训练 ...... 100
　三、胸、腰腹部训练 ...... 102
　四、髋、臀及下肢训练 ...... 104
　五、把杆练习 ...... 106
　六、基本步伐练习 ...... 108
第三节 健身运动与形体训练 ...... 109
　一、健美运动与健美操 ...... 109
　二、体育舞蹈 ...... 112

第四节 瑜伽 ...... 115
　一、瑜伽的修持方法 ...... 115
　二、瑜伽调息法 ...... 116
　三、瑜伽的静思与冥想 ...... 118
　四、瑜伽姿势 ...... 119
本章小结 ...... 124
习题 ...... 124
　实训项目 ...... 124

## 第六章 谈吐礼仪——表达真诚 ...... 125

第一节 旅游职业语言及要求 ...... 126
　一、旅游职业语言的构成 ...... 126
　二、旅游职业语言要求 ...... 131
第二节 表情语的使用 ...... 132
　一、善用眼神，传递真诚 ...... 133
　二、注视呼应，显示尊重 ...... 134
　三、美好的世界语——微笑 ...... 135
第三节 交谈的规范和聆听的技巧 ...... 136
　一、交谈的规范 ...... 137
　二、聆听的技巧 ...... 141
第四节 批评和拒绝的艺术 ...... 144
　一、批评的艺术 ...... 144
　二、说"不"的艺术 ...... 145
本章小结 ...... 148
习题 ...... 149
　实训项目 ...... 149

# 专题三 社 交 礼 仪

## 第七章 交际礼仪 ...... 153

第一节 日常交往礼仪 ...... 154
　一、见面、分别时的礼仪 ...... 154
　二、拜访与会客的礼仪 ...... 160
第二节 交际应酬礼仪 ...... 163
　一、宴会礼仪 ...... 163
　二、派对礼仪 ...... 166
第三节 涉外接待礼仪 ...... 170
　一、国际礼仪通则 ...... 170

　二、旅游涉外接待礼仪 ...... 172
　三、文艺晚会礼仪 ...... 175
　四、参观游览礼仪 ...... 176
　五、礼品馈赠礼仪 ...... 176
本章小结 ...... 177
习题 ...... 177
　实训项目 ...... 178

## 第八章 国际旅游礼仪——遵守惯例 ...... 179

第一节 旅游与旅游文明素质 ...... 180

一、旅游概述 .................................. 180
二、提升中国旅游文明素质 ......... 181
第二节 旅游交通礼仪 ........................ 184
一、行走礼仪 .................................. 184
二、驾乘车礼仪 .............................. 185
三、乘坐火车礼仪 .......................... 187
四、乘坐公共交通礼仪 .................. 188
五、乘坐飞机礼仪 .......................... 190
第三节 公共场所礼仪 ........................ 191
一、旅游参观中的礼仪 .................. 191
二、入住酒店礼仪 .......................... 196
本章小结 ............................................... 201
习题 ....................................................... 202
实训项目 ............................................... 202

## 第九章 宗教礼仪——尊重信仰 ............. 203

第一节 佛教礼仪 ................................ 204
一、佛教的基本知识 ...................... 204
二、佛教的禁忌 .............................. 205
三、佛教的主要节庆 ...................... 206
第二节 基督教礼仪 ............................ 207
一、基督教的礼仪 .......................... 207
二、基督教的禁忌 .......................... 210
三、基督教的主要节庆 .................. 210
第三节 伊斯兰教礼仪 ........................ 212
一、伊斯兰教的礼仪 ...................... 212
二、伊斯兰教的禁忌 ...................... 213
三、伊斯兰教的主要节庆 .............. 215
本章小结 ............................................... 216
习题 ....................................................... 216
实训项目 ............................................... 217

# 专题四 旅游礼宾礼仪

## 第十章 饭店接待礼仪——舒适完美 ........ 221

第一节 前厅服务礼仪 ........................ 222
一、前厅迎宾服务礼仪 .................. 222
二、前台接待服务礼仪 .................. 224
三、电话总机礼仪 .......................... 224
第二节 客房服务礼仪 ........................ 226
一、客房日常服务 .......................... 227
二、客房接待服务 .......................... 228
第三节 餐厅服务礼仪 ........................ 229
一、餐厅服务 .................................. 230
二、外宾餐饮习俗 .......................... 233
第四节 康乐服务礼仪 ........................ 235
一、温泉服务 .................................. 235
二、高尔夫服务礼仪 ...................... 236
本章小结 ............................................... 238
习题 ....................................................... 238

## 第十一章 旅行社服务礼仪
　　　　——热情大方 ............. 240

第一节 旅行社门市接待服务礼仪 .... 241

一、旅行社门市布置礼仪 .............. 241
二、旅行社接待服务礼仪 .............. 242
三、旅行社商务洽谈礼仪 .............. 244
第二节 旅行社导游服务礼仪 ............ 246
一、导游人员职责 .......................... 247
二、导游接待礼仪 .......................... 247
三、团队接待礼仪 .......................... 249
四、景区讲解员服务礼仪 .............. 254
五、旅游汽车司机服务礼仪 .......... 256
本章小结 ............................................... 256
习题 ....................................................... 256
实训项目 ............................................... 257

## 第十二章 会展服务礼仪——热情周密 .... 258

第一节 会展接待礼仪 ........................ 259
一、会展接待工作的原则 .............. 259
二、会展前期准备工作礼仪 .......... 259
三、会场接待礼仪——迎接礼仪 ... 262
四、会场接待礼仪——乘车礼仪 ... 263
第二节 会展现场服务礼仪 ................ 263

一、现场接待员服务礼仪............263
　　二、展台现场控制礼仪..................265
第三节　会展后续工作礼仪............266
　　一、会展评估............................266
　　二、会展总结............................267
　　三、会展后续服务礼仪..............268
本章小结............................................273
习题....................................................274
　　实训项目..................................274

## 第十三章　仪式礼仪——庄重典雅............275

第一节　开幕庆典礼仪....................276
　　一、开幕庆典的特点..................276
　　二、开幕庆典的筹备礼仪..........276
　　三、开幕剪彩礼仪......................278

第二节　新闻发布会礼仪................284
　　一、发布会筹备礼仪..................284
　　二、会议进程中的礼仪..............287
　　三、会后工作............................288
第三节　商务谈判与签字仪式礼仪....288
　　一、商务谈判礼仪原则..............288
　　二、准备阶段的礼仪..................289
　　三、谈判中的礼仪......................290
　　四、签字仪式礼仪......................292
本章小结............................................294
习题....................................................295
　　实训项目..................................295

**参考文献**............................................296

# 专题一　礼仪原理与礼仪修养

# 第一章 礼仪原理——源远流长

**【本章导读】**

礼仪是一个历史的范畴，强调继承性与发展性的结合，强调在不同的民族、不同的时代以及不同的行为处境中有着不同的内容和要求。礼仪是一个复合词语，包括"礼"和"仪"两部分："礼"，指"事神致福"的形式；"仪"，指"法度标准"。《辞源》把礼仪明确概括为："礼仪，行礼之仪式。"在礼学体系中，礼仪是有形的，存在于社会的一切交往活动中，其基本形式受物质水平、历史传统、文化心态、民族习俗等众多因素的影响。礼仪是礼貌、礼节和仪式三者的统称。礼仪的基本点为尊敬、坦诚、谦恭、和谐、得体。

早在春秋时期，中国古代礼仪就已基本成型。在礼学体系中，礼仪是有形的，存在于社会的一切交往活动中，其基本形式受物质水平、历史传统、文化心态、民族习俗等众多因素的影响。

**【教学重点】**

礼仪形成与发展的过程；现代礼仪的概念、特征、原则和功能；东西方礼仪的不同特点和差异。

**【核心概念】**

礼仪 礼貌 礼节 人格结构

# 第一节 礼仪的概述

礼仪是礼貌、礼节和仪式三者的统称。礼貌是指在人际交往中敬重、友好的表示;礼节是指人们在日常生活和交际场合中相互表示尊重、友好的惯用形式;仪式是指在一定场合举行的、具有专门程序的活动。古人云:"国尚礼则国昌,家尚礼则家大,身尚礼则身正,心尚礼则心泰。"

## 一、礼仪的概念

礼仪是一个历史的范畴,强调继承性与发展性的结合,强调在不同的民族、不同的时代以及不同的行为处境中有着不同的内容和要求。由于形成礼仪的重要根源——宗教信仰的不同,使得世界上信仰不同宗教的人们遵守着各不相同的礼仪。

### (一)西方国家礼仪概念

礼仪是人与人之间交流的规则,是一种语言,也是一种工具。西方国家关于礼仪的典型说法有以下几种。

英文中有多种表述礼仪的单词:courtesy——谦恭有礼的言行、礼貌、风度;etiquette——礼仪、礼节和各种规矩;protocol——恰当的行为,一般多指外交、军事等特定领域的相处准则;Ceremony——仪式、典礼,也泛指习俗中的礼仪行为。习惯用语:stand on(upon) ceremony;with ceremony (正式,隆重);without ceremony (不拘礼节地,随便地)。

法语中 etiquette——人际交往的通行证。

### (二)中国古代对礼仪的理解

"礼仪"一词出自《诗经》:"献酬交错,礼仪卒度。"中国古代对"礼"和"仪"的理解有过合而分、分而合的主张,分者认为礼仪是一个复合词语,"礼"和"仪"不同,"礼",指"事神致福"的形式;"仪",指"法度标准"。合者认为"礼"和"仪"相近,因此连用为礼仪,《辞源》把礼仪明确概括为:"礼仪,行礼之仪式。"

**1. 礼**

中国古代"礼"的涉及范围极其广泛,"礼"几乎成为无所不包的社会规范。

中国古代训诂学《说文解字》对"礼"的解释是"事神致福"的形式,认为"礼"是行为准则,"礼"与祭祀鬼神有关。后来在敬神的基础上加以引申,扩展到敬人,就有了人际交往的含义。

古人对"礼"理解有如下内容:其一,认为礼是治国的大纲和根本,礼是天地人统一的规律和秩序。其二,认为礼就是理,是道理、事理、天经地义的法则。其三,认为礼是对人的尊敬和礼貌，这里的"礼"作"尊敬"解。其四，礼指物，"礼"就是礼物，"礼尚往来"、"无礼不相见"中的礼是指礼物。其五，认为礼是为了表示敬意、表示隆重而举行的仪式，有礼、仪不分的意思。

### 2. 仪

古人对"仪"的理解有如下内容：其一，指"法度标准"。《国语·周下》云："度之于轨仪。"《淮南子·修务训》云："设仪立度，可以为法则。"这里把仪的功能定义在国家政治生活的制度、法则、规则。其二，指礼节、规矩，侧重个人行为举止方面。其三，指仪式、仪典、仪礼，强调记载仪式规范。其四，指容貌、举止，包括仪容仪表、体态风度。

## (三) 现代礼仪的含义

在当今时代，也包括中国在内，人们对礼仪的理解一般都是指狭义的礼仪[①]。本文的讨论，也将在狭义礼仪的范畴里展开。在一般的表述中，礼仪是礼貌、礼节和仪式三者的统称。从内涵上讲，三者是既有区别又有联系的。

### 1. 基本概念

1) 礼貌

礼貌一般是指在人际交往中敬重、友好的表示，通过语言、动作向交往对象表示谦虚与恭敬。有时候人们也把礼仪在言语动作上的表现称为礼貌。礼貌是礼仪的核心，它体现了时代的风格与道德品质，体现了人们的文化层次和文明程度。对从事旅游接待的工作者来说，礼貌是衡量服务质量高低的重要标志之一。

2) 礼节

礼节通常是指人们在日常生活和交际场合，相互表示尊重、友好的惯用形式，也就是人际交往过程中的行为规范。礼节是礼貌的具体表现，如中国古代的作揖、跪拜，当今世界各国通行的点头、握手，南亚诸国的双手合十，欧美国家的拥抱、接吻，少数国家和地区的吻手、吻脚、拍肚皮、碰鼻子等，都是礼节的表现形式。在礼学体系中，礼节处于表层，它或多或少地反映着一个民族的文化传统、等级秩序、精神面貌和道德风尚。

3) 仪式

仪式是一种正式的礼节形式，是在一定场合举行的、具有专门程序的活动。包括迎送仪式、签字仪式、授勋仪式、开幕式、闭幕式、大型工程的奠基礼、轮船下水的剪彩礼以及迎接国宾的鸣放礼炮等，为表示敬意而隆重举行的规范化活动，均属仪式的范畴。

### 2. 相互关系

礼貌是礼仪的核心，礼貌必须通过一定的形式(比如礼节和仪式)表现出来，也就是说礼貌和礼节、仪式的相互关系是内容和形式的关系，没有礼节、仪式就无所谓礼貌，

---

① 顾希佳.现代化进程中的礼仪建设刍议.浙江社会科学.2002(1)

有了礼貌就必然伴有具体的礼节和仪式。

## 二、礼仪的缘起

礼的起源及演变是与人类社会发展水平、社会经济基础相适应的，以物质生产的发展为其发展基础，随着经济基础的变迁而变迁，随着社交实践和其他社会活动的发展而发展。

### (一)关于礼仪的起源

《左传·昭公二十五年》中说："礼，上下之纪，天地之经纬也，民之所以生也。"礼仪的起源，可以追溯到原始社会，礼仪文化源远流长。

**1. 祭天敬神说**

在原始社会，人类还处在蒙昧时代，生产力水平极端低下，征服和改造自然界的能力也极其微弱。人们对来自大自然的许多现象，如雷电风雨、地震、洪水等都无法理解和解释，看到威力无比的自然力，产生了对未知世界、自然力量的恐惧和敬畏。因此，人们只能靠"天"吃饭，把"天"或"神"看作是宇宙间最高的主宰，对之顶礼膜拜，进行祭祀。这些活动就是最早的也是最简单的以祭天、敬神为主要内容的"礼仪"。

**2. 交往安全说**

认为人类在狩猎时代就已知道应有礼貌。那时，人类的祖先以打猎为生，世界对他们来说充满着危险。在对方表示自己手中没有石头或其他武器；走近之后，两个互相摸摸右手，以示友好，这一动作沿袭下来，便成为今天人们常用的表示友好的握手礼了。

**3. 禁忌避害说**

人们对认为是神圣的、不洁的、危险的事物，所采取的态度而后形成了某种禁忌，此类禁忌是建立在某一社会群体成员中共同的禁忌与信仰基础上的。一般说来，禁忌是属于风俗习惯中的一类观念，它与法律制度意义上的"禁止"和道德规范意义上的"不许"都有着十分明显的区别。原始先民们认为，严格遵守禁忌，可以带给人们以保护作用；否则，违反禁忌，则要受到严厉的惩罚。因此，社会通过某种"仪式"规定人们的言行，这也就形成了最初意义上的"礼仪"。事实上，禁忌是原始社会唯一的约束力，是人类社会中家庭、道德、宗教、政治、法律等所有带有规范性质的、约束律制的总源头。

### (二)礼仪的指向演变

"礼"究其本义谓"敬"。据《辞海》释义：礼，本谓敬神，引申为表示敬意的通称。所以，礼，可视为一种对他人表示尊敬的行为。从行为对象的关系来看，我们认为，礼的起源发展大致经历了人天(自然)关系、人神关系、人人关系三个阶段。[①]

**1. 始发阶段**

人天(自然)指向，礼仪的特征是敬天(自然)。礼仪的行为指向是自然和自然现象。

在礼仪的始发阶段，人类社会初期，在人与自然的自然关系中，人是一种社会性和自然性的统一体，人的本质中包含着社会本质和自然本质两个部分。人的自然性和自然本质处于主导地位，而社会性和社会本质是为自然性和自然本质的实现服务的。也就是说，人与自然的自然关系的内容是围绕着当时人的吃喝、栖身、安全、繁衍后代等自然性质的需要展开的，即围绕着人类自身的生产和再生产而展开的。这种早期的人与自然的关系基本上是一种自然关系。当时，人们对周围环境虽然已经有了一些朦胧的感性认识，但缺乏抽象思维能力，因而不可能发现并利用自然规律；自我意识虽已开始萌发，但仍把自己混同于一般自然物，或者把一般自然物混同于人自己。

然而，大自然对于人类而言是强大无比的，是可敬可畏的，也是神秘莫测的。这种敬畏意识甚至于指向人类自身，如对人的生殖器官的崇拜。远古时代的人们无法理解人类自身繁衍的奥秘，原始的直观思维使他们毕恭毕敬地把创造人类的殊荣归功于女性。这种观念体现在早期人类的神话中，女性是世界的创物主。在此阶段，礼的行为指向是自然本体；敬天——对自然物或自然现象崇拜、依赖及对不能解释和控制的自然的自然现象和自然物的恐惧为礼之特征。

**2. 进化阶段**

人神指向，礼仪的特征是敬神。礼仪的行为指向是主宰自然物的神灵。

随着人类的进化，增强了人们改造世界的能力，发展了人与自然的实践关系和认识关系。在与自然作斗争的过程中，自然灾害以及自然界对人类不合理开发及过度开发的报复也接踵而至。人们开始意识到，自然界中的一切恐怖的力量或许是由某种神灵在主宰着。连同原先敬畏的自然现象和自然物也仿佛被附着了神灵。

就以古人对龙的崇拜为例，有专家学者研究认为，在龙崇拜出现以前，蛇早已受人崇拜，龙图腾崇拜是由蛇图腾崇拜演变而来的。对蛇的认识亦反映了这一时期人与自然的关系，揭示了原始人图腾崇拜与礼的发端的渊源联系。

水旱之灾，自古就是频繁的，这对古人来说是极严重的威胁。由于生产力的低下，先民的生产和生活依赖于自然条件的程度特别大。水与蛇有着不解之缘，古人因对水的畏惧而对蛇产生的特别的崇拜。这是因为蛇类的生活和农作物的生产，在季节上，有若干共同的地方。如蛇的复苏、求食、交配、繁殖等，也和农作物一样，有萌动、茂盛和休眠。古人看到，在雨量很多的时候，蛇也很多；在雨量极稀的时候，蛇也极少。而且蛇也常居于水中。对这一切现象之间的内在联系，古人是无法理解的。他们既不知道气候变化的规律，也不知道蛇类生活的规律。于是，古人在不能正确地理解这种内在联系的情况下，误认为蛇等生物则是气候的主宰或天使。这样，蛇就被人们赋以神性，成了和水有关的神灵；人们不只畏它，而且敬它了。

---

[①] 杨军，陶梨. 旅游公关礼仪. 昆明：云南大学出版社. 1995.

这一时期礼的行为对象较之以前抽象了许多，出现了图腾崇拜等形式。并由恐惧自然力量，发展到敬畏主宰自然力的神灵。此时，礼仪的内容和形式(仪式)都大大丰富起来了。礼仪的行为指向是主宰自然物的神灵；敬神——对自然神灵的祈祷成为礼的特征。

### 3. 文明阶段

人人指向，礼仪的特征是敬人。礼仪的行为指向是对人神合一的统治者的崇拜。

自从人类进入文明时代以来，人类的社会性和社会本质就居于主导地位，而自然性和自然本质从属于社会性和社会本质。比如，觅食变为用餐、遮体变为穿衣、穴居变为建屋、追逐异性变为文明婚姻，使得维持自身生存和繁衍的一系列自然属性的需要都染上了浓厚的社会性色彩。这种变化和进步，是因为人与自然之间的实践关系和认识关系的发展。人类在与自然界做斗争的同时，也促进了人类自身的进步。在与自然的关系中，人类的主导地位得以确立，人与人的社会性关系得到发展。在这一过程中，人的实践活动最重要的也是最基本的形式就是劳动。人的社会本质正是在这一基础上形成和展开的。随着人类征服自然界力量的增强，社会生产力的提高，社会劳动剩余产品的出现，人与人之间的关系开始阶级化了。在原始社会解体，人类进入奴隶社会时期，奴隶主用礼仪来树立君主的尊严和绝对权威，维护自己的统抬。中国周朝时期，周公集"礼"之大成，提出了一整套的礼制，即所谓"礼仪三百"、"威仪三千"。到了封建社会，统治阶级继承和发展了孔子主张的"礼"，从"礼仪三百"、"威仪三千"的理论化，发展到"三纲五常"、"三从四德"等。封建社会的最高统治者皇帝，自命为"真命天子"，宣扬"天人合一"。

这一时期，礼的行为指向由天(自然)、神扩而至人。礼真正反映了人与人之间的社会关系，标志着人类进入文明社会阶段，体现了阶级社会的差异性. 敬人——对人神合一的统治者的崇拜，是这一阶段"礼"的特征。

## 三、礼仪的功能与原则

礼仪是人类为维系社会正常生活而要求人们共同遵守的最起码的道德规范，它是人们在长期共同生活和相互交往中逐渐形成，并且以风俗、习惯和传统等方式固定下来。礼仪在社会生活中发挥着巨大作用，并具有自身的原则。

【经典名言】

"不学礼无以立，人无礼则不生，事无礼则不成，国无礼则不宁。"

——荀子

### (一)礼仪的功能

礼仪具有多方面的功能。对于个人，礼仪是一个人的思想道德水平、文化修养、交际能力的外在表现，对于社会，礼仪是一个国家社会文明程序、道德风尚和生活习惯的反映。

### 1. 弘扬传统

中华民族,素以礼仪之邦著称于世。几千年来,中华各族人民都创造了一整套独具特色的礼节、仪式、风尚、习俗、节令、规章和典制等,并为广大人民所喜爱、所沿袭,这些礼仪习俗,反映了我国民族的传统美德与优良品质,勾画了我国民族的历史风貌。

### 2. 提高修养

在人际交往中,礼仪往往是衡量一个人文明程度的准绳之一。它不仅反映着一个人的交际技巧与应变能力,而且还反映着一个人的气质风度、阅历见识、道德情操、精神风貌。因此,在这个意义上完全可以说礼仪即修养,通过一个人对礼仪运用的程度,可以察知其教养的高低、文明的程度和道德的水准。学习礼仪,运用礼仪,有助于"用高尚的精神塑造人",提高个人的修养和文明程度。

### 3. 完善形象

英国哲学家约翰·洛克说:"礼仪是在它的一切别种美德之上加上的一层藻饰,使它们对它具有效用,去为它获得一切和它接近的人的尊敬和好感。没有良好的礼仪,其余一切成就会被人们看成骄夸、自负、无用、愚蠢。"学习礼仪,运用礼仪,无疑将有益于人们个人形象的设计和维护,更充分地展示个人的良好的修养与优雅的风度。

### 4. 改善关系

用现代人的眼光,礼仪与礼貌是以闪电般的速度把人们的尊重、敬佩、友好与善意,准确表达出来并传递给对方的一种信息传递。从而增进大家彼此之间的了解与信任。与此同时,对方获得情感上的满足,以礼貌回敬。于是双方热情之火点燃了,支持与协作便开始了。假如人皆如此,长此以往,必将促进社会交往的进一步发展,帮助人们更好地取得交际成功,进而造就和谐、完善的人际关系,取得事业的成功。

### 5. 树立品牌

礼仪是塑造组织品牌形象的基础工程,它通过组织员工的仪容仪表、言谈举止、礼貌礼节、仪式及活动过程表现出来。如松下公司创作了自己的"松下之歌"、"松下社训",每天早晨八点钟,遍布各地的松下企业员工一起高唱松下歌曲,使每一名员工都以自己是松下的员工而感到光荣,增强组织的凝聚力和向心力,也有助于组织品牌形象的提升。

### 6. 建设文明

世界各国和各民族都十分重视交往时的礼节礼貌,把它视为一个国家和民族文明程度的重要标志,正如古人所说:"礼仪廉耻,国之四维",礼仪是立国的精神要素之本。在社会主义精神文明建设中,讲究礼节礼仪,注重礼貌是最基本的要求,它对建设精神文明的大厦起着基础作用,只有基础打得扎实,大厦才能巩固。

## (二)礼仪的原则

礼仪是人类为维系社会正常生活而要求人们共同遵守的最起码的道德规范，它是人们在长期共同生活和相互交往中逐渐形成，并且以风俗、习惯和传统等方式固定下来。礼仪的内容丰富多样，但它有自身的规律性。

### 1. 互敬原则

尊重是礼仪的情感基础。所谓礼者敬人也，就是要求人们在交际活动中，与交往对象既要互谦互让、互尊互敬、又要友好相待、和睦共处。在社交场上，礼仪行为总是表现为双方相互的。你给对方施礼，自然对方也会相应地还礼于你。正如中国的一句俗话："你敬我一尺，我敬你一丈。" 互敬不是自我卑下的行为，而是一种至高无上的礼仪，说明一个人具有良好的个人素质。"礼"的良性循环就是借助这样的机制而得以声声不息。反之，如果不能做到相互尊重，那么人际关系就很有可能陷于一种恶性循环。

### 2. 真诚原则

苏格拉底曾言："不要靠馈赠来获得一个朋友，你须贡献你诚挚的爱，学习怎样用正当的方法来赢得一个人的心。"真诚原则首先表现在态度上，即待人应诚心诚意，诚实无欺，言行一致，表里如一，不逢场作戏。同时，要讲诚信，"言必有信"、"重然诺"。诚信是礼仪特征，也是一种精神。只有恪守真诚原则，真诚待人，才能尊重他人，方能创造和谐愉快的人际关系，相反，如果装模作样、弄虚作假、心口不一，即使得到别人一时的喜欢，也不可能得到别人长久的信任。

### 3. 自律原则

孔子云："己所不欲，勿施于人。"若没有对自己的首先要求、言行不能一致，遵守礼仪就无从谈起。在交往过程中要克己、慎重、积极主动、自觉自愿、礼貌待人、表里如一，自我对照，自我反省，自我要求，自我检点，自我约束，不能妄自尊大，口是心非。要多容忍他人、体谅他人、理解他人。做到严于律己，宽以待人。

### 4. 适度原则

人际交往中要注意各种不同情况下的社交距离，也就是要善于把握沟通的情感尺度，注意感情适度、谈吐适度、举止适度，不卑不亢。尤不能自亢，即自高自大，自以为是，自卖自夸，自我膨胀。特别是当一个人处于比较优越的地位的时候，比如说辈分高、职务高、权力大、实力强、条件好乃至工作顺利、成绩突出等，自亢的倾向往往特别强烈。

### 5. 宽容原则

宽容的原则即与人为善的原则。在社交场合，宽容是一种较高的境界，《大英百科全书》对"宽容"下了这样一个定义："宽容即容许别人有行动和判断的自由，对不同于自己或传统观点的见解的耐心公正的容忍。"在人际交往中，宽容的思想是创造和谐人际关系的法宝。心胸坦荡、豁达大度、宽容他人、理解他人、体谅他人,千万不要求全责备、斤斤计较,甚至咄咄逼人。总而言之,凡事想开一点,眼光看远一点,善解人意、体谅别人,站在对方的立场去考虑一切,才能正确对待和处理各种关系与纷争。

# 第二节　中国传统礼仪

早在春秋时期,中国古代礼仪就已基本成型。周公制"礼"和作"乐","因俗制礼"和"以礼移俗"是周礼的突出内容。其后经过儒家的提倡和发挥,"礼"逐渐形成了一个博大体系,几乎囊括了国家政治、经济、军事、文化一切典章制度以及个人的伦理道德修养、行为准则规范,从而辐射到国家政治和民众生活的各个方面,并产生着深远影响。

## 一、中国传统礼仪的基本内容

中国古代有"五礼"之说:祭祀之事为吉礼,冠婚之事为嘉礼,宾客之事为宾礼,军旅之事为军礼,丧葬之事为凶礼。民俗界认为礼仪包括生、冠、婚、丧四种人生礼仪。

### (一)吉礼

吉礼是五礼之冠,主要是对天神、地祇、人鬼的祭祀典礼。《礼记·祭统》说:"礼有五经,莫重于祭。"按照《周礼·春官·大宗伯》的说法,吉礼用以"事邦国之鬼神示(祇)",是祝祈福祥之礼。

**1. 祭天**

始于周代的祭天也叫郊祭,冬至之日在国都南郊圜丘举行。古人首先重视的是实体崇拜,对天的崇拜还体现在对月亮的崇拜及对星星的崇拜。所有这些具体崇拜,在达到一定数量之后,才抽象为对天的崇拜。周代人崇拜天,是从殷代出现"帝"崇拜发展而来的,最高统治者为天子,君权神授,祭天是为最高统治者服务的,因此,祭天盛行到清代才宣告结束。

**2. 祭地**

夏至是祭地之日,礼仪与祭天大致相同。汉代称地神为地母,说她是赐福人类的女神,古代有"父天而母地"的说法,《礼记·王制》云:"天子祭天地,诸侯祭社稷"。最早祭地是以血祭祀。祭地的正祭,是每年夏至之日在国都北郊水泽之中的方丘上举行的祭典。水泽,即以水环绕;方丘,指方形祭坛,古人认为地属阴而静,本为方形。水泽、方丘,象征四海环绕大地。祭地礼仪还有祭山川、祭土神、谷神、社稷等。

**3. 宗庙之祭**

古人认为,人死而为鬼,没有宗庙供奉享祀,鬼便没有归宿,宗庙正是祖先的亡灵寄居之所。宗庙的位置，天子、诸侯设于门中左侧，大夫则庙左而右寝。祭祀时行九拜礼："稽首"、"顿首"、"空首"、"振动"、"吉拜"、"凶拜"、"奇拜"、"褒拜"、"肃拜"。宗庙祭祀还有对先代帝王的祭祀，据《礼记·曲礼》记述，凡于民有功的先帝如帝喾、尧、舜、禹、黄帝、文王、武王等都要祭祀。自汉代起始修陵园立祠祭祀先代帝王。明太祖则始创在京都总立历代帝王庙。嘉靖时在北京阜成门内建立历代帝王庙，祭祀先王三十六帝。

### 4. 对先师先圣的祭祀

祭祀先圣先师是立学之礼。汉魏以后，以周公为先圣，孔子为先师；唐代尊孔子为先圣，颜回为先师。唐宋以后一直沿用"释奠"礼(设荐俎馈酌而祭，有音乐没有尸)，作为学礼，也作为祭孔礼。南北朝时，每年春秋两次行释奠礼，各地郡学也设孔、颜之庙。明代称孔子为"至圣先师"。清代，盛京(辽宁沈阳)设有孔庙，定都北京后，以京师国子监为太学，立文庙，孔子称"大成至圣文宣先师"。曲阜的庙制、祭器、乐器及礼仪以北京太学为准式。乡饮酒礼是祭祀先师先圣的产物。

## (二)嘉礼

嘉礼是和合人际关系，沟通、联络感情的礼仪。《周礼》说，嘉礼是用以"亲万民"的，包括饮食之礼；婚、冠之礼；宾射之礼；飨燕之礼；脤(shèn，社稷祭肉)膰(fán，宗庙祭肉)之礼；贺庆之礼等内容。

### 1. 飨燕饮食礼仪

飨在太庙举行，烹太牢以饮宾客，重点在礼仪往来而不在饮食，燕即宴，燕礼在寝宫举行，主宾可以开怀畅饮。燕礼对中国饮食文化形成有深远的影响。节日设宴在中国民间食俗上形成节日饮食礼仪。正月十五吃元宵，清明节吃冷饭寒食，五月端阳的粽子和雄黄酒，中秋月饼，腊八粥，辞岁饺子等都是节日仪礼的饮食。在特定的节日吃特定的食物，这也是一种饮食礼仪。宴席上的座次，上菜的顺序，劝酒、敬酒的礼节，也都有社会往来习俗中男女、尊卑、长幼关系和祈福避讳上的要求。

### 2. 冠礼(笄礼)

冠礼是成人礼，是给跨入成年人行列的男子加冠的礼仪。冠礼从氏族社会盛行的男女青年发育成熟时参加的成丁礼演变而来。汉代沿袭周代冠礼制度。魏晋时，加冠开始用音乐伴奏。唐宋元明都实行冠礼，清代废止。中国少数民族不少地区至今还保留着古老的成年礼，如拔牙、染牙、穿裙、穿裤、盘发髻等仪式。《礼记·冠义》说，冠礼是"成人之道也"，"将责成人礼焉也"，要按照"为人子，为人弟，为人臣，为人少者"四个方面的礼的规范加以约束，使之成为具有"孝、悌、忠、顺"完美品德的人。

### 3. 射礼

射礼有四种。一是大射，是天子、诸侯祭祀前选择参加祭祀人而举行的射礼；二是宾射，是诸侯朝见天子或诸侯相会时举行的射礼；三是燕射，是平时燕息之日举行的射礼；四是乡射，是地方官为荐贤举士而举行的射礼。射礼前后，常有燕饮，乡射礼也常与乡饮酒礼同时举行。大射前燕饮依燕礼，纳宾、献宾、酬酢及奏乐歌唱娱宾，宴毕而后射。

## (三) 宾礼

宾礼指诸侯朝见天子的礼节。《周礼·春官·大宗伯》："以宾礼亲邦国。"。又指以宾礼相待。陆机《辩亡论上》："宾礼名贤，而张昭为之雄；交御豪俊，而周瑜为之杰。"

### 1. 待客之礼

它主要是对客人的接待之礼。与客人往来的馈赠礼仪有等级差别。士相见，宾见主人要以雉为贽；下大夫相见，以雁为贽；上大夫相见，以羔为贽。

### 2. 相见礼

下级向上级拜见时要行拜见礼，官员之间行揖拜礼，公、侯、驸马相见行两拜礼，下级居西先行拜礼，上级居东答拜。平民相见，依长幼行礼，幼者施礼。外别行四拜礼，近别行揖礼。

## (四) 军礼

军礼是师旅操演、征伐之礼。《周礼》所说的军礼包括以下内容："大师之礼"，指军队的征伐行动；"大均之礼"，指均土地，征赋税；"大田之礼"，指定期狩猎；"大役之礼"，指营造、修建等土木工程；"大封之礼"，指勘定封疆，树立界标。后代礼书又有将射礼、軷祭道路、日月有食伐鼓相救等作为军礼内容的。

### 1. 出师祭祀

人们出征前祭天叫类祭，在郊外以柴燔燎牲、币等，把即将征伐之事报告上帝，表示恭行天罚，以上帝的名义去惩罚敌人。出征前祭地叫宜社。社是土地神。征伐敌人是为了保卫国土，所以叫"宜"。出征前告庙叫造祢。告庙有受命于祖的象征意义。祭军神、军旗称为"祃(mà)祭"。祭祀时要杀牲，以牲血涂军旗、战鼓，叫作衅旗鼓。出征必经道路，因此要祭道路之神，即"軷祭"。

### 2. 凯旋

军队获胜而归，谓之"凯旋"，其时高奏凯乐，高唱凯歌。天子亲征凯旋，大臣皆出城迎接，有时远至数十里之外。如果是命将出征凯旋，有时皇帝也会亲率百官出城至郊外迎接，以示慰劳；有时则派遣大臣出城迎接。这都称为"郊劳"。军队凯旋后要在太庙、太社告奠天地祖先，并有献捷献俘之礼，即报告胜利，献上掳获的战利品。

## (五) 凶礼

在普通民众生活中，凶礼指一般的吊唁哀悼；在国家层面，凶礼则针对国家所遭遇的一些灾难。《周礼·春官·大宗伯》记载："以凶礼哀邦国之忧，以丧礼哀死亡，以荒礼哀凶札，以吊礼哀祸灾，以禬礼哀围败，以恤礼哀寇乱。"

### 1. 丧礼

传统的丧葬祭祀可以分为三个部分：一为丧礼，即死者临终直到下葬之前的一系列仪式；二为葬礼，即下葬过程中的各种仪式；三为祭礼，是指下葬之后所举行的一些仪式。我国古代对丧葬礼仪一向十分重视，认为这是子孙尽孝的最重要的表现，国君和贵族在这方面的要求更严格，形成了许多繁文缛节。

### 2. 荒礼

荒礼是指发生自然灾害，诸如饥荒、瘟疫等变故，国家相应采取的救灾措施。包括救济、薄征、缓刑、减力役、开放禁区让百姓采集捕捞等，今天似乎跟礼仪无关了，但在那个时候也是礼仪的重要内容。

## 二、现代礼仪对中国传统礼仪和西方礼仪的吸收

中国传统礼仪和现代礼仪、中华礼仪和西方礼仪在大同的基础上，又表现出各自不同的特点。我们要坚持民族性、世界性和时代性相结合的原则，抛弃那些落后于时代的繁文缛节，保留有普遍意义的礼仪习惯，并吸纳有积极意义的待人之礼。

### (一)现代礼仪对中国传统礼仪的扬弃

我国古代礼仪的主旨，是明确地规定，并严格地维护封建等级制度，强调并坚持人的等级差异的。与古代礼仪相比，现代礼仪更关心的是人际交往的和谐，核心内容是人际交往的行为规范。

#### 1. 不同之处

(1) 二者的基础不同。古代礼仪是以封建等级制度为基础的，现代礼仪虽承认身份差异，但更强调人格的平等、社会的平等，并且以尊重人作为自己的立足点和出发点。

(2) 二者的目标不同。古代礼仪以维护封建统治秩序为目的，而现代礼仪则是在追求人际交往的和谐与顺利。

(3) 二者的范围不同。古代礼仪所讲究的是"礼不下庶人"，因而与平民百姓无关，而现代礼仪则适用于任何交际活动的参与者。

#### 2. 辩证的吸收

近代以后，礼仪的范畴逐渐缩小，一般只有礼节和仪式的意思。但是，我们也应该看到，礼仪在古代社会规范着人的道德和行为，是文明的象征，是中华民族优秀的文化传统之一。礼仪在历史上被不断的修正、完善、继承和发扬。《周礼》、《仪礼》、《礼记》三部专门阐述礼的经典著作，在中华文化中有着举足轻重的地位。

国民礼仪的制定，应该能体现本民族特色，吸收传统精华，制订当代礼仪规范时，一定要地把握中华礼仪的人文内涵。

【名家论坛】

我们常常分不清形式和形式主义，因而错把形式当成形式主义。好比是表演京剧，一定要有程式，没有程式，这戏怎么往下演呢？当然不能变成程式主义，那样的话，这戏也没法看了。礼也是如此，礼是要"行"，怎么个行法？当然要有规定的程序，不能各行其是。所以，礼一定要有看得见的形式的。

这个形式与其说是做给别人看的，不如说是为了表达自己的心意的。如果是为了做给别人看的，那么你就会特别注重外表，就会去"作秀"。如果是为了表达自己的心意，你就会特别地恭敬和真诚。恭敬和真诚是礼的核心，也是礼所要表达的主题。但是，如果没有那些形式，礼的核心也就无从表达，只有挂在嘴上、贴在墙上了事。

——彭林，2006

## (二) 我国现代礼仪与国际礼仪的接轨

礼仪存在于社会的一切交往活动中，其基本形式受物质水平、历史传统、文化心态、民族习俗等众多因素的影响。当代国际礼仪受西方文化影响较深，是我国现代礼仪的重要内容。

### 1. 国际礼仪强调个人至上

国际礼仪强调以人为本，个性自由，要求尊重个人隐私，维护人格尊严。比如，西方社会普遍尊重孩子的隐私和权利，认为孩子是一个拥有完整权利的个体。父母进入子女房间应该先敲门；移动或用孩子的东西应该得到他的允许；任何牵涉子女的决定应该先和子女商谈；不随意翻动子女的日记或隐私；这种尊重的精神是中国社会较为缺乏的。

### 2. 国际礼仪强调女士优先

国际礼仪强调在一切交际场合，不仅要讲究男女平等，反对性别歧视，更要讲究尊重妇女、关心妇女、体谅妇女、帮助妇女，并且还要想方设法、尽心竭力地去为妇女排忧解难。这就是所谓的女士优先。妇女是人类的母亲，不尊重妇女就等于没有教养，不守礼仪。在北欧一些国家，已基本达到男女平等的理想社会状态。例如瑞典的议会中，女议员的比例约占40%，在1986年，瑞典的32个部长中一度由女性占据了其中的16席。

### 3. 国际礼仪强调交际务实

国际礼仪强调，在交际活动中，既要讲究礼仪，又要实事求是，反对虚假、造作，不提倡过分地客套，不认同过度的自谦、自贬，尤其反对自轻、自贱。

中西方礼仪之所以存在差异，从根本上来说是中西方文化的差异，主要体现在价值取向和宗教信仰的不同。中国社会强调群体主义，有种卑己尊人的观念在其中，而西方更强调个人主义；中国社会在整体上是属于非宗教的，自古信奉皇权至上，而在西方，大多信奉基督教。

## 第三节　现代礼仪原理及运用

礼仪，是一种文化，属于上层建筑。在中国传统文化中占主导地位的儒家文化，就是以"礼"为其核心，有着宏大的理论体系，并构建了完整的伦理、道德行为规范和政治行为规范。从学术的角度无法在本章中完整、系统的展现礼仪的全部内容；从现实和实用的角度，有以下关联词提供读者对礼仪的深度理解。

### 一、人格结构与人的社会化

奥地利医生兼心理学家弗洛伊德认为：文明是放弃本能满足的结果，是人的本能的移置与升华。礼仪则是为了交往和谐而对本我的修饰，也是人的本能的移置与升华。人类面对环境威胁，单凭个人的力量难以抵御，需要聚集众人之力，这时人的本我与社会发生冲突，必须进行社会化。

#### (一)人格结构

弗洛伊德把人格划分为三个部分："本我"、"自我"和"超我"。

**1. 本我**

"本我"按照快乐原则行事，是人格中最原始、最生物性的部分。本我在本质上是不受约制的。也就是说它需要满足时就马上希望得到满足，不理会社会道德、外在的行为规范。

图1-1　自我认识——看到不同的自我

**2. 自我**

"自我"参照现实原则，根据实际情况来最大限度地满足本我的需要。自我的机能是寻求"本我"冲动得以满足，而同时保护整个机体不受伤害。为了调和周围世界及内部驱力，通过暂停或停止快乐原则，追随客观环境的现实原则而发展出来的意识状态，在本质上却是文明的产物，它需要满足时会愿意地有一个等待的过程。自我一般是延迟本我的即时需要而产生出的意识水平。

**3. 超我**

"超我"遵循道德原则，为达到完美和理想而活动。它是个体在成长过程中通过内化道德规范、内化社会及文化环境的价值观念而形成的，其机能主要在监督、批判及管束自我行为，超我的特点是追求完美。超我是部分属于潜意识而部分属于意识的。意识上，它尽力个体变成一个有道德的人。在潜意识上，自我压抑了它认为不道德的某些性格。

由于"超我"的社会良知与"本我"的个人愿望往往相互冲突，因此"自我"时常像钟摆一样在"超我"和"本我"间摇着。在每个人的心理上，那些无法无天的"本我"欲望和"自我"的道德观念永远会发生剧烈的冲突。"自我"努力地在不顾实际的"本我"需求和环境的实际限制之间，做调解人。

**4. 心理防御机制**

心理防御机制是自我的一种防卫功能。很多时候，超我与本我之间，本我与现实之间，经常会有矛盾和冲突，这时人就会感到痛苦和焦虑，这时自我可以在不知不觉之中，以某种方式，调整一个冲突双方的关系，使超我的监察可以接受，同时本我的欲望又可以得到某种形式的满足，从而缓和焦虑、消除痛苦，这就是自我的心理防御机制。它包括压抑、否认、投射、退化、隔离、抵销转化、合理化、补偿、升华、幽默、反向形成等各种形式。

**小贴士**

升华——指被压抑的不符合社会规范的原始冲动或欲望用符合社会要求的建设性方式表达出来的一种心理防御机制。

## (二)人的社会化

人的社会化是一个人接受和学习社会行为模式，使社会价值内化，取得社会生活资格，成为社会成员的构成。一个人在社会化过程中的第一步是意识到他人对自己的行为期望，即了解有哪些行为规范；第二步，掌握并理解一个社会的行为规范，自觉地约束自己的行为。

**1. 社会化的内容**

社会对个人的文化教化和个人对社会主动选择并能动调识相统一的社会过程。社会化的内涵可以从三个方面理解：在时间上，社会化涉及人生发展的全过程；在内容上，社会化关注到个人作为社会一员所应具有的全部文化内涵；在社会关系上，社会化注重个人与社会的交互作用以及社会化结果的社会性。社会化既是个人生存和发展的需要，也是社会新陈代谢、稳定发展的需要。一般说来，社会化具有文化传承、社会发展、个体完善等三大功能。

从广义上说，包括人们所处的历史时代的全部文化遗产。然而，从个人与社会的交互作用的需求来说，社会化的基本内容可以概括为生活技能社会化、价值观念社会化、行为模式社会化、角色社会化等方面。

### 2. 社会化的类型

社会化可分为基本社会化、继续社会化、再社会化等类型。基本社会化就是"生物人"通过社会文化教化，获得人的社会性，获得社会生活资格的过程。继续社会化是具有社会成员资格的成年人，在自己的生活实践中主动选择、学习和接受新的文化以及调适个人与社会的角色关系的过程。再社会化也称重新社会化，它是使个人改变以前的知识结构、价值标准和行为模式，建立起新的、符合社会要求和新的形势需要的知识结构、价值标准和行为规范的过程。社会化是阶段性与终生性的统一。

### 3. 社会化条件

主要有三个方面：一是生物因素，即个人所带有的一种由上代为下代提供的、有利于人类从事社会活动的特殊遗传素质。二是环境因素，包括家庭、学校、伙伴群体、工作单位、社区和大众传媒等影响个人社会化的全部社会环境。三是社会实践，主要表现为观察学习、角色扮演、知识积累等环节。

### 4. 社会化的目标

人的社会化是一个人接受和学习社会行为模式，使社会价值内化，取得社会生活资格，成为社会成员的构成。一个人在社会化过程中的第一步是意识到他人对自己的行为期望，即了解有哪些行为规范；第二步，掌握并理解一个社会的行为规范，自觉地约束自己的行为。从根本上说，是培养合格的社会成员。社会化的现实结果，就是培养人适应社会生活所需要的百种角色能力。社会化的最高目标，是实现人的全面发展。人的全面发展是一个过程。当代人的全面发展就是实现人的现代化。

随着人类社会由低级向高级发展，人类不能的东西越来越多的通过修饰表现出来。目的是为了减少争斗，加强和谐。于是人们对自己的言行精心选择，举止谨慎，力图符合社会道德规范，给他人留下好印象，甚至去影响他人行为。礼仪便成为文明社会发展而形成的无形的手，一种自律因素，约束、规范人的行为。

### 【名家论坛】

20世纪80年代，中国学术界出现了文化大讨论，……一位同学提出了"怎样界定人"的问题，就是人和动物的根本区别在哪里？引起了与会同学的热烈讨论。实际上，在儒家的典籍《礼记》里面，对这个问题早就有过讨论。人与动物的区别是什么呢？《礼记》说："人之所以为人，礼义也。"这个结论，是所有与会的同学都没有提到的。儒家认为，人懂得礼而动物不懂得礼，是两者的根本区别。《礼记》还说："鹦鹉能言，不离飞鸟。猩猩能言，不离禽兽。今人而无礼，虽能言，不亦禽兽之心乎！"人如果不懂礼,就是衣冠禽兽、会说话的禽兽。所以《礼记》又说:"是故圣人作,为礼以教人,使人以有礼,知自别于禽兽。"儒家认为,人是通过礼来"自别于禽兽"的。《礼记》说:"礼也者,理也。""礼也者,理之不可易者也。"礼就是符合道理的行为规范。礼的精神所要体现的,是一种不能移易的道理,只有固守住礼的人,才算得上是一个真正意义上的人、一个大写的人、一个文明时代的人。

——彭林,2005

## 二、礼仪的本质——尊重

礼仪的基本理念是尊重为本,礼仪的"礼"字指的是尊重,即在人际交往中既要尊重自己,也要尊重别人。礼仪的"仪"字顾名思义,仪者仪式也,即尊重自己、尊重别人的表现形式。礼仪中我们应该懂得事情如何做、怎么做,但最重要的是懂得如何尊重人。

### (一)从管理学的角度

管理学中基于对人性的两种看法,有两种管理理论:X 理论 Y 理论。X 理论对人性的看法比较悲观,主张采取专制式管理;Y 理论对人性的看法比较乐观,不主张采取专制式管理。

实际上人性是复杂的即有善的一面,也有恶的一面。当一个人受到尊重时,就会表现出人性的种种优点;当一个人受到贬低时就会表现出人性的缺点①。

在管理中尊重是以评价和赏罚来表现的,评价和赏罚能起到"行为筛选"的作用,即,能保留那些符合要求的行为,而淘汰那些不符合要求的行为。

**【经典案例1-1】一分钟经理**

美国学者肯尼思·布兰查德和斯潘塞·约翰逊,写了一本名为《一分钟经理》的书。书中说,一位年轻人,为了掌握企业管理的诀窍,而到处寻访成功的管理者。在经历的了多次的失望之后,他终于找到了一位,自称是"一分钟经理"的总经理。这位总经理,不仅因为在企业管理方面卓有成效,而享有很高的声誉,而且愿意毫无保留地,向年轻人传授自己的"秘诀"。

**【案例点评】**

"一分钟经理"告诉年轻人,作为一名管理者,完全没有必要"事必躬亲"。只要做好以下三件事,花很少的时间,就能把企业管得很好:

第一件事,是要和员工一起,制定一个"一分钟目标";

第二件事,当员工"做对了"的时候,要及时地给予"一分钟赞扬";

第三件事,当员工"做错了"的时候,要及时地给予"一分钟惩戒"。

"一分钟目标"、"一分钟赞扬"和"一分钟惩戒",这就是这位"一分钟经理",能够轻轻松松地,做好管理工作的三条"秘诀"。

---

① 吴正平.现代饭店人际关系学. 广州:广东旅游出版社.2003

"一分钟经理"告诉年轻人，无论是对员工进行"一分钟赞扬"，还是对员工进行"一分钟惩戒"，都要把一分钟分为"前三十秒"和"后三十秒"。

关于这一分钟的前三十秒，"一分钟经理"告诉年轻人：在对员工进行"一分钟赞扬"时，一定要在前三十秒，明确地告诉他，他什么地方做对了，或哪一点做对了，而决不要只是很笼统地说他"干得好"、"干得不错"。而在对员工进行"一分钟惩戒"时，则一定要在前三十秒，很明确地告诉他，他什么地方做错了，或者在哪一点上做错了，而决不要在说清楚"错在哪里"之前，就劈头盖脸地把他"批"一通。

关于那一分钟的后三十秒，"一分钟经理"告诉年轻人：在"一分钟赞扬"的后三十秒，你要充分地表现出，也要让员工充分地感受到，当他"做对了"的时候，作为他的上司，你是怎样为他而感到高兴，怎样为他而感到自豪！而在"一分钟惩戒"的后三十秒，你就应该充分地表现出，也让员工充分地感受到，当他"做错了"的时候，你是多么的不高兴，多么的失望，多么的生气！你还可以用短暂的沉默，来加大他心理上的压力。但是一定不要忘记，在最后的几秒钟，你要让他知道，尽管他这次做错了，但你仍然对他抱着很大的希望，仍然相信他今后能把工作做对，做好。

### (二)从人际关系的角度

人际交往中最敏感的问题是"尊重"与"贬低"。我们知道，人人都希望得到尊重，而不愿意被贬低，对于来自他人的"尊重"和"贬低"、人人都自然会做出不同的心理反应[①]。

#### 1. 尊重与贬低

什么是"尊重"？什么是"贬低"？如果要做一个最通俗的解释，那么，"瞧得起"就是尊重，"瞧不起"就是贬低。尊重一个人，就是瞧得起他，就是承认他"行"；而贬低一个人，则是公然表示瞧不起他，说他"不行"。一个人，对瞧得起自己的人产生好感，对于公然表示瞧不起自己的人产生敌意，这虽然是一种心理现象，一种社会现象，但是它太"自然而然"了，以至于你简直可以把它叫作"自然现象"。

两个人为什么要打交道？是要在一起办什么事，还是要在一起商量什么问题？经过一段时间，问题商量好了没有？事情办成了没有？——这些都属于"功能方面"的问题。两个人见了面，彼此产生了好感，还是产生了反感？是留下了很好的印象，还是留下了很坏的印象？打了一段时间的交道，回想起来，是下次愉快的经历，还是一次不愉快的经历？——这些，就都属于"心理方面"的问题。

就人际交往的"心理方面"而言，"尊重"还是"贬低"的问题，"瞧得起"还是"瞧不起"的问题，或者说，"谁行谁不行"的问题，乃是人际交往中最"敏感"的问题。两个人，不管是为什么事情而打交道，只要他们能做到互相尊重，他们的关系，就一定能向好的方向发展。相反，如果他们不是互相尊重，而是互相贬低，他们的关系，就一定会在"贬低"与"敌意"的恶性循环中，变得越来越糟。

---

① 吴正平.现代饭店人际关系学. 广州：广东旅游出版社.2003

## 2. 人际关系的恶性循环

人与人之间的所谓"争气",无非是要争一个"谁行,谁不行?""是你行,还是我行?",所谓"争气",就是一定要让别人尊重自己,一定要让别人瞧得起自己,一定要让别人说自己"行";而不允许别人贬低自己,不允许别人瞧不起自己,不允许别人说自己"不行"。

在人际交往中,从一个人对另一个人的贬低开始,常常会引起"贬低"与"敌意"的恶性循环。道理很简单,你贬低了我,我肯定会对你产生敌意,为了宣泄这种敌意,我多半会也用一句贬低你的话去"回敬"你。在遇到两个人吵架的时候,我们常常能听到这样的对话——其中的一个说:"你有什么了不起?"(重音是在"什么"这两个字上)紧接着,另一个人回敬他一句:"你有什么了不起?"(重音改在了"你"字上)——这叫什么呢?这叫互相瞧不起,互相贬低。这是人和人吵架的,一种最典型的方式。"互相贬低"不仅是人们吵架的"主要内容",也是人们之所以要吵架的"主要原因"。

无论是争吵,还是明争暗斗,说穿了,全都是"贬低"与"敌意"的循环,全都逃不出如图1-2所表示的那种"恶性循环"的模式。人们一旦陷入这种"贬低"与"敌意"的循环,往往就很难"自拔"。因为谁先"拔"出来,似乎就意味着谁已经"甘拜下风",已经承认自己"不行",的确如对方所说的那样"没什么了不起"。

## 3. 人际关系的良性循环

美国成人教育家,卡附基所写的名著《人性的弱点》。人性有一个很大的弱点,就是喜欢听别人说赞扬自己的话,而且对于别人"瞧不瞧得起自己"十分地敏感。如果我们把"贬低"变成"尊重",把"敌意"变成"好感",人际关系就变成如图1-3所表示的,"尊重"与"好感"的循环。

图1-2与图1-3相比,除了"贬低"变成了"尊重","敌意"变成了"好感"之外,还有个重要的不同之处,那就是图1-2是从"你"开始的,而图1-3是从"我"开始的。

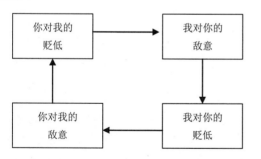

图1-2 人际关系的恶性循环图

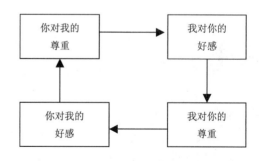

图1-3 人际关系的良性循环图

人际交往中的"恶性循环",为什么难以打破?就是因为有许多人,一总是强调,那是从"你"开始的。而人际交往中的"良性循环",之所以难以形成,就是因为人们常常不愿意从"我"做起。

旅游服务人员,为客人提供服务的过程,就是与客人打交道的过程也就是与客人进行人际交往的过程。如果你不想把"宾客关系"搞坏,你就一定要尊重,而决不要去贬低你的客人。作为管理者，如果你不想把"员工关系"搞坏，你也一定要尊重，而决不要去贬低你的员工。在社会生活的其他领域也一样，对任何一个人，如果你不想和他把关系搞坏，你就一定要尊重他，而决不要去贬低他。

### 【经典案例1-2】名牌大学生落选了

一个小伙子在某名牌大学毕业，曾参与的诸多社会实践使他获得了很好的工作能力。他的应聘简历获得了一家大型企业人力资源部的赏识。

面试那天，他进行了精心的准备，配上了得体的服装上路了。可一大早公交站台上就排满了人。当公车还没停稳，他就一个箭步冲向车门，拼命挤上了车⋯⋯

车在行驶过程中，突然一个急刹车，他"哎呀"一声！原来他的脚被重重地踩了一下，"眼睛瞎了！"他张口就骂。旁边一位女士尴尬地跟他道歉"对不起，对不起…"，他正眼也没看他："我今天去面试，你踩脏了我的皮鞋。要是我面试没通过你得负责！！！"女士一再的道歉才避免了事态的升级。

他准时地到达了这家企业，并被引领到面试的会议室里。

过了一会，人力总监与助理进来了。面试进行地非常顺利，他的应答也是对答如流，人力总监一再点头。正当他洋洋自得的时候，助理说话了："你的学习经历以及你的实际工作能力都让我们非常赏识，这个职位也非常适合你。但请允许我将今天早上公车上发生的事情向总监做一个如实汇报。"原来这个助理恰巧是在公车上被他骂的那位女士。

当总监听完情况的汇报之后，坦诚的对小伙子说："一个人的工作能力很重要，但是你知道吗？一个人成功的要素，能力和学识只占15%，更多的在于他的人际关系、处事能力以及他的基本修养！"

### 【案例点评】

正如本案中的总监所说，一个人成功的要素，能力和学识只占15%，更多地在于他的人际关系、处事能力以及他的基本修养！这位名牌大学毕业的学生可谓是非常优秀，但是从一件小事就看出修养不够，欠缺礼貌。看似一件小事情，却折射了人品的高低和贵重。这样的人何以堪当大事？他的落选合情合理。

# 本章小结

本章通过梳理中外礼仪的典型概念，阐述了礼仪的含义、原则和功能；本章追溯我国传统礼仪的主流轨迹，从礼仪的历史起源和现实缘由的发展过程，介绍了礼仪的本质。

需要指出的是，本章在从现实的角度论述礼仪缘由时，按照弗洛伊德对文明的论述"文明时是放弃本能满足的结果，是人的本能的移置与升华"，从而提出礼仪是为了交往和谐而对本我的修饰，也是人的本能的移置与升华。因为人的本我与社会发生冲突，必须进行社会化。人的社会化是一个人接受和学习社会行为模式，使社会价值内化，取得社会生活资格，成为社会成员的构成。一个人在社会化过程中的第一步是意识到他人对自己的行为期望，即了解有哪些行为规范；第二步，掌握并理解一个社会的行为规范，自觉地约束自己的行为。礼仪是社会行为模式的重要组成部分，按这样的逻辑思路论述礼仪缘由是一种有益的探索。

本章参照中国的传统礼仪发展历程和当代中国的现实需要,在结合礼仪学研究和旅游礼仪理论的基础上,在强调现实和实用的同时,力图体现中国传统礼仪的继承性。从而创建中华礼仪规范,唤醒民族文化自觉和重塑民族形象。

## 习题

1. 什么是礼仪?什么是礼貌、礼节和仪式?三者的关系是什么?
2. 什么是礼仪的原则?分别举例说明礼仪原则的运用。
3. 礼仪的起源的三种说法是什么?
4. 礼仪的指向演变包括哪几个阶段?各阶段的特点是什么?
5. 为什么要对"本我"进行修饰?
6. 什么是人的社会化?社会化的步骤是什么?
7. 由"小孩"到"大人",差异在哪里?你认为自己已经"长大成人"了吗?试以一个月以来的个人表现,用人的社会化说明自己的成长与不足。
8. 阅读下面两则古代礼仪小故事,现代社会还需要这样的礼仪吗?请谈谈你的看法。

**【古代礼仪小故事两则】**

(1) "程门立雪":这个故事,说的是宋代学者杨时和游酢向程颢程颐拜师求教的故事。相传,一日杨时、游酢,来到嵩阳书院拜见程颐,正遇上这位老先生闭目养神,坐着假睡。程颐明知有两个客人来了,他欲不言不动,不予理睬。杨时、游酢二人怕打扰先生休息,就静静地侍立门外,恭恭敬敬,肃然待立。如此等了好半天,程颐才如梦初醒,见了杨时、游酢,装作一惊说道:"啊!啊!贤辈早在此呼!"意思是说你们两个还在这儿没走啊。那天正是冬季很冷的一天,不知什么时候,开始下起雪来。他们的脚下已积雪一尺深了,身上飘满了雪。

二位程姓人是洛阳伊川人,同是宋代著名儒学家。"二程"学说,后来为朱熹继承和发展,世称"程朱学派"。杨时、游酢,向"二程"求学,先以程颢为师,程颢去世后,此时他们去找程颐继续求学,态度非常恭敬,诚心感动天地。

这个故事在宋代读书人中流传很广,后来形容尊敬老师,诚恳求教,人们就往往引用这个典故和这句成语。

(2) 曾子避席:"曾子避席"出自《孝经》,是一个非常著名的故事。曾子是孔子的弟子,有一次他在孔子身边侍坐,孔子就问他:"以前的圣贤之王有至高无上的德行和精要奥妙的理论,用来教导天下之人,人们就能和睦相处,君王和臣下之间也没有不满,你知道它们是什么吗?"曾子听了,明白老师孔子是要指点他最深刻的道理,于是立刻从坐着的席子上站起来，走到席子外面，恭恭敬敬地回答道："我不够聪明，哪里能知道，还请老师把这些道理教给我。"

在这里，"避席"是一种非常礼貌的行为，当曾子听到老师要向他传授时，他站起身来，走到席子外向老师请教，是为了表示他对老师的尊重。

# 实训项目

## 礼仪自我完善训练

要有效地改变自己，应该把积极的"自我暗示"，与积极的想象和积极的行动结合起来，这里根据吴正平《现代饭店人际关系学》中"用于改变自己的公式"，提供的给大家进行礼仪自我完善训练。公式里的"X"可以根据每个人的具体情况，换成适当的词，例如"彬彬有礼"、"落落大方"、"言行得体"、"举止文雅"、"沉得住气"等等。公式是这样的：

举例来说，如果你想让自己从一个沉不住气的人，变成一个能够沉得住气的人，你就应该用"沉得住气"，去取代公式中的"X"：

---
**改变自己的公式**

只要我相信自己是一个 X 的人，并能象一个 X 的人那样去行动。且在行动中自我感觉良好，我就是一个 X 的人。

---

"只要我相信自己是一个沉得住气的人，并能像一个沉得住气的人那样去行动，且在行动中自我感觉良好，我就是一个沉得住气的人。"

按照"改变自己的公式"，第一步，你首先要进入身心放松的状态，在这种放松的状态中，完全不加怀疑、不加抵制地、反复地对自己说："无论遇到什么样的人，什么样的事，我都能沉得住气。"

第二步，仔细地考虑，一个沉得住气的人，遇事是怎样行动的。例如，遇到一个自以为是的、盛气凌人的人，他是怎样行动的；遇到一个蛮不讲理的、胡搅蛮缠的人，他是怎样行动的。

第三步，进行逼真的想象演习，例如：想象你遇到了一个自以为是的、盛气凌人的人。因为你是一个无论遇到什么样的人，什么样的事，都能沉得住气的人；你知道，一个沉得住气的人，遇到这种情况会怎样做，所以，你就很平静地复述他的意思，然后……在交往的全过程中，你自我感觉良好。

第四步，在现实生活中，你遇到了一个自以为是的、盛气凌人的人。因为你是一个无论遇到什么样的人，什么样的事，都能沉得住气的人，而且，你已经(在想象中)成功地和这样的人打过交道了，所以，你就很平静地复述他的意思，然后……在交往的全过程中，你自我感觉良好。后来，你又遇到了一个蛮不讲理的、胡搅蛮缠的人。因为你是一个无论遇到什么样的人，什么样的事，都能沉得住气的人，而且，你已经(在想象中)成功地和这样的人打过交道了，所以，你就……在交往的全过程中，你自我感觉良好。

经过这几个步骤，现在，你已经实实在在地变成一个"无论遇到什么样的人，什么样的事，都能沉得住气的人"了。现在让我们来小结一下"改变自己的步骤"：

---

#### 改变自己的步骤

第一步，进入身心放松的状态，在放松的状态中，完全不加怀疑、不加抵制、反复地对自己说："无论遇到什么样的人，什么样的事，我是一个 X 的人。"

第二步，仔细地考虑，一个 X 的人，遇事是怎样行动的。

第三步，逼真的想象，自己作为一个 X 的人去行动，在行动中自我感觉良好。

第四步，在现实生活中，自己作为一个 X 的人去行动，在行动中自我感觉良好。

---

# 第二章　礼仪修养——温文尔雅

【本章导读】

　　我国是历史悠久的文明古国，几千年来创造了灿烂的文化，形成了高尚的道德准则、完整的礼仪规范，被世人称为"文明古国，礼仪之邦"。在儒家的思想家们的言论当中，道德修养是摆在第一位的。先秦儒家的哲学，包括它的美学在内，都可以说是一门做人的学问。孔子提倡以"仁义"治天下，首要的就是修身。修身的主要内容是"德"，最终目的是"至仁"，而其手段则是内省和对诗、礼、乐的学习。通过内省和对诗、礼、乐的学习，人就可以克服那些粗野并且有害的品性，使欲望得到节制，行为得到控制，肉体和精神的发展得到平衡，也即达到"和"。"和"乃是作为本体的"仁"，与作为现象的诗、礼、乐乃至一切社会人际关系和道德规范所共有的特征。如果一切都是和谐而井然有序的，那么，社会生活可保平安无事，个人生活可保健康幸福，而生命本身也将充满生机和欢乐。礼仪专家彭林说："人的一生涵泳在礼乐之中，揖让周旋，诗歌唱和，变化气质，涵养德性，其乐融融。这是一个典雅的世界"。

【教学重点】

　　礼仪道德修养的概念；礼仪文化修养的内容；礼仪心理训练的方法。

【核心概念】

　　道德　文化修养　行为修养　自然美
社会美　艺术美

# 第一节 礼仪修养内容

对于礼仪来说，遵守道德规范是一个不可或缺的前提。但只讲道德，并不能使礼仪转变成美的礼仪。苏格拉底曾说："知识即美德。"旅游职业人的外表，以及通过外表显露出来的内在气质、个性和风度，由外表、气质、个性和风度所产生的旅游职业人的美和挽魅力，都必须以礼仪修养为基础。

良好的礼仪能体现人的高尚的道德修养，使他获得人们的尊敬和好感，实际上，也只有优良道德修养的人，才会有得体的礼仪形式和可人的仪表风度。对于礼仪来说，遵守道德规范是一个不可或缺的前提。但只讲道德，并不能使礼仪转变成美的礼仪。因此，一个旅游职业人所需要的修养，也不只是限于道德方面。礼仪修养内容包括以下方面。

## 一、道德修养

### (一)道德修养的含义

道德是一定社会或阶级调整人和人之间以及个人和社会、阶级、国家、民族之间关系的行为准则和规范的总和。道德可分为社会公德、职业道德、伦理道德三个方面。它以善和恶、正义和非正义、公正和偏私、诚实和虚伪等范畴来评价人们的行为，调整人们之间的关系。道德通过各种形式的教育、说服、诱导，以及社会舆论的力量，使人们逐渐形成一定的信念、习惯、传统而发生作用。人们应当适当克制自己的欲望，约束自己的行为，遵守人类共同的生活规则，把自己的欲望和行为限制在不妨碍社会整体和他人利益的合理范围之内。这就需要加强个人的道德修养。

### (二)礼仪与道德

礼仪与道德有着密切的联系，礼仪是人类社会为了维系社会的正常生活而共同遵守的最起码的道德行为规范。礼仪，作为一种行为准则和规范，是道德的重要内容之一。一般说来，一个有道德的人往往是一个知礼、守礼、行礼的人。同样，一个人在任何时候，任何场合，针对任何对象，都能体现礼仪的风范，那么他对于自己的道德要求，必定是十分严格的。从这个意义上来说，道德和礼仪具有同一性。因此，我们在加强自身的礼仪修养的同时，必须提高自身的道德修养，以高尚的道德修养作为自身礼仪修养的基础。有德才会有礼，无德必定无礼。

#### 1. 礼仪与社会道德

礼仪是社会道德的表现，礼仪作为现实生活中卓有成效的交往工具，在于礼仪的核心是建立在以礼为中心的道德规范上的。

在西方人看来，礼仪是人的一种行为准则，其出发点是宽厚和体谅。在中国传统文化中，礼仪更是强调其中礼的实质内涵，礼的意义似乎是指人事仪节，其中祭祀占据着主要地位。然而中国传统文化中，礼的真正内涵在于谨慎自己的行为。孔子要求每一个人的视、听、言、行都要合乎礼的规范，只要我们能做到这一点，那么就能够达到道德的最高境界"仁"。

礼之所以能够折射出人的道德精神，主要原因在于人的内在本性，本身就包含了实践道德的倾向。礼仪行为常常是一种道德行为的映射，道德是礼仪的基础，礼仪是道德的表现形式，任何一种礼仪都离不开道德，二者是相辅相成的关系，见面时的礼节、称呼，会谈时的态度、言辞等等都反映了一个人的道德水准。

### 2. 礼仪与社会公德

社会公德是指一个社会中全体成员都必须遵守的借以维护社会正常生活秩序的各种行为规范的总和。社会公德是社会文明程度的重要标志，在许多不同的国家和地区，社会公德是相同的，它反映了人类追求文明与进步的共同要求。内容主要概括以下方面。

(1) 反映人们共同利益的道德规范。如我国的"五爱"公德，即爱祖国、爱人民、爱劳动、爱科学、爱社会主义。

(2) 人道主义精神。诸如尊重国家主权、领土完整，尊重人权、保护妇女、儿童、老人、伤残人的合法权益，维护世界和平，支持人类进步事业，实行人道主义救援等。

(3) 人类共同行为准则。比如：相互尊重，礼貌待人；诚实守信、言行一致；遵守公共秩序和公共安全规则，举止文明，爱护公物、保护环境、维护公共卫生，遵纪守法，见义勇为等等。

### 【经典案例 2-1】父亲的眼泪

李娟大学毕业后到一个日本独资企业应聘，面试经理问：你在家里对你的父母说过谢吗？"李娟回答："没有"面试经理说："你今天回去跟你的父母说声'谢谢'，明天你就可能来上班了。否则，你就别再来了。"李娟回到了家，父亲正在厨房做饭，她悄悄走进自己的房间，面对着镜子反复练习："爸爸，您辛苦了，谢谢您！"其实，李娟早就想对父亲说这句话了，因为她看到了父亲是多么地不容易：自己两岁母亲去世，父亲为了不使她受委屈，没有再娶妻子，小心翼翼呵护自己长大成人。心里一直想说"谢谢"，但就是张不开嘴。李娟暗下决心：今天是个机会，必须说出来！就在此时，父亲喊到："娟子，吃饭啦！"李娟坐在饭桌前低着头，脸憋得通红，半天才轻声地说出："爸爸，您辛苦了，谢谢您。"李娟说完之后，爸爸没有反应，屋内一片寂静。李娟纳闷，偷偷抬眼一看：她的父亲泪流满面!这是欣喜之泪，这是慰藉之泪，这是期盼了 20 年的话所带给他的感动之泪。此时，李娟才意识到：自己这句话说得太迟了。

第二天，李娟高高兴兴上班去了。经理看到李娟轻松的神情，知道她已经得到该体会的东西，没有问就把李娟引到了工作岗位上。

【案例点评】我们在日常生活中，应汲取传统伦理道德中的合理成分，提倡人人平等、尊老爱幼、弘扬家庭美德等。家庭美德的核心就是尊老爱幼，礼仪就是表达一个人家庭美德的窗口。

### 3. 礼仪与职业道德

职业道德是从事一定职业的人们在其特定的工作中的行为规范的总和。职业道德与社会公德息息相关，从某种意义上说，职业道德属于社会公德的有机组成部分，二者在内容上有着许多相同之处。在各种职业道德中都包含着社会公德的因素。

职业道德的基本规范包括爱岗敬业、诚实守信、服务群众、奉献社会。爱岗是指对自己所从事的职业岗位具有高度的珍重与热爱之情；敬业是指对自己所从事的职业有着无限的忠诚、神圣的使命感与责任心和忘我投入的热情。诚实守信是职业活动中的一项重要原则，各行各业在职业交往中要以诚待人，讲求信誉。

#### 4. 礼仪与伦理道德

人们在长期的社会交往中，约定俗成地遵守一套大家所公认的行为准则与规范。在漫长的社会发展进程中，有的是统治者以礼制的形式固定下来，有的则是人民群众从自身的生存和发展需要出发而逐步形成的道德观念、道德规范。

中国传统礼制中的伦理道德主要体现在三个方面：一是提倡尊长爱幼，二是忠君孝亲、尊卑贵贱的等级制度，三是维护人伦关系。中国传统的伦理道德有其消极的因素，同时也有其积极进步的因素。至今，这些伦理道德观念仍然对中国社会产生深远的影响。

## 二、文化修养

道德作为一种共同的约定和必须信守的社会规范，它的作用主要在于赋予以特定的秩序。它就像下棋的规则，一盘棋能否对弈下去，取决于下棋的人能否遵守下棋的规则。但是，一盘棋是否下得漂亮，需要源于文化知识素养的机智和技巧。

【经典名言】

读史能够使人明智，读诗使人聪慧，演算使人精密，哲理使人深刻，伦理学使人有修养，逻辑修辞使人善辩，总之，知识能塑造人的性格。

——培根

### (一)科学修养

科学作为一种严密的知识，作为对客观世界的真实反映，它的作用主要在于给旅游职业人提供科学思维的方法，或培养其科学思维的能力。一些具体的、专门的科学知识，譬如高等数学、天体物理学、分子生物学、计量经济学、精神分析学、生理解剖学之类的知识，对于礼仪可能没有直接的作用，或者至多只能作为谈话的资料和例证，但是任何一门科学知识，都包容了某些具有普遍意义的方法，例如观察的方法、实验的方法、分类和比较的方法、归纳和演绎的方法、分析和综合的方法等。所有这些方法，对于礼仪尤其是对于礼仪过程中信息的收集、整理和传递，对于言语的选择、组织和表达，都有十分重要的意义。一个人如果缺乏严格的科学训练和系统的知识学习，那么他所缺乏的，就不单是一些尽人皆知的常识。在日常交谈中，我们可以发现，那些说话啰唆、拖沓或杂乱无章的人，最缺乏的正是归纳和综合的能力。

### (二)艺术修养

在礼仪过程中，旅游职业人的外表修饰，言语和动作的美化，得自于艺术的熏陶。

艺术所具有的作用是双重的。

### 1. 艺术丰富情感

若一个情感单一的人,不可能真正体验到别人所具有的情感,也就不可能以一种宽容的态度去看待各种不同的情感。人们既然不能体验并且不能容纳别人的情感,也就不可能产生真正的情感表达。人与人之间的彼此隔膜、冷淡和对抗,多半是因为没有使之沟通起来的情感。在礼仪过程中,自己的表述之所以不能使他人受到感染,其原因也在于缺少热情和丰富的艺术情感。

### 2. 艺术传达情感

艺术是通过形象向我们"显示"或"表现"一些情感。从客观上说,艺术必须借助于形象才能表达情感。从主观上说,要表达和体验情感,必须借助于想象。

旅游职业人可以通过艺术训练自己对事物形象的敏感、对美的感性特质和形式的敏感。在礼仪过程中,旅游职业人的形体、容貌和服饰的美化及评价以及言语和体态恰当的、美的、优雅的表达方式,得益于艺术方面的教养。①

## 三、美的修养

礼仪是一种美。英国哲学家约翰·洛克说的好:"美德是精神上的一种宝藏,但是使它们生出光彩的则是良好的礼仪;凡是一个人能够受到人家欢迎的人,他的动作不但要具有力量,而且要优美。……无论办什么事情,必须具有优美的方法和态度,才能显得漂亮,得到别人的喜悦。"

### (一)美的形态

自然美、社会美和艺术美是美的三种基本形态。它们的共同特点是:具有蓬勃向上的活力,象征着光明与进步。

#### 1. 自然美

所谓自然美是指具有审美价值的客观自然界中自然事物或现象本身之美,是自然界原有的感性形式引起的美感。自然事物的美,形态的多样,是随着人类社会的发展而产生和不断丰富的。它具有与美的其他形态不同的特征。

#### 2. 社会美

社会美经常表现为各种积极肯定的生活形象。它包括人物、事件、场景、某些劳动过程和劳动产品等的审美形态,是社会实践的直接体现。

#### 3. 艺术美

艺术美是生活和自然中的审美特征的能动反映,是审美意识的集中物态化形态。艺

---

① 范明华.礼仪美学. 武汉:华中理工大学出版社,1997

术美作为美的高级形态来源于客观现实，但并不等于现实，它是艺术家创造性劳动的产物，它的特征在于具有审美功能，能给人以在现实生活中难以获得的最为纯粹的美的愉悦和享受。

### (二)美的感知

美可以通过人的感觉感知。有艳丽、奔放的美；有庄重、文雅的美；有亲切、整洁的美；有勤劳、朴实的美，等等。美总是感性的，是直接诉诸人的感官的。

**【经典名言】**

心灵性的基本意蕴是通过外在现象的一切个别方面而完全体现出来的，例如仪表、姿势、运动、面貌、四肢形状等。

——黑格尔

礼仪之美也是千姿百态的，主要有仪表美、精神美、言行美、环境美等，这些基本的方面，构成了礼仪美的整体形象。

旅游职业人的礼仪美，必须通过其内外在的形象表现出来。作为审美对象的旅游职业人的完善，不仅需要有充实的心灵，而且需要有强健的体魄，即灵与肉的协调的全面发展。如果说，良好的生理素质只在于使旅游职业人的外在更美的话，那么，良好的心理素质则使其内在更充实、丰满和动人。

## 四、行为修养

所谓礼仪行为就是人们在一定的礼仪意识的支配下，在人与人之间的交往过程中所表现出来的行为，如人们在日常交往过程中，相互表示问候、致意、致谢、祝愿、慰问等，恰到好处的举止，能给人以良好的深刻印象，并获得他人的好感。

礼仪行为的基本特征在于，它是个人和组织对他人和社会礼仪需要的自觉认识和自由选择的表现。礼仪修养不仅成为可能，而且成为必要。

(1) 礼仪行为必须是基于对他人和社会礼仪需要的自觉认识而表现出来的行为，没有这种认识，就不能构成礼仪行为。也就是说，人们在社会生活中，为了求得自己的生存和发展，总是要以各种形式与他人和社会发生种种交往联系。在交往过程中，人们要使自己获得他人和社会的尊重，达到交往的目的，首先必须尊重别人，按照一定的礼仪原则和规范进行行动。自觉地认识这种礼仪关系，并付诸行动，就是礼仪行为。

(2) 礼仪行为必须是行为主体自由选择的结果，也就是说，作为一种礼仪行为，必须是由行为主体根据自己的意志所做出的抉择。当然，这种自由选择并不是随心所欲，而是基于对他人和社会的礼仪关系的自觉。人们在自己的意识中甚至可以抛开礼仪的干涉，但在行为上终究要受礼仪的支配。

**【经典案例 2-2】**

(一)小处不可随便

1786 年，法国国王路易十六的王后玛丽·安东尼来到巴黎戏剧院观看演出，此刻，全场起立鼓掌。放荡不羁的奥古斯丁为了引起王后的注意,面向王后吹了两声很响的口哨。当时吹口哨被视为严重的调戏行为,因此国王大怒,把奥古斯丁投入监狱。直到1863年,老态龙钟的奥古斯丁才被释放,当时他已经72岁。两声口哨换来50年的牢狱之灾,实在是天大的代价。

### (二)不以小而不为

法国有个银行大王,名字叫恰科。但他年轻时并不顺利,52次应聘均遭拒绝。第53次他又来到了那家最好的银行,礼貌地说完再见,转过身,低头往外走去。忽然,他看见地上有一枚大头针,横在离门口不远的地方。他知道大头针虽小,弄不好也能对人造成伤害,就弯把它捡了起来。第二天,他出乎意料地接到了这家银行的录用通知书。原来,他捡大头针的举动被董事长看见了,董事长发现了他品格中的闪光点,认为这样精细的人是很适合做银行职员的。恰科因此得到了施展才华的机会,走向了成功之路。

【案例点评】"小处不可随便"是中国人自古以来的一条处世原则。由此看来,针眼大的窟窿,斗大的风,小处随便的人往往不受欢迎,在某些特殊的场合甚至会造成致命的后果。与此相反,"不以小而不为"——一滴水可以折射太阳的光辉,小处端正的人往往能取得人们的信任。

# 第二节 礼仪修养的培养

古人云:玉不雕 不成器。礼仪品质的形成不是先天的。礼仪品质的形成是在一定的社会环境和物质生活条件中,通过一定的社会生活实践和教育的熏陶,以及个人自觉的修养而逐步形成和培养起来的。

## 一、礼仪的习得

礼仪的习得,非一朝一夕之功,应着重于知、情、意、行的统一。在礼仪教育过程中,知、情、意、行是相互联系、相互渗透、相互促进,缺一不可的,要坚持晓之以理、动之以情、炼之以意、守之以行。

### 1. 提高认识

提高礼仪认识是将礼仪规范逐渐内化的过程。通过学习、评价、认同、模仿和实践过程,逐渐学习、构造、完善自己的社交礼仪规范体系,并以此来评价他人的行为,调整自己的交往行为。应尽可能扩大视野,丰富礼仪知识。知识的来源是多方面的,如可以学一点礼仪史,掌握一些伦理学、心理学、公共关系学等方面的知识,还可以通过日常的观察、学习,了解社会习俗和风土人情,积累各方面社会经验,这些对于从业人员开阔眼界、提高礼仪认识是大有裨益的。

【经典名言】

"礼仪是在人们的一切别种美德之上加上的一层藻饰,使它们对他具有效用,去为他获得一切和他接近的人的尊敬和好感。没有良好的礼仪,其余一切成就都会被人看成骄夸、自负、无用、愚蠢。""美德是精神上的一种宝藏,但是使它们生出光彩的则是良好的礼仪;凡是一个人能够受到他人欢迎的人,他的动作不但要具有力量,而且要优美。……无论办什么事情,必须具有优美的方法和态度,才能显得漂亮,得到他人的喜悦。"

——英国哲学家约翰·洛克

### 2. 树立意识

树立长久的"习礼意识",处处留心,时时经意。礼仪是以一个社会文化沉淀的外显方式呈现。经历了传承,变异过程,它的习得首先便是个体的"社会化"、"文化化"过程。也就是说,大量的是靠传统,靠有意无意的模仿,靠周围环境的影响,靠在礼仪实践中不断地学习、摸索,逐渐地总结经验教训而习得的。又因为礼仪具有变异性的特点,在完成了社会化以后,人们还有一个继续"社会化"的问题。所以,习礼可谓是一个萦绕终生的过程,除此之外,对于一些跨文化交往所涉及的不同民族、不同文化的礼仪,其习得则是靠着入境问俗的诚心和细心去了解和熟悉,并以此调控自己的言行。

### 3. 明确角色

角色本是指在电影或戏剧中演员所扮演的人物。社交角色则是指某一个体在社交关系系统中所占的一定地位,或指在社交活动中处于某一社交关系状态的人。社会对于不同的社交角色提出了不同的行为规范和行为模式。社交角色既包括社会、他人对占有一定社交地位的人在社交中的行为的期待,也包括对自己应有行为的认识。

在社会生活和社交活动中,每个人都要按其所具有的身份、地位为实现其存在价值完成一系列行为。作为经理就要有经理的样子;服务员、导游就要有服务员、导游的样子。角色不仅给个人确定自己的行为提供了规范,而且为人们相互识别、相互交流、相互评价、相互理解提供了标准。人们在社会交往中往往需要以不同的身份出现,这种身份的变化就是角色的变化,其行为必须符合社会对这一角色所认同的规范。混淆角色及其行为规范,轻则不礼貌,重则不道德,要遭到舆论的谴责。

在社会交往活动过程中,随着主客关系和社交对象的变化,角色也在发生相应的变化。一个人扮演的不是一个社交角色,而是几个社交角色。要把角色扮演得恰到好处,礼貌有加,事事得体,这并不是一件容易的事情。正因为如此,每个人一方面要重视社交角色的定位,增强角色意识;另一方面要加强自己的礼仪修养,以适应多种角色的不同的礼仪要求。

### 4. 陶冶情感

情感是由知到行的一个桥梁。陶冶情感就是要使受教育者产生一种尊重他人的真挚的感情,能够时时处处替他人着想,对人始终抱有一种热情友好的态度。如果没有真挚的情感,即使凭理智去遵循礼仪规范,也会显得勉强、不自然。比如饭店职员每天要接待成千上万的不同顾客,有些顾客非常挑剔,如果职员没有良好的礼仪情感,是难以做到始终耐心热情、服务周到、以礼相迎的。

情感比认识具有更大的保守性，改变情感比改变认识要困难得多，陶冶情感是礼仪教育中更为艰巨的一项任务。陶冶情感包括两方面的内容：一是形成与应有的礼仪认识相一致的礼仪情感；二是要改变与应有的礼仪认识相抵触的礼仪情感。比如日本的许多企业很注重培养融洽的家庭气氛，员工过生日、生孩子，经理会送上礼品，并亲自前往祝贺。工人可以骂经理，可在专设的出气室向仿造的经理模型揍上几拳，踢上几脚。这大大减少了员工的抵触情绪，加强了员工对企业的感情，上下级之间的关系也会更加融洽。

### 5. 锻炼意志

习性是一个人"自动化"的行为方式，是不需要多加思考和意志努力的行为方式。它受人的性格核心层和中介层的支配与制约。一个人的行为习惯是其观念、态度的下意识表现。习性一旦形成后，具有一定的稳固性，但通过意志努力可以使之改变。因此，不该以"习惯成自然"为由，姑息迁就那些不合礼仪的坏习惯，而应从思想观念上重视、加强"礼仪意识"，牢记坚强的意志是保证实现礼仪规范的精神力量。

**【经典名言】**

乍看之下，行动好像是由感情引发的，实际上，行动与感情是并行的。行动虽然可以由意志控制，但意志却不能控制感情。不过，感情可以调节动作……

——美国实用主义哲学家威廉·詹姆士

日本各航空公司的"空姐"，在上天之前要在教官的指导下进行6个月左右的微笑训练。训练在各种乘客面前、各种飞行条件下始终保持微笑，这种微笑的艺术若非苦练便不能成功。礼仪规范实际遵循起来并不是畅行无阻的，在现实生活中，"好心不得好报"的事例屡见不鲜。有时人们积极主动地帮助别人，却有可能被人说成"假惺惺"；一个人对领导说话礼貌、客气却被视为"拍马屁"，说话真诚直率又被人说成"太狂妄"。凡此种种，不仅需要人们能克服错误舆论的非难、亲戚朋友的责备和埋怨，而且更需要人们有足够的勇气和毅力来克服来自本身情绪的干扰，不为目前的局面所困扰，继续保持良好的礼仪状态。

### 6. 养成习惯

礼仪修养要达到的最终目标就是要人们养成按礼仪要求行事的行为习惯。以日本人行鞠躬礼为例，他们一天到晚都在弯腰、鞠躬。据东京的一家报纸调查统计，百货商店、旅馆、饭店的服务员平均每人每天要向顾客鞠躬近1000次；电梯服务员则平均每人每天要向乘客鞠躬2560次。日本人即使在电话里与人问安、道别、承诺、请求，也会不自觉地鞠躬。对他们来说，弯腰鞠躬已成习惯。又如养成控制自己声调表情的习惯，日积月累也能收到意想不到的效果。在社交礼仪修养过程中，通过一些看得见的礼仪训练，使人们通过模仿、学习提高自己的实际操作能力，从一件件具体、琐碎的小事做起，点滴养成；大处着眼，小处着手；寓礼仪于细微之中，逐渐养成良好的礼仪习惯。

## 二、礼仪心理训练

个人礼仪的形成需要个人的原动力，需要个人的自律精神。个人的原动力，亦称个人的主观能动性，它是人的行为和思想发生变化的根本条件，也是人提高自身素质，形成良好礼仪风范的基本前提。

### (一) 培养自信

自信是指一个人对自己的学识、能力及所做的事的一种肯定的评价。自信是一个人勇于参加交际活动，树立个人良好形象，争取朋友支持的重要条件。如何培养自信心呢？

**1. 用补偿心理超越自卑**

补偿心理是一种心理适应机制，个体在适应社会的过程中总有一些偏差，从心理学上看，这种补偿，其实就是一种"移位"，即为克服自己生理上的缺陷或心理上的自卑，而发展自己其他方面的长处、优势，赶上或超过他人的一种心理适应机制。正是这一心理机制的作用，自卑感就成了许多成功人士成功的动力，成了他们超越自我的"增压"，而"生理缺陷"愈大的人，他们的自卑感也愈强，寻求补偿的愿望就愈大，成就大业的本钱就愈多。

在补偿心理的作用下，自卑感具有使人前进的反弹力。由于自卑，人们会清楚甚至过分地意识到自己的不足，这就促使其努力学习别人的长处，弥补自己的不足，从而使其性格受到磨砺，而坚强的性格正是获取成功的心理基础。

**2. 用实际行动建立自信**

征服畏惧，战胜自卑，不能夸夸其谈，止于幻想，而必须付诸实践，见于行动。建立自信最快、最有效的方法，就是去做自己害怕的事，直到获得成功。

(1) 突出自己。在各种形式的聚会中，在各种类型的课堂上，后面的座位总是先被人坐满，大部分占据后排座位的人，都希望自己不会"太显眼"。而人们怕受人注目的原因就是缺乏信心。

坐在前面能建立信心。敢于将自己置于众目睽睽之下，就必须有足够的勇气和胆量。久之，这种行为就成了习惯，自卑也就在潜移默化中变为自信。另外，坐在显眼的位置，就会放大自己在交际对象视野中的比例，增强反复出现的频率，起到强化自己的作用。

(2) 正视他人。眼睛是心灵的窗口，一个人的眼神可以折射透露出情感，传递出微妙的信息。不敢正视他人，胆怯、恐惧；躲避他人的眼神，则折射出阴暗、不坦荡心态。正视他人等于告诉对方："我是诚实的，光明正大的，非常尊重你，喜欢你。"因此，正是视他人积极心态的反映是自信的象征。

(3) 快步行走。许多心理学家认为，人们行走的姿势、与其心理状态有一定关系。懒散的姿势、缓慢的步伐是情绪低落的表现，是对自己、对工作以及对他人不愉快感受的反映。通过改变行走的姿势与速度，有助于心境的调整。要表现出超凡的信心，走起路来应比一般人快。步伐轻快敏捷，身姿昂首挺胸，会给人带来明朗的心境，会使自信滋生。

(4) 当众发言。面对大庭广众讲话，需要巨大的勇气和胆量，这是培养和锻炼自信的重要途径。人的每次的沉默寡言，都是又中了一次缺乏信心的毒素，这样会愈来愈丧失自信。从积极的角度来看，如果尽量发言，就会增加信心。不论是参加什么性质的会议，每次都要主动发言。有许多原本木讷或有口吃的人，都是通过练习当众讲话而变得自信起来的。

(5) 学会微笑。笑能给人自信，它是医治信心不足的良药。真正的笑不但能治愈自己的不良情绪，还能马上化解别人的敌对情绪。如果你真诚地向一个人展颜微笑，他就会对你产生好感，那种好感足以使你充满自信。正如一首诗所表达："微笑是疲倦者的休息，沮丧者的白天，悲伤者的阳光，大自然的最佳营养。"

**3. 用成功获得成功积累**

一个人的自信往往是在与他人接触过程中，在他人对我们的态度中获得的。如果我们的服饰、仪表、言谈、举止得到别人的赞赏、鼓励，如果参加交际活动获得一次成功，就会使我们内心得到一种愉快的情感体验，这种体验就会增加进一步交往的信心。所以要增强自信心就应该注意接受交际中的积极性反馈，增加情感愉快体验。记住：成功也是成功之母。要善于使交际中的小的成功变成你生活和工作中的大的成功。还有很重要的一点便是：了解自己是实现对自己有信心的基础，同时也可以避免自大自傲。①

## (二) 尊重他人

一个人要有尊重心理，既有较强的自尊心，又要尊重他人，自尊和尊人是相互关联的。

### 1. 自尊

自尊，是指人对自己的爱护和尊敬。有自尊心的人能够重视自己的价值，珍惜自己的形象，能努力上进，不甘落后。自尊心太弱就有可能对自己失去信心，自暴自弃，自轻自贱，把自己看成社交中可有可无的角色。反之，过分自尊的人往往固执己见，听不进别人的批评建议，容易兴奋、冲动，却欠冷静、欠周密，不愿意在他人面前暴露出自己的缺陷，在言行上表现得虚荣心过强，缺乏应有的真诚。

自尊是可贵的，但是自尊的同时还要尊重他人。每个人都有自尊心，每个人都需要他人的尊重。你尊重他人，他人才会尊重你，你才可能满足自尊。尊重他人，表现出一个人良好的道德情操和文化修养。

### 2. 尊重他人

尊重他人，要做到尊重他人的正当权利，不能把自己的意志强加于人，不干涉他人的隐私。尊重他人，要尊重他人的意见，善于倾听他人的观点，不轻易否定他人。尊重他人，要尊重他人的劳动，爱惜他人的劳动成果，肯定他人的劳动功绩。尊重他人，要

---

① 匡玉梅. 现代交际学. 北京：中国旅游出版社，2003

尊重他人的人格。尊重他人，要尊重他人的信仰习惯，对宗教信徒要尊重宗教礼节和禁忌，对各民族客人要尊重民俗习惯。尊重他人还要尊重他人的感情，感情是交往中最为珍贵的东西。无视他人的感情，玩弄他人的感情，伤害他人的感情是不尊重他人的表现。

《林肯传》中有这样一件事：一天，林肯总统与一位南方的绅士乘坐马车外出，途遇一老年黑人深深地向他鞠躬。林肯点头微笑并也摘帽还礼。同行的绅士问道："为什么你要向黑鬼摘帽？"林肯回答说："因为我不愿意在礼貌上不如任何人。" 1982年美国举行民意测验，当要求人们在美国历届的40位总统中挑选一位"最佳总统"时，名列前茅的就是林肯。

### (三) 坦白诚恳

坦诚，首先要求心地坦白，对他人给予信任，相信人与人之间的关系是建立在相互信任的基础上的，信用是靠坦诚维护的，绝不能靠虚伪。坦白，要求开诚布公地表达自己的观念、意愿，对他人的缺点错误不姑息迁就，原则地善意地批评指正，对自己的缺点错误虚心承认和检讨。

坦诚不等于简单粗暴、信口开河。在交际中面对各种各样的人物，情况是复杂的。有的人性格开朗，喜欢直言快语，坦诚相待；有的人比较敏感，喜欢委婉的表达方式，过于率直的批评他可能接受不了。另外，交际中的信息沟通要有所区别，有些信息是可以公开的，但有些信息保密性强，或者现在还不能公开，那就不能完全公开。坦诚待人不等于不看情况乱讲，出发点虽好，不顾客观条件也不会收到预想效果。

### (四) 学会宽容

交际中要宽厚待人，容得下别人的缺点、错误、误解。宽容的前提是严于律己，对自己要求严格，时刻检讨自己的言行。出了问题勇于承担责任，做自我批评，不怨天尤人。对别人宽容，是指当遇到别人的误解和委屈的时候，毫无怨恨之心，能够以德报怨，谅解对方，并能和睦相处。对别人宽容，是指对待有着这样那样缺点和毛病的人能够容纳和谅解。每个人都可能有自己的缺点，只要不是原则问题，就不应该求全责备，也没有必要针锋相对，而给对方留些面子，让人家自己去反省改正。

当然，宽容不等于无原则，对于那些原则上的问题和错误要坚持原则，不能宽容。

### (五) 积极乐观

乐观的人有较强的交际魅力。人都愿意和那些充满乐观精神、不怕任何困难、性格活泼、积极上进的人交往，而不愿意和那些悲观消沉、呆滞僵化、忧虑重重的人交往。每个人生活中自己负荷的已经够沉重了，一般不愿再过多承负来自别人的压力。乐观的人有一种幽默感，在最困难的时候他能以一种乐观的幽默激发大家的斗志，缓解紧张心理。乐观不仅是个人拥有的财富，而且是赠予别人的最好礼物。

培养乐观性格要有一个远大的目标，为实现这一目标有一种勇往直前的决心和必胜的信心。要有清醒的头脑和正确的思维方式，不为表面现象所迷惑，有强大的心理承受力，经受住任何挫折和困苦。当然，乐观并不是盲目的，盲目乐观是不可取的。

### (六)积极实践

礼仪修养的一个重要方面，就是要主观和客观相统一，理论和实践相联系，也就是说要身体力行。一切礼仪修养必须结合人与人之间的交往活动来进行。一个人只有在人与人之间的交往实践中，在对别人、对组织的各种关系中，才能认识到自己的哪些行为是符合礼仪规范要求的，哪些行为是不符合礼仪规范要求的，并时刻以这些准则为镜子，对照、检查、改正以至清洗自己思想中一切与礼仪不符的东西，从而不断地提高自己的礼仪品质。在礼仪修养方面，必须强调实践的作用，与实践相联系是礼仪修养的根本方法。一切礼仪修养如果脱离了实践，就必然是空洞的礼仪说教。

实践在礼仪修养中起着极其重要的作用，实践的方法是礼仪修养的根本方法。人们的礼仪品质只有在交往实践中才有可能形成。任何礼仪修养，如果不与实践相联系，必然是无所作为的。①

**【经典案例2-3】教养是怎么形成的**

一位专业造诣颇高的学者出国考察，国外同行很认同其学术水平，但他却感觉到自己并不受欢迎。回国前夕，在他一再追问下，才有朋友婉转地告诉他，外国同行不欢迎他，是因为他教养太差。

原来，一天，他应邀去对方办公室谈话，是初次见面。谈了一会儿有电话进来，主人打了个招呼就接听电话，他呢，闲着无事，便翻起主人桌子上的书籍文件，就像在图书馆翻阅杂志一样。主人不悦，谈兴大减，找了个借口就结束了这场谈话。

学者认为，一般来说，的没有教养是指随地吐痰、满口脏话，而像这样的翻书竟然被叫做"没教养"，他想不通，更让学者委屈的是从小学到中学到大学到博士，没有人教过我该做什么，不该做什么，我去哪里学习这些教养？

**【案例点评】**学校生活是社会生活的预演，认识这一点对我们非常重要，鉴于此，我们在学校里可以并且应该学习礼仪，成为一个有教养的人。如果我们能在学校里很好地与同学相处，与老师相处，我们就会习得一种能力和教养，在未来的生活中就比较容易地与他人相处。这个"他人"可以是同事、上司、下级、朋友、邻居，也可以是自己的配偶、子女。这种人类最高尚的品行不是靠读书读得出来的，它只能在人与人互相交往过程中，在人的互动关系里去习得、去养成。

# 本章小结

本章基于实务的角度，在第一节介绍了礼仪修养的概念和内容后，在第二节重点论述了礼仪修养的培养，强调礼仪的习得和心理训练。

成功者从来不半途而废，成功者从来不投降，成功者们不断鼓励自己，鞭策自己，并反复地去实践，直到成功。世界上许多卓越的成功者，几乎每个人都是心理模拟方面

---

① 胡锐,边一民.现代礼仪教程.杭州：浙江大学出版社，2004

的大师。他们懂得让自我修养处于不断地提高中。礼仪的习得,不仅指对礼仪的学习习练,还包括将所习之礼培养成一种习性或者说是品性的过程,非一朝一夕可就。一般说来,应着重于知、情、意、行的统一。自我修养能培养或打破一种习惯。它能使你的自我意象或思想产生持久的变化,帮助你达到目标。自我修养反复地用语言、图画、观念和情绪告诉你,你正在赢得每一个重要的个人胜利。归根结底、自我修养是一种自我暗示,是一种思想的实践。

## 习题

1. 什么是道德?道德可分为哪三个方面?
2. 礼仪与道德的联系包括哪四方面的内容?请举例说明。
3. 什么是文化知识素养?文化修养主要包括哪些内容?你准备如何提高你的文化知识素养?
4. 在礼仪过程中艺术所具哪两个作用?请举例说明。
5. 请每个人对自己的行为进行自我解剖,看看自己的公德在哪些方面还有不足,给自己出一些"药方"。
6. 案例分析:两则小故事给我们的启示

第一个故事:在一场激烈的战斗中,上尉忽然发现一架敌机向阵地俯冲下来。照常理,发现敌机俯冲时要毫不犹豫地卧倒,他发现离他四五米远处有一个小战士还站在那儿。他顾不上多想,一个鱼跃飞身将小战士紧紧地压在身下,此时一声巨响,飞溅起来的泥土纷纷落在他们的身上。上尉拍拍身上的尘土,抬头一看,顿时惊呆了:刚才自己所处的那个位置被炸了两个大坑。

第二个故事:古时候,有两个兄弟各自带着一只行李箱出远门,一路上重重的行李箱将兄弟俩都压得喘不过气来。他们只好左手累了换右手,右手累了又换左手。忽然,大哥停了下来,在路边买了一根扁担,将两个行李箱一左一右挂在扁担上。他挑起两个箱子上路,反倒觉得轻松了许多。

从这两个小故事中你得到了什么启示?

## 实训项目

### 职业素养养成——值周礼仪活动

值周礼仪活动,把校园值周工作作为旅游学校的学生学习生活中不可缺少的内容。通过值周工作,可以让学生在实践中体会到成功的快乐,培养学生吃苦耐劳的意志,团队合作的精神；可以加强学生自我管理，自我约束，自我教育；更重要的是通过值周工作，可以不断强化学生的服务意识，养成良好的礼仪习惯，提高学生的职业行为素养。

1. 值周工作要求

工作要求

① 值周班组在值周期间，应是全校模范遵守校纪的班组。
② 值周学生应统一着装，佩戴校牌。
③ 严格上岗时间，及时纠正、解决问题。
④ 每个岗位的责任人立足本职岗位，尽心尽责。
⑤ 在值周期间，要求进行自主学习、研究性学习。
⑥ 每周四之前，下一个班组必须制定好值周工作计划，组织并填好《值周分工表》为自己在下周的工作做好准备。
⑦ 值周班组在周三和周五进行两次值周总结，在周五评出本班值周的积极分子。

2. 值周工作分工和工作要求

| 工作分工 | 组别 | 工作要求 | 工作时间 |
| --- | --- | --- | --- |
| ①礼仪迎宾 分为ABC 3组 | A组为礼仪组 | 站立于校门两侧，统一佩戴绶带(男生除外)，服装统一，对来往教师、同学及客人行礼 | 上午7时10分至7时40分，中午1时30分至2时 |
| | B组为接待登记组 | 站立于前厅总台，对来访人员按规定登记，并负责把来客引导到有关处室或相关老师处。做好相关邮件的接收和登记工作 | 分为上午下午两班，工作时间为上午7时至中午12时40分，中午12时40分至下午5时40分 |
| | C组为引导组 | 负责引导接待来校长办公室和其他处室的人员，要求工作主动热情，待人和善，做好热情接待工作和客人走后的卫生清理工作 | 上午7时40分至中午11时55分，下午为2时至5时 |
| ②校园值日生 | | 校园值日生主要是负责管理教工车棚和学生车棚的自行车排放和卫生的打扫 | 上午7时至7时40分，下午为1时30分至2时 |
| ③卫生值日 分为ABC 3组 | A组 | 负责办公室的卫生打扫，并随时听从办公室的老师的安排，完成相应的工作 | 上岗时间为上午7时40分至8时15分，下午为3时45分至4时10分 |
| | B组 | 专门负责垃圾箱及其周围空地的卫生打扫和保洁工作。要求做到垃圾箱不漫溢，周围空地无杂物。每天清扫3次 | 上午7时40分，中午1时30分至2时，下午5时至5时15分 |

续表

| 工作分工 | 组别 | 工作要求 | 工作时间 |
|---|---|---|---|
| ③卫生值日分为ABC 3组 | C组 | 要求对整个校园的卫生进行督察和清理，并于每堂课上课铃响后，5分钟内将校园内可能存在的纸屑、包装袋等杂物捡干净，特别是主要通道要保持清洁 | |

3. 值周人员服务用语及服务程序

(1) 前厅接待

| | 总体要求 | 具体要求 | 其他要求 |
|---|---|---|---|
| ①上岗前 | 做到仪表整洁，仪容端庄。 | 做好仪表仪容的自我检查 | |
| ②在岗位上 | 要保持站立服务，精神饱满，面带笑容，热情问候每一个来宾 | 迎客时双目正视对方，上半身略微向前倾，成15度鞠躬，礼貌地说："您好，请您登记一下好吗？" | 登记完毕将来宾引导至他所需要去的地方 |
| ③在引导来宾时 | 应礼貌地说"请跟我来"或"这边请" | 引导来宾时，走在宾客的左前方2—3步的位置，随客人的步子前进 | 转弯或下楼时，应微笑向客人示意 |
| ④进办公室前 | 应敲门或喊"报告"，听到回声方可开门 | 请客人进办公室应礼貌地说"里面请"，并引领客人到适当的位置坐下，说"这边请坐" | 客人坐下后，作适当介绍并倒茶，服务完毕，后退一步，转身到办公室门口礼貌站立或回到前厅 |
| ⑤送客服务 | 当客人准备离开时，提醒客人不要忘记随身物品；送客时应走在客人的左后侧，并礼貌地说"这边请" | 将客人送至门口后，应面带微笑地说："您走好"，并鞠躬示礼，目送客人离开 | 受访者不在时，应说"对不起，您要找的人不在，请您留言，以便我们及时转告" |

(2) 公共场所及办公室值日服务

① 着装整齐，精神饱满，及时完成指定工作。

② 在公共场所清扫时，遇到老师或来宾，应直立，面带微笑说"老师，您好"；在上下楼梯口应说"老师您先请"。

③ 进办公室时，应喊报告，并说明来意"老师，我是值周学生，我可以进来服务吗"，老师同意后，方可进入办公室。

④ 清扫办公室时，先上后下，先里后外，不可以翻动老师的物品。；要清扫老师的座位时，应请老师让一下，清扫完毕，再请老师坐下。

⑤ 每次清扫完毕，请老师检查，如没有其他吩咐，礼貌告别，"老师，还有什么需要我服务吗？""老师再见"。

实践出真知，值周活动是旅游专业学生职业行为素养养成的重要途径，也是检验学生把所学理论知识应用到实践中的检验标准。值周活动不但为学生提供了一个发挥自我才能，展现自我风采的舞台，也是培养和锻炼同学综合能力的一个阶梯，更是一个学生进入社会，走上工作岗位前的演练场地。通过值周工作，很多同学养成了见到老师、同学或来宾，主动、礼貌地打招呼的习惯。

  注：本实训项目根据镇江市《在综合实践活动中旅游专业学生职业行为素养养成教育研究》课题结题报告修改制定

# 专题二　个人礼仪

# 第三章 仪表礼仪——亲切端庄

## 【本章导读】

仪表即个人的外表,是一个人精神面貌和状态的外在体现,一般包括个人的仪容、仪态及服饰等具体因素。一个人的仪表美是其容貌美、形体美、服饰美及风度举止美等多种因素的有机结合。从美学角度讲,美是有形的,一个人内心的美好要么通过仪容静态的呈现,要么通过仪态动态的展示。古人有云:"诚于中而形于外",一个人的内在美和外在美是不可分割的,只有表里如一、相得益彰,才是一个人美最完整的表现。旅游工作者良好的仪表是优质服务的重要内容,是其讲究礼貌礼节的具体表现。

## 【教学重点】

仪表礼仪的基本礼仪规范,以及旅游服务礼仪中仪容、仪态的操作规范和使用技巧。

## 【核心概念】

仪表　天然形象　外饰形象　行为形象　仪容　仪态

# 第一节　仪表及仪表美

仪表，指一个人的外表，包括人的形体、容貌、服饰、姿态、举止、风度等方面，是一个人的精神面貌和状态的外在体现。从人的仪表美的本质而言，仪表美是一个人对美的综合展示，即心灵美与外在的表现完美的结合才是真正的仪表美。中国古语中的"珠联璧合"、"秀外慧中"、"诚于中而行于外"说的正是这个意思。

## 一、仪表的构成

一个人的仪表形象由天然形象、外饰形象和行为形象三方面组成。一个人的"亮相"其实就是人的以上三种形象的综合展示。

### (一)人的天然形象

人的天然形象，即人体本身的自然资质。一个人的五官长相、身高、体型等因素都属于一个人的天然形象，它们是由遗传决定的。每个人应尊重他人的天然形象，不应对别人的长相妄加否定；对待自身的天然形象也应持有客观、豁达的态度。

人的形体美是健、力、美三者的结合，健美的人体有着生长发育及健康而又完善的机体、发达有力的肌肉、优美的人体外形和健康向上的精神气质。苏联著名诗人马雅科夫斯基称颂结实的肌肉和古铜色的皮肤是世界上最美丽的衣裳。古希腊人则认为：健美的人体是呼吸宽畅的胸部，灵活而强壮的脖子，虎背熊腰的躯干和块块隆起的肌肉。米隆的《掷铁饼者》和米开朗琪罗的《大卫》是体现人体美的杰作。

图3-1　米开朗琪罗的《大卫》　　　图3-2　米隆的《掷铁饼者》

### (二)人的外饰形象

人的外饰形象，即一个人借助美容、化妆等手段，对自身的天然形象进行合理的修饰所形成的一种外观形象，从而扬长避短，塑造出更加美好的个人形象。人的天然形象和外饰形象即构成了一个人的仪容，是一个人的外表在空间上的静态展现，是一个人自然美与修饰美的和谐统一。

从古至今,对仪表的理解,都既涵盖了仪容仪态,也包括了与之相对应的某些内在素质。如《管子·形势解》中云:"法度者,万民之仪表也。"此处,仪表指的是人的表率作用;而在《宋史·杨承信传》中:"承信身长八尺,善仪表,善持论,且多艺能。"此处的仪表则专指人的外表、容貌。今天,人们评价一个人仪表出众,也不仅指此人的容貌身材本身出色,也是对此人由内而外流露出的气质及风度的高度赞许。

### (三)人的行为形象

人的行为形象,即人们常说的人的言谈举止或仪态。行为形象由一个人的表情、行为举止、谈吐、手势等因素构成,在时间上动态展现一个人的外表。英国的培根曾说过"相貌的美高于色泽的美,而秀雅合适的动作美,又高于相貌的美,这是美的精华"。一个体形健美的人还必须精神饱满、富有朝气,必须具有勇敢无畏的精神,坚韧不拔的顽强意志,刚毅果断的性格和良好的品德修养。这种美发自心灵深处,却又能通过人举一动、一言一行而在外部表现出来,并使得别人能够感受得到。

## 二、仪表美的内涵

一个人的仪表是一个多元的整体,虽然它是人的外在表征,但它却标示着一个人的道德素养、性格爱好及审美情趣等内在的精神特质。真正意义上的仪表美,应当是自然美、修饰美和内在美的高度统一,忽略其中任何一个方面,都会使仪表美失之偏颇。

**【名人名言】**

外貌美只能取悦一时,内心美方能经久不衰。

——歌德

### (一)仪表的自然美

仪表的自然美主要指人体外观的自然美,也就是平时所说的天生丽质。五官端正、肤色健康、身体各部位比例匀称,是构成人体自然美的三个基本因素。仪表的自然美尽管以相貌取人不合乎情理,但先天美好的面容和身段,无疑会令人赏心悦目。

**1. 身体健康**

仪表的自然美源于人的天然形象,即人体本身的自然资质。健康是自然美的基础。世界卫生组织(WHO)1946年成立时,在其宪章中对健康的含义做了科学的界定:"健康乃是一种在身体上、心理上和社会适应方面的完好状态,而不仅仅是没有疾病和虚弱的状态。"

**2. 心理健康**

人的心理状态,直接影响人的身体健康。比如有的人对自己生理方面的一些缺陷存在自卑,诸如自己的长相平平或长相丑陋,自己的身材过低、过胖、不苗条等等。他们总是自责、自怨、自卑。一个性格健康的人能够体验到自己存在的价值。他们了解自我，有自知之明，乐于接受自己。对那些能够改变的生理和心理特点，要尽量地去完善，对那些不能够改变的生理和心理特点，则要采取接受、悦纳的态度。

### (二)仪表的修饰美

仪表的修饰美是一种创造之美。俗话说"佛要金装，人要衣裳"，又言"三分长相，七分打扮"，天生丽质为人所羡慕，却不能人人皆然。对于先天条件人们无法选择，但通过后天修饰可进行弥补。容貌的缺陷可以通过美容修饰，体形的缺陷可以通过着装改善。仪表的修饰美所强调的就是这种必要的弥补，即人们可以通过对容貌的适当修饰、对服装的合理选择，从而使自己的仪表给人以审美上的愉悦。如在中国人的眼中吕燕绝对不是常规意义上的美女。但她到世界时装之都巴黎发展后，长着一张汇聚东方元素面孔的吕燕经过精心的修饰和打扮，让众多国际顶尖设计师频频惊艳不已。国外媒体评价吕燕："一半是天使，一半是魔鬼"——既可以像天使那样笑得很灿烂很纯净，也可以像魔鬼那样野性。这正是仪表的修饰之美。

一个人修饰之后的容貌如何与这个人的生活情调，思想修养，道德品质和文明程度关系密切，它是一个人对自我形象的再塑造。同时，经过修饰后的容貌如果不加以维护和保持，也会影响一个人在他人的形象。

### (三)仪表的内在美

仪表的内在美是仪表的深层次的美，是仪表美的质的东西。仪表的内在美是指人们通过知识积累，不断提高个人的文化、艺术素养和思想、道德水准，培养高雅的气质与美好的心灵，并通过外在的形象(仪容、仪态和着装)表现出来。

**1. 仪表与气质**

一个人的仪表应体现出自身的气质特点，这样才能让人感觉你的"动静一致"。气质指的是表现在外表、言语和姿态方面的个人风度。人的气质受其生活经历的影响，是一个人内在修养的体现。

气质是一种稳定的内心状态。培养良好的气质，需要多读书、多思考，加强自我修养。古人有云："腹有诗书气自华"，从这个角度讲，一个人的气质也是学习得来的。"修犹切磋琢磨"，"养犹涵养熏陶"。自我修养其含义是积极的，是在社会实践中的自我教育、自我改造、自我锻炼、自我塑造的过程。

**2. 仪表与风度**

风度是一个人的气质、阅历和教养的集合，是一个人内在气质的流露。风度是对一个人综合性的审美评价，由一个人的身段体魄、装束打扮、表情神态、举止谈吐等仪表来展现，概言之，风度体现在一个人言谈举止、衣食住行的各个方面。

不同的人有不同的气质和性格，因此每个人的风度也不尽相同。例如，由于人们的职业性质和生活环境的影响，自然而然地养成一种职业风度，如人们常说的"学者风度"、"军人风度"、"外交家风度"以及西方社会常用的"绅士风度"、"骑士风度"等。

与气质所不同的是,气质有好坏之分,而风度绝对是个褒义词,只适用于品行高尚的人。

### 3. 仪表与魅力

魅力是以气质美和风度美的有机结合为基础发展而来的一种功能和效用,是一个人散发出的一种能吸引人和打动力的力量。魅力不是与生俱来的,它靠个人后天的努力学习和全面发展。

魅力源于仪表美,又高于仪表美,由于一个人吸引人和打动人的力量的种类的不同,魅力又有不同的类型,如这种力量若来源于个人对性别的美好诠释,就有了"女性魅力"、"男性魅力";这种力量若产生于个人在许多方面的与众不同,就有了"个性魅力";这种力量若来自于个人的品行和操守,就有了"人格魅力"。

### 4. 仪表与职业道德

在我国古籍中,"道德"二字连用始于荀子《劝学》篇:"故学至乎礼而止矣,夫是之谓道德之极。";在西方古代文化中,"道德"一词起源于拉丁语的"摩里斯"(Mores)意为风俗和习惯,引申其义,也有规则,规范,行为品质和善恶评价等含义。职业道德是把一般的社会道德标准与具体的职业特点结合起来的职业行为规范或标准。不同的职业有其不同的职业道德,规定人们"应该做什么","不应该做什么","应该怎么做","不应该怎么做"。

旅游从业人员良好的仪表既是服务工作的要求,又是优质服务的重要内容。良好的仪表可以向宾客表达欢迎、尊重、真诚等意愿,以满足他们对尊重和审美的双重需求;同时还能创造出和谐、高雅的气氛,调节人与人之间的关系,培养与宾客之间的友谊。同时,爱美之心,人皆有之。注重仪表也是旅游从业人员"自爱"的表现。

# 第二节 仪容礼仪

仪容指一个人的容貌。这里的容貌不仅指一个人的天生的长相,也指一个人按照社会公认的审美标准进行修饰之后的容貌。一个人修饰后的容貌如何与这个人的生活情调、思想修养、道德品质和文明程度关系密切,它是一个人对自我形象的再塑造。

## 一、发型与礼仪

一头柔美秀丽的头发,选择适宜的发型,会使人的仪表更美,从一个侧面也反映了他的审美水平、礼仪修养和性格特点。发部修饰,通常指一个人依照自己的审美习惯、工作性质及自身特质,对自己的头发所进行的清洁、梳剪及装饰。

### (一)头发的清洁与养护

头发对于人体有保护的功能,它可以保护人的头脑,能挡风、保暖,减轻头部受到撞击的伤害,防止阳光中的紫外线对头脑的强烈辐射。头发的健康是头发美观的第一步。

**1. 头发的清洁**

通常一个人 3 天左右就应该洗一次头。头发清洁的基本程序是：洗头——润发——干发。洗头后自然风干头发是干发的最好办法。如果用吹风机吹干，应把因过量的热而造成对头发的损伤降低至最小。

**2. 头发的养护**

(1) 饮食调理。营养不良的头发不可能健康，会变得脆弱，发色灰黄且易脱落。头发所需的主要营养成分，多来源于绿色蔬菜、薯类、豆类和海藻类等。

(2) 日常护养。即有针对性地选择具有一定养护功能的洗发护发产品，按照自己时间规律定时洗发护发。如果每周或每十日给头发做一次深度保养，效果会更好。经常梳理头发可以去掉头发上的浮皮和脏物，并给头皮以适度的刺激，以促进血液循环，使头发柔软而有光泽，益于头发生长。

(3) 专业护养。若头发健康状况较差，或头发才经历染烫的头发，可以每半月或每一月到专业的理发屋对头发进行专业的护养，使头发较快地恢复健康状态。

(4) 精神滋养。精神愉快，心境平和，生活规律，头发可以乌亮浓密，精神萎靡不振，心情忧郁，情绪紧张，均会影响毛发的正常生长。

## (二) 发型设计

头发具有衬托面容框架的作用，发型的改变可以改变一个人头部的造型和感觉。"头上倭堕髻，耳中明月珠。"这是乐府诗中描写聪明美丽的民女罗敷的诗句，女人的头发总是有着超乎寻常的象征意义。

**1. 女士发型的设计**

总的来讲，发型设计必须与一个人的脸型、身材、年龄及工作场合相适应。

(1) **发型与脸型**。发型曲线应与脸部线条相中和，用蓬松的头发来掩饰与弥补脸型的缺陷。如圆脸，发型应选视觉上显长不显宽的，让顶部头发蓬高，两侧紧，忌头发中分；长脸形，原则上用圆线条来弥补，顶发平贴头皮，留额留海，并且尽量让头发向两边分散，以增强横向扩张的感觉；正三角脸型，顶部头发蓬松，女性的发梢微遮两颊，以缩小下巴宽度，使脸形匀称。

(2) **发型与体型**。发型还需与服装款式相配、相协调，要与人的身材体型相适应。比如女性，高瘦型不宜留短发，这样会显得头部在整个身高中所占比例过小；身材矮小的人，如果留长发，则会使上半身看起来更长，而下半身显得更短，因此留短发可使身材比例更合适。

(3) **发型与年龄**。发型设计还应一个人的年龄相适应，以通过发型更加显示出自己所在的年龄段应有的美。比如人到中年，发型的设计多以正规、端庄为主，女性也一般不再留刘海及披肩长发，多以束发和绾发髻较常见，这可显示出成熟女性端庄优雅的气质。

(4) **发型与场合**。工作场合，选择的发型要自然明快、简洁大方。野外作业和体力劳动，发型尽量简短平直；出入商界宜选优雅大方、较为保守的发型，给人沉着谨慎、办事可靠的印象。隆重的社交场合，发型要高贵雅致，长发应扎起来或盘成发髻，绮丽气派。

**2. 男士发型的设计**

按照人们的审美习惯，男性的发型多以短发为主，随着人们对个性外形的追求越来越强烈，男士的发型也由传统的几款短发向多样化发展。

(1) 体现阳刚。要体现男士刚毅有力的男性阳刚特点，不能把自己弄得不男不女、不伦不类；

(2) 突出个性。要突出自己的个性特点，在选择发型时应注意和自己的脸型、体形、服装等相协调；

(3) 职业特点。要体现职业特点，选择发型应大方、得体。出入商界的男士宜选优雅大方、较为保守的发型，给人沉着谨慎、办事可靠的印象。

### (三)旅游从业人员的发式礼仪

对于旅游从业人员而言，光亮、柔软、乌黑的一头秀发是职业的需要，它可以显出青春活力，表现出飘逸的风度，使仪表更优美。头发梳理地得体、整洁、干净，也是对人的一种礼貌。

**1. 头发整洁、无异味**

男女饭店员工都应该经常理发、洗发和梳理，以保持头发整洁，没有头屑。一般情况下，至少6-8周修理一次。如果头发长得快的话，4-6周就需要修理了。理完发要将洒落到身上的碎头发等清除干净并使用清香型发胶，以保持头发整洁，不蓬散，不用异味发油。

**2. 发型大方，得体**

发型风格与饭店工作环环境。酒店男员工头发长度要适宜，前不及眉，旁不遮耳；后不及衣领，不能留长发、大鬓角；不得烫发。不允许留络腮胡子和小胡子，因为这不符合东方男子的脸型，是十分难看的。酒店女员工不留披肩发，发不遮脸，留海不过眉毛，头发过肩要扎起，头饰以深色小型为好，不可夸张耀眼。不留怪异发型，因为过分地强调新潮和怪诞，和客人产生了一种隔阂和距离，叫人避而远之。另外，女员工留海要不及眉。

## 二、面容的修饰

面容，即面部的仪容。在人际交往中，人们最容易受人关注的就是一个人的面容。通常个人的日常护理主要包括对面部的清洁和保养。为了使面容更有光彩,女性往往还需要通过化妆来进一步美化自己的面容。

## (一)面部的清洁及保养

人的脸部皮肤也在不断地分泌油脂,如果不及时的清洁掉脸部的油脂,油脂易粘上灰尘,会使脸看上去不洁且没有光彩;油脂若使皮肤毛孔堵塞,还会长粉刺和黑头。

### 1. 洗脸

通常每个人每天至少坚持早晚各洗脸一次,防止细菌生长,保证皮肤的健康。正确的洗脸方法,一是洗脸水温度不宜偏高,一般应低于35C。二是洗脸应从下往上由里向外的方向洗,这样有助于皮肤的血液循环。三是使用温和的洗面奶,少用或不用香皂。四是洗脸动作要轻柔,坚持"漫脸",每天让脸浸入冷水中一次,约2分钟,早晚均可。

### 2. 护肤

洗脸之后,人脸部肌肤的水分会随着水的挥发,而一起流失,因此,洗脸后应马上给肌肤补充水分及必要的营养。

(1) 使用爽肤水或柔肤水直接拍于面部,直至被皮肤吸收。偏油的肤质选择爽肤水,偏干的肤质选择柔肤水。使用爽肤水或柔肤水主要有两个作用:一是帮助之后使用的护肤品中的营养成分的吸引;二是软化角质,深层清洁肌肤。

(2) 使用乳液给肌肤补水,起到滋润皮肤的作用。

(3) 使用面霜锁住脸部的水分,对肌肤进行深层的护理。

## (二)面容的化妆

化妆根据需要的不同,可以分为职业妆、生活妆、舞台妆、新娘妆及晚宴妆等,要使妆容自然、美丽,就需要遵循一定的步骤,掌握基本的化妆技巧。

### 1. 洁面

化妆前用洗面乳等清洁类化妆品清洗面部,再依次使用爽肤水、乳液、面霜等护肤品。完成皮肤的护理即可润泽皮肤,又起隔离作用,防止彩妆类产品直接进入毛孔。

### 2. 扑粉底

护肤之后,将粉底霜放在手背上,用海绵蘸霜打匀,在脸上由内向外薄薄地涂上一层,为使脖子能与面部的颜色协调一致,脖子也不能放过。然后,再从上往下轻轻扑上一层干粉,这样皮肤可以显得透明自然。这一环节对于化妆十分重要。肤质及肤色较好的青年人,可直接用美白的面霜代替粉底,以尽量减少粉底对皮肤可能造成的伤害,保持青春的自然靓丽。切记扑粉底一定要均匀,而且尽量使颜色达到一致,使整个面部显得均衡、透明、自然。

### 3. 勾眼线

勾眼线是为了使眼睛的轮廓更分明,使眼睛更有神采。勾眼线时,用眼线笔紧贴睫毛由外眼角向内眼角的方向描画,上眼线比下眼线重些,上眼线从外眼角向内眼角画7/10

长,下眼线画 3/10 长。

**4. 画眼影**

画眼影的目的是为了表现眼部结构的整体化妆风格,强调眼睛的立体感。选择眼影的颜色要适应自己的肤色及妆色。涂眼影时,贴近睫毛部分要重些,眼角部分也要重些,然后用眼影刷轻轻地扫去,与鼻侧影自然相接。通常,由眼角开始轻轻地、一点点发涂上紫红色眼影,此种色约占眼长的 1/3,再用蓝色眼影轻涂剩下的 2/3,这两种色的搭配可使整个眼妆看上去比较柔和,适用范围较广。

**5. 描眉毛**

标准眉形是在眉毛的 2/3 处有转折,即眉峰在眉毛的 2/3 处。描画时,应根据眉毛的这种生长规律,将其描画得接近于标准眉形。将眉笔削成扁平状,沿着眉毛的生长方向描画,这样描出的眉形有真实感。描画眉形要根据自己的脸型,如脸盘宽大的人,眉毛就不宜画得过细;五官纤细的人,不要将眉毛描画得太浓密,原来眉型较好看的眉毛,只需用眉笔平端扫一下,挂上些眉色即可。

**6. 抹腮红**

上腮红的目的,一是表现皮肤的健康红润,二是利用腮红的位置和方向来矫正脸型。通过腮红使面部两颊泛出微微的红晕,产生健康、艳丽、楚楚动人的效果。腮红的中心应在颧骨处向四周扫匀,涂的范围高不过眉、低不过嘴色、内不过眼长的 1/2,且越来越淡,直到与底色自然相接。腮红的颜色要与肤色相适应,白皮肤的人,可选用淡一些、明快一些的颜色,皮肤较黑的人,腮红可深一些,暗一些。

**7. 涂口红**

涂口红可以加深嘴的轮廓,使其生动润泽富有魅力。涂口红时应先用唇线笔勾出理想的唇形,然后用口红在轮廓内涂抹。注意唇边与唇内的颜色要略有区别,唇边可涂深一些,唇内则可浅一些。口红颜色的选择首先要与自己的肤色相配,其次还要和自己的年龄、职业、场合、季节等相协调。

## (三) 局部卫生

**1. 男士剃须**

在现代商务及社交场合,通常,除了具有宗教信仰或风俗习惯的男士之外,其他人都不宜留胡须。男士为了社交及商务活动的需要,最好每天剃须,保持整洁干练的风采。在西方,男士留着胡须进出社交场合,还是不尊重对方的表现。

**2. 口腔卫生**

牙齿洁白、口腔没有异味,这是口腔卫生的两大基本要求。正确的刷牙习惯是:"三个三"定律——即每天刷三次牙;饭后三分钟开始刷牙;每次刷牙的时间不得短于三分钟。如果条件不允许餐后马上刷牙,可先漱口,再嚼一片口香糖。

### 3. 眼唇护理

在为参加社交或商务活动做准备，修饰自己仪容的时候，一定不能忘记清洁自己的眼部，特别是有时为了赶时间，匆忙抹一把脸就出发，这时往往会遗漏了藏在眼角的分泌物。这虽然是小细节，却非常有碍观瞻，必须很及时清除掉。而且，如果眼镜已成为一个人生活中不可缺少的一部分，那么保持镜片的光洁和镜架的完好，也是这个人整理仪容时必须关注的环节。

当人与人近距离交谈时，一个人的嘴唇很容易引对方关注。特别是秋冬，嘴唇很容易开裂爆皮，而很多男士还喜欢把唇上掀起的死皮扯掉，这是非常不文明的习惯。干燥的季节一定要注意嘴唇的护理，用餐之后，把嘴擦干净，再抹上润唇膏。

### 4. 手部护理

一双整洁、温暖的手也是一个人美好仪容的重要组成部分，不可疏忽大意。除了勤洗手外，还要进行手部的保洁。勤剪指甲，防止指甲缝里藏污纳垢；注意手部皮肤的保养，防止手部退皮、长倒刺。

## 三、旅游从业人员化妆的原则

旅游从业人员的美容化妆是工作的需要，是旅游者的审美需求。装扮得体的服饰，加上大方的化妆美容，能给人良好的印象。

### (一) 整洁，保持自然美

整洁是美容，也是一种必不可少的礼貌。它显示出旅游工作者的自重自爱，也包含了对客人的尊重。进入工作、社交场合前，不仅女士要适度妆饰，男士也应剃须修面、修整鼻毛等，蓬头垢面、须发不整是失礼的。

女士化妆一定适当，要恰如其分，自然得体。化妆最好是在自然光下进行，面部化妆不能一味求白，要与自己的原有肤色，恰当的结合，才会显得自然、协调。面部化妆要少而精，关键是强调和突出眉眼部。

**【经典案例 3-1】一次没有心情的晚饭**

某报社记者吴先生为做一次重要采访，下榻于北京某饭店，经过连续几日的辛苦采访，终于圆满完成任务。吴先生与二位同事打算庆祝一下，当他们来到餐厅，接待他们的是一位五官清秀的服务员，接待服务工作做得很好，可是她面无血色，显得无精打采。吴先生一看到她就没了刚才的好心情。仔细留意才发现，原来这位服务员没有画工作淡妆，在餐厅昏黄的灯光下显得病态十足，这又怎能让客人看了有好心情就餐呢?当开始上菜时，吴先生又突然看到传菜员涂的指甲油缺了一块，当下吴先生第一个反应就是："不知是不是掉入我的菜里了?"但为了不惊扰其他客人用餐，吴先生没有将他的怀疑说出来，但这顿饭吴先生吃得心里总不舒服。最后，他们唤柜台内服务员结账，而服务员却一直对着反光玻璃墙面修饰自己的妆容，丝毫没注意到客人的需要。到本次用餐结束，吴先生对该饭店的服务十分不满。①

【案例点评】旅游业是服务行业重要的组成部分，旅游行业从业人员的仪表礼仪会对客人的感受产生直接的影响，因此，旅游行业从业人员必须严格按照行业规范要求注意自身的仪容和仪态，提供客人真正满意的服务。

本案例中，该酒店餐饮部员工所犯错误主要有：第一，接待服务员不重视修饰面容，没有健康、热情的工作状态；第二，传菜员严重违反规范，涂了有色指甲油，且没能保证妆容的完整；第三，收银员在不适当的时间，过分重视外表的修饰。

### (二)规范得体，秀外慧中

在进入正式工作场合，尤其是涉外性质的正式场合之前，女士应适度化妆，让自己容光焕发，富有活力，不化妆则被视为失礼。旅游从业人员因特殊工作性质，，一般化淡妆，落落大方，而非哗众取宠，更显人的修养和审美情趣的高尚。特别是在哀伤、沉痛的场合只允许淡妆，不宜抹口红。一个性格健康的人能够体验到自己存在的价值。外貌修饰只是仪表美的一个方面，旅游从业人员应该从运动、饮食、心理健康和修养等方面着手，从本质上改善自身体质和机能活动状况，秀外慧中，达到仪表美的更高境界。

### (三)尊重他人，修饰避人

在众目睽睽之下化妆或整理妆容是非常失礼的。无论是在办公室、营业厅，或是社交沙龙、宴会席间，这样做既不尊重别人，也不尊重自己。需要补妆或化妆应到房间或洗手间去，切勿当众表演，尤其注意一般不在男士面前化妆。但餐后，坐在席桌前补上口红是允许的，方法是坐在原位，不动声色，巧妙高雅地进行。由于民族、肤色和个人文化素养的差异，化妆也各有不同。不可不非议宾客的妆容，也不要同外宾切磋化妆技巧。

表 3-1　旅游从业人员仪容礼仪的基本要求

| 部位 | 男员工 | 女员工 |
| --- | --- | --- |
| 整体 | 整洁、大方，精神饱满，看上去充满自信与活力 | |
| 发型 | 发质健康，无头屑，光洁整齐 | |
| | 大方的短发，不留鬓角，不染醒目的发色 | 发色不夺目，宜短发，长发应绾髻，刘海留眉上 |
| 面容 | 不留胡须，面容清洁干净，唇部滋润不干裂 | 宜施淡妆，上粉不能太厚，口红不宜太红，妆容美好自然，有亲切感 |
| 体味 | 勤洗澡，身体无异味，可用极清爽的香水 | |
| 口腔 | 口气清新，牙齿洁白，无食物残渣附着 | |
| 服装 | 款式宜简单、干练，特定岗位人员着工作制服，衣服干净整洁 | |
| 饰品 | 除手表及结婚戒指外，不佩戴其他饰品 | |
| | 领带整洁如新，打得整齐漂亮 | 发夹、发网无破损，光亮如新 |

---

① 孙艳红.旅游礼宾原理与实务.郑州：郑州大学出版社.2004

续表

| 部位 | 男员工 | 女员工 |
|---|---|---|
| 手部 | 不留长指甲，指甲缝干净卫生，不涂带色的指甲油 | |
| 鞋袜 | 袜子完好、干净，鞋面光亮，鞋跟完好 | |

# 第三节 仪态礼仪

仪态，泛指一个人身体所呈现出来的所有姿势，即身体所创造出的各种造型，指人在行为中的姿态和风度，故仪态又被称作姿态、仪姿等。仪态礼仪，又叫举止礼仪，是指人们在社交及商务活动中各种表情与姿态行为的基本规范，主要包括一个人的站姿、坐姿、走姿、蹲姿、手势及面部表情等。

表 3-2 旅游从业人员常用仪态

| 仪态 | 女员工 | 男员工 |
|---|---|---|
| 站 姿 | 垂臂式站姿、腹前握指式站姿 | 垂臂式站姿、腹前握指式站姿、后背握指式站姿、左(右)臂后背式站姿、左(右)臂前曲式站姿 |
| 坐 姿 | 标准坐姿 | 标准坐姿 |
| 蹲 姿 | 高低式蹲姿、交叉式蹲姿 | 高低式蹲姿 |
| 行 姿 | 标准步态，突出轻盈 | 标准步态，突出稳健 |
| "请"的手势 | 单臂横摆式、曲臂横摆式 | 直臂式、双臂侧摆式 |

## 一、挺拔的站姿

站立姿势简称站姿或立姿，指一个人在停止行走后直立身体双脚着地的姿态。站立时，男性要表现出刚健、潇洒、英武的风采，要力求给人一种阳刚之美。女性则要注意表现出女性轻盈、娴静、文雅的韵味，要给人一种宁静之美。同时，站立时要面带微笑，使规范的站立姿态与热情的微笑相结合。

### (一)站姿规范

从古至今，中国人对站立时的姿态要求就是"站如松"，也就是说站立时要端正、挺拔，简单的讲就是身体重心线应放在两只前脚掌上，双臂自然下垂，挺胸收腹，给人一种挺拔、庄重、舒展、优雅、精力充沛之感。

**1. 标准站姿**

又称垂臂式站姿。其规范要求为：两脚跟相靠，脚尖分开，开度 45～60，身体重心落在两脚间的中心位置上；两腿直立，双膝并拢；收腹提臀，髋部上提；立腰挺胸，挺直背脊；双肩平齐，放松下沉；双臂自然下垂，虎口向前，手指自然弯曲(中指贴裤缝)；

头正，颈直，下颌微收，双目平视前方。

采取基本站姿，从正面来看，主要特点是头正，肩平，身直。从侧面来看，其主要轮廓线为含颌，挺胸，收腹，直腿。这种站姿给人以端庄、挺拔的美感。男士站立时，双脚可适当分开，女士双脚还可成 V 字形站立。如图 3-7 所示。

图 3-7　各种站姿

1) 叉手站姿

又称为腹前握指式站姿。即基本要求不变，只是两手不再是自然下垂，而是在腹前交叉，右手搭在左手上。同时，男士可以两脚分开，其距不超过 20 厘米；女士可以用小丁字步，一脚稍微向前，脚跟靠在另一脚内侧。这种站姿略有自由，有时重心可在两脚间可以转换一下，以减轻身体单给某一只腿带来的压力。这种站姿在商务活动中经常采用，以使面对面站立的双方或几方不至显得生疏和拘谨。如图 3-8 所示。

图 3-8　叉手站姿

2) 背手站姿

即双手在身后交叉，右手搭在左手外面，双手贴在两臀中间挺拔地站立。此种站姿两脚既可并立又可分开，当两脚分开时，两脚之间的距离以不超过肩宽为宜，两脚间的夹角不超过 60°。这种站姿优美中略带威严，往往商务领导较常用这种站姿，以产生距离感，保卫人员也经常使用。若两脚并立而站，则更突出了尊重的意味(图 3-9)。

图 3-9　背手站姿

### 2. 站姿训练

生活中每个人都有自己独特的形态特征，如果不注意培养标准的形体姿态，久而久之就容易形成某种不标准姿态，即错误的"动力定型"。如探脖、斜肩、弓背、挺腹、撅臀等。这些不雅体态既影响人的举止风度，又给客人留下懒散无力或缺乏教养的印象。因此，旅游从业人员要确保自己"站有站相"，注意并克服在服务中常见一些不良姿态。

1) 基本训练

后肩——臀部——脚后跟，三点一线靠墙直立。站立时要达到身体挺拔，肌肉应形成三种对抗力量：髋部向上提，脚趾抓地；腹肌、臀肌保持一定的肌紧张，前后形成夹力；头顶上悬，肩向下沉。这三种肌肉力量相互制约，才能保持标准的站姿。

2) 不良站姿的矫正方法

矫正不标准的形体姿态，一方面可以从纠正姿势入手，一方面可以利用器械、哑铃、沙袋等，还可做徒手操，通过改善肌肉力量间接达到矫正的目的。比如弓背的人，可通过以下几组练习来改善肌肉力量，进行矫正。

飞鸟展翅：俯卧毯上，四肢展开，同时向上抬起，落下，反复数次，四肢向上抬起同时注意抬头，如图 3-10 所示。

弓身展臂：两脚分开，腿直立，上体前屈 90 度，两手下垂握哑铃，两臂侧平举，复原，反复若干次，如图 3-11 所示。

图 3-10　飞鸟展翅

图 3-11　弓身展臂

上体后伸：俯卧毯上，两腿并拢，脚固定住，两手置于脑后，上体后伸到最大限度，再还原，如此反复若干次，如图 3-12 所示。

做以上几组动作时，注意抬头，还可矫正探脖的不良姿态。

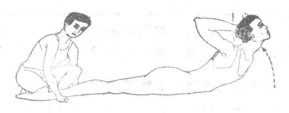

图 3-12　上体后伸

## 二、端庄的坐姿

坐姿是由站立姿势变化而来的相对静止的体态，是一种人体静态造型。正确的坐姿要求是"坐如钟"，即坐相像钟一样端正。坐姿是静态的，有着美与不美、优雅与粗俗之分。端庄优雅、挺拔谦逊的坐姿，能给人以文雅、稳重、自信大方、善于合作的好感。

**1. 常用坐姿**

正确的坐姿需要把握的基本要点是：腰背挺直，肩部放松；女士两膝并拢，男士膝部可微微分开；双手自然放于膝上或扶手上。

1) 标准坐姿

小腿垂直于地面，两膝并拢，上身挺直，双肩平正，两臂自然弯曲，两手交叉叠放在两腿中部，并靠近小腹；同时，双目平视，嘴唇微合，且面带笑容。这是最为正式的坐姿。如图 3-13 所示。在标准坐姿的基础上，女士只要保持双膝并拢，仅改变小腿与地面的角度，还可采用前伸式坐姿、斜伸式坐姿、双脚后点地式坐姿等。

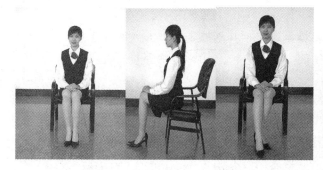

图 3-13　坐姿正侧面

2) 重叠式坐姿

也叫"二郎腿"或"标准式架腿"坐姿等。在标准式坐姿的基础上，两腿向前，一条腿提起，腿窝落在另一腿的膝关节上边。同时，上边的腿向里收，贴住另一腿，脚尖向下。重叠式还有正身、侧身之分，手部也可交叉、托助、扶把手等多种变化。

> **小贴士**
>
> 传统礼仪中,二郎腿式被认为是一种不严肃、不庄重的坐姿。在现代社会的工作与生活中,这种坐姿常被采用,尤其是女性,只要把握一点——膝盖绝不分开,注意上边的小腿往回收,脚尖向下这处细节,不仅姿势看来优美文雅、大方自然,富有亲切感,还能充分展示女性的柔美和优雅。

**2. 坐姿的注意事项**

优雅的坐姿要注意腿、脚与手的配合,避免不文雅的举止。

1) 腿姿

腿叉开不宜过大。面对外人时,双腿如果叉开过大,不论是大腿叉开还是小腿叉开,都极其不雅。

双腿不宜过分伸张。坐下后,将双腿直挺挺地伸向前方,这样不仅可能会妨碍他人,而且也有碍观瞻。因此身前若有桌子,双腿尽量不要伸到外面来。

不架腿。不将一条小腿架在另一条大腿上,两者之间还留出大大的空隙,甚至将腿搁在桌椅上,都是一种放肆的行为。同时,坐下后抖动摇晃双腿也是欠妥的方式。

2) 脚姿

坐下后脚跟接触地面,不要将脚尖翘起,使鞋底在别人眼前"一览无余"。另外以脚蹬踏其他物体,以脚自脱鞋袜,都是不文明的陋习。

3) 手姿

就座以后用手抚摸小腿或脚部,双手抱在腿上,将手夹在腿间,把手置于臀下,扳弄手指,或摆弄其他东西,或抠鼻子、掏耳朵等都是极不文明、不卫生的不良习惯。若身前有桌子时,就座后,双手都应置于桌上,可将两臂弯曲,双手相握放在桌子上。单手或双手放于桌下,或用双肘支在面前的桌子上,对于同座之人是不礼貌的做法。

**3. 入座和起座**

优美的坐姿不仅包括坐的静态姿势,还包括其动态姿势,即入座和起座。"入座"作为坐的"序幕","起座"作为坐的"尾声",直接影响坐姿是否优美。

1) 动作规范

入座又叫就座或落座,其基本要求如下:入座时从容大方地走到座位前,自然转身,背对座位,双腿并拢,右脚后退半步,轻稳自如地坐下,然后将右脚与左脚并齐,身体挺直,呈基本坐姿状。女子入座时若穿的是裙装,应用手沿大腿侧后部轻轻地把裙子向前拢一下,并顺势坐下,不要等坐下后再来整理衣裙。

起座也就是离座,指的是采用坐姿的人起身离开座椅。起座时,右脚向后收半步,用力蹬地站起,右脚再收回与左脚靠拢。

> **小贴士**
>
> 乘坐小汽车的坐姿是一种特殊的入座:上车时,要大方、端庄、稳重地走到车门前,转身背对车门,先轻移坐下,再将头和身体移入车内,然后将双脚收进车内,女士双脚

并拢一起收入车内,最后进行坐姿调整,整理衣裙。切不可车门打开后,面向前方,先将脚和头伸进车内,然后再将身体挪进车内,这样很不雅观。下车时,待车门打开后,转身面对车门,同时将双脚慢慢移出车外,女士双腿要并拢,待双脚落地踩稳后,再缓缓将身体移出车。

2) 礼仪规范

注意次序:出于礼貌可与对方同时入座,而当双方是顾客时,一定要先让对方入座,切勿自己抢先入座。同时,应当注意座位的尊卑,主动将上座让于来宾或客人。与他人同时离座,须注意起身的先后次序。地位低于对方时,应稍后离座。地位高于对方时,则可首先离座。双方身份相似时,才允许同时起身离座。

左入左出:在大庭广众之前就座时,一定要坐在椅、凳等常规位置,而坐在桌子上、窗台上、地板上等处,往往是失礼的。在就座时最好从座椅的左侧侧身走近座椅,背对其站立,右腿后退一点,以小腿确认一下座椅的位置,然后随势坐下。这样就不会背对着其他客人,既是一种礼貌,而且也易于就座。在尽可能的情况下,坐下后起身,宜从左侧离去。

轻手轻脚:就座时,要减慢速度,放轻动作,尽量不要弄得座椅乱响,噪音扰人。起身离座时,最好动作轻缓,无声无息,尤其要避免"拖泥带水",弄响座椅,或将椅垫、椅罩弄得掉在地上。

不能满坐:无论哪种坐姿,一般不要满坐。如与德高望重的长辈、上级等谈话时,为表示尊重、敬意可坐凳面的三分之一;如坐宽大的椅子或沙发,不可满坐,也不可坐得太靠里面,坐满三分之二即可,否则会使小腿靠着椅子边或沙发边而有失雅观;若坐得太少太靠边会使人感到你在暗示对方你随时都会离开。与人谈话时要目视对方,若对方不是与你对面相坐,而是有一定的角度或坐于你的一侧,那么我们的上体和腿应同时转向一侧面对对方。

致意示意:在就座时,若附近坐着熟人,应主动跟对方打招呼。若不认识身边的人,亦应向其先点头示意。在公共场合若要想坐在别人身旁,则须先征求对方同意。离座时,身旁如有人在座,须以语言或动作向其先示意,随后方可起身。站定之后,方可离去。若一蹦而起则会令邻座和周围人受到惊扰。

## 三、优雅的蹲姿

通常,人们在捡起码掉在地上的东西或取放低处的物品时,会采用蹲姿,即由站立的姿势转变为两腿弯曲使身体下降的姿势。

### 1. 适用情况

旅游服务礼仪规定,只有遇到下述几种比较特殊的情况,才允许服务人员在其工作中酌情采用蹲的姿势。

① 整理工作环境。在需要对自己的工作岗位进行收拾、清理时,可采取蹲的姿势。

② 给予客人帮助。需要以下蹲姿势帮助客人时,如与一位迷路的儿童进行交谈时,可以这样做。

③ 提供必要服务。当服务人员为客人服务，而又必须采用下蹲姿势时。例如，当客人坐处较低，以站立姿势为其服务既不方便，又显得高高在上、不礼貌，此时可改用蹲的姿势。

④ 捡拾地面物品。当本人或他人的物品落到地上，或需要从低处拿起来时，不宜弯身捡拾拿取，面向或背对着他人时这么做，则更为失仪，此刻，采用蹲的姿势最为恰当。

⑤ 自己照顾自己。有时，服务人员需要照顾一下自己，如整理一下自己的鞋袜，亦可采用蹲的姿势。

**2. 蹲姿规范**

在日常生活中，很多人习惯弯腰低头式的下蹲姿势，而从仪态美的角度看，这样的姿势是不太雅观的。怎么才算优美的下蹲，以下两种姿势可供选择。

1) 交叉式蹲姿

下蹲时右脚在前，左脚在后，右小腿垂直于地面，全脚着地。左腿在后与右腿交叉重叠，左膝由后面伸向右侧，左脚跟抬起，脚掌着地，两腿前后靠紧，合力支撑身体。臀部向下，上身稍前倾。此姿势男士不宜采用。如图 3-14 所示。

2) 高低式蹲姿

即下蹲时左脚在前，右脚稍后，不重叠，两腿靠紧向下蹲，左脚踏实，小腿基本垂直于地面，右脚跟提起，脚掌着地。右膝低于左膝，形成左膝高右膝低的姿态，臀部向下。如图 3-15 所示。切记：男士下蹲时两腿间可有适当距离；女士无论是采用哪种蹲姿，都务必要两腿靠紧，臀部向下。

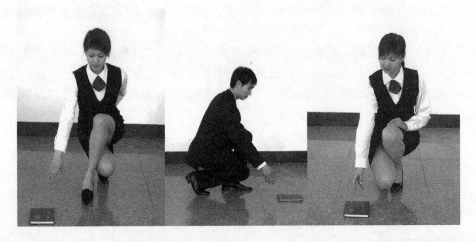

图 3-14　交叉式蹲姿　　　　　　图 3-15　高低式蹲姿

**3. 注意事项**

不要突然下蹲。蹲下来的时候，速度切勿过快。当自己在行进中需要下蹲时，尤须牢记这一点。

不要距人过近。在下蹲时，应与他人保持一定的距离。与他人同时下蹲时，更不能忽略双方之间的距离,以防彼此迎头相撞。

不要方位失当。在他人身边下蹲,尤其是在服务对象身旁下蹲时,最好是与之侧身相向。正面面对他人或者背部对着他人下蹲,通常都是不礼貌的。

不要毫无遮掩。在大庭广众之前下蹲时,身着裙装的女服务人员,一定要避免个人隐私暴露在外。

不要随意滥用。服务时,若在毫无必要的情况下采用蹲姿,只会给人虚假造作之感。另外,不可蹲在椅子上,不可蹲着休息。

## 四、轻盈的行姿

行走的姿态是一种动态的美。"行如风"就是用风行水面来形容的那种轻快自然的行姿,优雅、稳健、轻盈的行姿,会给人以美的感受。

### 1. 基本要领

一个人的风姿和健康而优美的身材,在轻盈地走姿中能尽显其美。标准的走姿要以端正的站姿为基础,通过四肢和髋部的运动,以大关节带动小关节,使整个身体的移动轻巧、自如、稳健、大方,有节奏感。

1) 动作要领

上体正直,不低头,眼平视,面带笑容。两臂自然前后摆动,肩部放松。重心可以稍向前,这有利于挺胸、收腹、身体重心在脚掌前部上。如果小腹用一点点力使身体略微上提,走起路来就会显得很有活力和神采奕奕。如图3-16所示。

**图3-16 走姿**

2) 行姿三要素

行走姿势男女有别,男士走路以大步为佳,女士走路以碎步为美。行姿的美好与否,还取决于步位、步幅和步频三要素,如图3-17所示。

步位——即脚落地时的位置。女士行走时,两脚内侧着地的轨迹要在一条直线上,"一字步"以显优美。男子行走时,两脚内侧着地的轨迹不在一条直线上,而是在两条平行的直线上。两脚尖稍外展,通常速度稍快,脚步稍大,步伐奔放有力,充分展示着男性的阳刚之美。

步幅——即跨步时前脚跟与后脚尖之间的距离。通俗地讲，步幅就是人们在行进时脚步的大小。标准的步幅是本人的 1～1.5 个脚长。通常女士的步幅要小些，而男士的步幅要稍大些。

步频——即行走时迈步的频率。步频和步幅共同决定行走的速度。一般步频标准为女士每分钟 118～120 步，男子为每分钟 108～110 步。

图 3-17　步位、步幅

### 2. 行走时的注意事项

旅游服务岗位因其工作性质不同，员工制服也各不相同。穿着不同的服装，应有与之相协调的举止步态，协调即为美。

1) 动作协调，姿势优美

行走时，自然摆动双臂，幅度不可太大，前后摆动的幅度约为 45 度左右。忌做左右式的摇摆，否则看上会既夸张又可笑。

行走时，膝盖和脚踝都应轻松自如，要用腰力走出韵律感。切忌硬着腰板，显得呆板、僵硬。

行走时，忌使脚尖向内形成"内八字"步，或向外形成"外八字"步，否则将大大影响一个人行走时的风度。

**身着旗袍的走姿**

穿着旗袍要求身体挺拔、胸微含，下颚微收，注意不要塌腰撅臀。行走时，步幅要小一点，不宜过大，髋部可随脚步和身体重心的转移，稍左右摆动，而臂前后摆幅宜小一点，不宜过大。在仪态和举止上要充分体现出柔和、含蓄、妩媚、典雅的风格。如图 3-18 所示。

图 3-18 身着旗袍的走姿

2) 方向明确,速度均匀

行走时,应保持身体的挺直、端正,行走时应以脚尖正对前方,所走的路线形成一条虚拟的直线。忌左顾右盼,左摇右摆。

行走时,重心放准,身体向前微倾,重心落在前脚掌上,腰部要成为重心移动的轴线,双臂在身体两侧一前一后地自然摆动。保持相对稳定的速度。在正常情况下,服务人员每分钟走60至100步。

3) 礼让宾客,稳重大方

切忌横冲直撞。行进时,爱专拣人多的地方行走,在人群之中乱冲乱闯,甚至碰撞到他人的身体,这是极其失礼的。

切忌抢道先行。行进时,要注意方便和照顾他人,通过人多路窄之处务必要讲究"先来后到",对他人"礼让三分",让人先行。

切忌阻挡道路。在道路狭窄之处,悠然自得地缓步而行,甚至走走停停,或者多人并排而行,显然都是不妥的。服务人员还须切记,一旦发现自己阻挡了他人的道路,务必闪身让开,请对方先行。

切忌奔来跑去。古语有云:行路时,莫匆匆,徐徐步,缓缓行。勿跑跳,失仪容,勿轻狂,要老成。有急事要办时,服务人员可以在行进中适当加快步伐。若非碰上了紧急情况,则最好不要在工作时跑动,尤其是不要当着顾客的面突如其来地狂奔而去。那样通常会令其他人感到不安,甚至还有可能产生过度紧张的气氛。

### 3. 变向行走规范

在旅游服务中,往往需要根据不同的环境条件改变行进的方向和体态,即变向行走。

1) 后退

先面向对方后退几步,再转体离去。通常面向他人至少后退两三步,对服务对象越尊重,后退的步子则越多。后退时步幅宜小,脚宜轻擦地面。转体时宜身先头后。

2) 侧行

当与同行者交谈之时,上身应正面转向交谈对象,身体与对方保持一定距离。与他人狭路相遇时,应两肩一前一后,胸部正面转向对方,不可背向对方。

3) 前行转身

即在向前行进中转身而行。一是前行右转,以左脚掌为轴心,在左脚落地时,向右转体90度,同时迈出右脚。二是前行左,与前行右转相反,在前行中向左转身,应以右脚掌为轴心,在右脚落时,向左转体90度,同时迈出左脚。

4) 后退转身

即在后退之中转身而行。一是后退右转,先退行几步后,以左脚掌为轴心,向右转体90度,同时向右迈出右脚。二是后退左转、先退几步后,以右脚掌为轴心,向左转体90度,同时向左迈出左脚。

## 五、手势和表情

手势是通过手和手指活动所传递的信息。表情是人在交际活动时面部的变化。手势和表情都是一种非常富有表现力的"体态语言",具有沟通感情和传递信息的作用它不仅对口头语言起加强、说明、解释等辅助作用,而且还能表达有些口头语言所无法表达的内容和情绪,体现出对别人的尊重和礼貌。

**1. 规范的手势**

规范、恰当、适度的手势,有助于增强人们表情达意的效果,并给人一种优雅、含蓄、礼貌、有教养的感觉。旅游服务手势由三种类型:用来表达讲解的情感,使之形象化、具体化,即所谓"情意手势";用来指示具体的对象,即"指示手势";用来模拟状物,即"象形手势"。

1) 动作规范

使用手势的基本要求是自然优雅、规范适度、落落大方。规范是指动作标准正确;适度是指手势不宜过多,幅度不宜过大;落落大方要求动作不拘谨,不做作,自然诚恳。

手势规范的标准是:五指伸直并拢,掌心向斜上方,腕关节伸直,手与前臂形成直线,以肘关节为轴,肘关节既不要成90度直角,也不要完全伸直,弯曲140度左右为宜,手掌与地面基本上形成45度。如图3-19所示。

图3-19 各类手势

2) 礼仪规范

手势的表现力越强,动作的分寸感要求就越高。同样一个动作,如果完成的幅度、速度和力量不同,其中的含义也就不一样。手势运用不当显得漫不经心,不认真,对来宾不尊重,严重影响服务质量。

强调摆动过程:在出手势时,讲究柔美、流畅,欲扬先抑,欲左先右,欲上先下。运用手势的曲线宜软不宜硬,速度不要太快。遵循这个规律,可强化动作的内涵,并显得柔和,带有商量的意思。而不是生硬的,指挥式的和毫无商量的。

注意与眼神、步伐、礼节相配合:例如迎接来宾时,要主动向前上步问候,然后向后退步做"请进"的手势,当手臂向旁边摆动时,一定要目视来宾,这样更能体现出对来宾的尊重和礼貌。

注意区域性差异:在不同的地区,人们往往使用不同的"手语"。旅游从业人员在与不同国家、不同地区、不同民族的客人交往时,了解并懂得他们的手势语,使用的手势应符合国际规范、国情规范、大众规范和服务规范,避免引起服务对象的误解和不快。工作中绝不可随意用手指对客人指指点点,与人交谈更不可这样做,大多数国家均认为这是极不礼貌的动作。

手势宜少不宜多:在正常情况下,旅游服务人员的手势应尽量少而精。在毫无必要之时将手臂挥来舞去,既不能完整表达思想感情,也毫无美感可言。在接待客人时不可将一只手臂伸在胸前,指尖向上、掌心向外,左右摆动。这些动作的一般含义是拒绝别人,有时,还有极不耐烦之意。

**2. 适当的表情**

人类的感情是复杂的,反映在人的表情上,就使人类有了非常丰富的表情。在人际交往中,人通过自己的眼睛、眉毛、嘴巴及面部表情肌的变化,表达着诸如喜、怒、哀、乐等最为常见的表情。而构成表情最主要的因素,一是目光,二是微笑。在与人交往中,最初七秒的表情给人以最深切的影响。故一定要把握好最初七秒的表情,以最佳状态示人。

1) 诚恳的目光

目光,又被称作眼神,是面部表情的核心。在交往时,目光是一种真实的、含蓄的语言。因为眼睛被称作心灵的窗户,内心的情感会不自觉地从眼神中流露出来。在各种礼仪形式中,目光有着重要的意思,目光运用的得当与否,直接影响着礼仪的质量。旅游从业人员的目光应该是坦然、亲切、友善、有神的。同时,在与人交谈时,目光要注视着对方,才能表现出诚恳与尊重。

即使你不说话,你的眼睛也会多嘴多舌(弗洛依德)。在旅游服务中,不论对方是熟悉的人还是初次见面的人,也不论双方是偶然见面或是约定见面,旅游从业人员都要眼睛大睁,面带微笑,以闪烁着光芒的目光正视对方面部,显示出你对与双方见面的喜悦的心情。

大部分国家的人们都忌讳直视对方的眼睛,甚至认为这种目光带有挑衅、侮辱的性质。对宾客宜多采用平视或仰视,注视的位置以对方双眼或双眼为底线,唇心为顶角的倒三角形区域内,对客人上上下下反复扫视打量,往往会被视着对他人的挑衅和侮辱。

与客人交流时东张西望,或躲躲闪闪,不敢正视对方,会给人留下不懂得尊重别人和缺乏修养的印象。长时间目不转睛地注视对方,尤其是对异性,会给对方造成不必要的误解与麻烦。

2) 真诚的微笑

笑，是眼、眉、嘴和颜面的动作集合，是面部表情中的总体表现。微笑是社交场合最富有吸引力的面部表情。微笑不仅在外观上给人以美的感受，而且能够带给人们愉快的信息和友善的情感，有效地减少人们之间的陌生感，轻易地获得别人的理解、尊重和友善。

微笑的动作要领是：微笑时，面部肌肉放松，嘴角微微向上翘起，让嘴唇略呈弧形；在不牵动鼻子、不发出笑声、不露出牙齿的前提下，轻轻一笑，使人有如沐春风之感。同时，注意面部器官的整体配合，微笑是面部各部位的一种综合运动，微笑时，目光应柔和发亮，双眼略微睁大，眉头自然舒展，眉毛微微向上扬起。如图3-20所示。

图 3-20　微笑

3) 微笑服务

微笑服务是旅游服务最基本的原则。但是仅仅有微笑是不够的。微笑服务，美在仪表仪态，贵在热情真诚，重在技术专业，巧在交流沟通。

美国希尔顿旅馆业创始人康纳·希尔顿对下属常问。"你今天对顾客微笑了吗？"他确信，微笑将有助于希尔顿旅馆业世界性的发展。1930年，世界经济危机袭击了美国，旅馆倒闭了80%，此时希尔顿运用"微笑"策略迎接挑战，他要求员工："请各位记住，在经济恐慌的年代，万万不可把我们心中的愁云提到脸上，无论旅馆本身遇到多大困难，我们脸上的微笑应当成为旅客的阳光"。"希尔顿的微笑"挽救了经济大萧条大危机时代的希尔顿饭店，造就了今天遍及世界五大洲、近百家的五星级希尔顿饭店集团。

日本的新大谷饭店要求服务人员一进店就要像演员进入角色一样，表现出甜美的微笑，他们认为微笑是"通向五大洲的护照"；法国的所有窗口行业都张贴着微笑诗，使巴黎成为微笑着的城市；泰国的饭店业提出"要把优良的服务体现在欢乐的微笑之中"，不少饭店到处张贴着"微笑服务"的图片和口号；在我国的不少星级酒店也经常开展评选"礼貌大使"和"微笑明星"的活动。

实际上，微笑只是表象的符号，真正的内核是对客人的诚意和爱心。只有当旅游服务人员内心深处真正有了顾客就是"上帝"，顾客就是"财神"的观念时，才能在服务中形成一种条件反射，自然地展露微笑。只有当旅游服务人员在思想或心灵的深处，对自己所从事的职业和岗位有了正确的认识,并热爱它,在思想或心灵深处具有了敬业乐业和职业道德时,旅游从业人员才能以强烈的责任感,饱满的热情,全身心地投入到服务中去,自觉地为客人提供微笑服务,把微笑当成一种法宝,展现礼宾友好之仪。

**【经典案例3-2】业务洽谈为什么没有成功?**

风景秀丽的某海滨城市的朝阳大街,高耸着一座宏伟楼房,楼顶上"远东贸易公司"六个大字格外醒目。某照明器材厂的业务员金先生按原计划,手拿企业新设计的照明器样品,兴冲冲地登上6楼,脸上的汗珠未及擦一下,便直接走进了业务部张经理的办公室,正在处理业务的张经理被吓了一跳。"对不起,这是我们企业设计的新产品,请您过目。"金先生说。张经理停下手中的工作,接过金先生递过的照明器,随口赞道:"好漂亮呀!"并请金先生坐下,倒上一杯茶递给他,然后拿起照明器仔细研究起来。金先生看到张经理对新产品如此感兴趣,如释重负,便往沙发上一靠,跷起二郎腿,一边吸烟一边悠闲地环视着张经理的办公室。当张经理问他电源开关为什么装在这个位置时,金先生习惯性地用手搔了搔头皮。好多年了,别人一问他问题,他就会不自觉地用手去搔头皮。虽然金先生作了较详尽的解释,张经理还是有点半信半疑。谈到价格时,张经理强调:"这个价格比我们预算的高出较多,能否再降低一些?"金先生回答:"我们经理说了,这是最低价格,一分也不能再降了。"张经理沉默了半天没有开口。金先生却有点沉不住气,不由自主地拉松领带,眼睛盯着张经理,张经理皱了皱眉,"这种照明器的性能先进在什么地方?"金先生又搔了搔头皮,反反复复地说:"造型新、寿命长、节电。"张经理托辞离开了办公室,只剩下金先生一个人。①

**【案例点评】** 在日常的社交和商务活动中,个人仪表的好坏会影响别人对自己的整体评价。显然,该案例中的业务员金先生没有注意到这一点,因此,在这次的业务洽谈中,由于金先生不正确的仪表礼仪,使这次的业务落空了。

金先生在本案例中所犯的错误主要有以下几个:第一,在与客户见面之前,没有很好的整理自己的仪容,第一印象就打了折;第二,与客户面谈时不注意自己的仪态礼仪,如不良的坐姿、不文雅的手势习惯、不适当的目光指向等;第三,不注意说话的艺术,如否定别人的意见太直截了当、说话啰唆等。

# 本章小结

本章通过分析仪表的含义及构成,分别阐述了仪表的两大组成部分——仪容和仪态各自的礼仪要求,让学生明白了正确修饰仪容的基本方法和要领,以及仪态举止礼仪的基本规范;并对旅游行业特殊的仪表礼仪要求进行了总结。

仪表礼仪是一切礼仪的基础,是一个人得以在社交及商务场合行走的敲门砖,良好的仪表能给自己的第一印象加分,并在与他人不断的交往中,赢得对方的肯定与尊重。值得强调的是,完美的仪表绝不仅仅是亮丽的容貌和外表,它一定是一个人外在的体面

---

① 杨眉. 现代商务礼仪. 大连:东北财经大学出版社. 2005

和内在的涵养的结合。只有内外一致的仪表美才能经得起时间和事件的考验，因此，每个人都必须同时注重外表的修饰和内涵的培养。

本章在对仪表礼仪理论分析的基础上，紧密结合实际，并通过重点提醒和案例分析以强化关键内容在本章中的意义，力求条理分明、重点突出，以使学生更快的掌握本章的精髓。

## 习题

1. 什么是仪表、仪容、仪态？三者的关系是什么？
2. 什么是体态语言？它有哪些特征？它对塑造成功的仪表有何意思？
3. 仪容的修饰有哪些注意之处？
4. 正确的站姿、坐姿、行姿、蹲姿各有哪些具体要求？
5. 旅游从业人员的仪表礼仪主要应突出哪些特点？
6. 旅游从业人员应怎样运用眼神、微笑、手势等体态语言更好的为客人服务？
7. 列举在校园生活中，同学们所存在的不符合仪表礼仪要求的表现。

## 实训项目

### 项目一：淡妆练习

按照本章所介绍的化妆方法，要求同学们在对面部进行清洁后，完成底妆、颊妆、眉妆和唇妆全套妆容，使个人妆容符合淡妆要求并适合自身的特点。

### 项目二：站姿练习

**1. "三点一线式"身姿练习**

找一面直壁，同学们将自己的肩部、臀部和双脚后跟紧贴墙面，肩部尽量放松、腹部自然收紧，早晚各坚持十分钟，以练就挺拔的身姿。

**2. 站姿训练**

依据本章所介绍的站姿规范，严格按照要求进行男女生的标准站姿、叉手式站姿进行反复练习，以求姿态规范，富有美感。男生还可进行背手式站姿的单独练习。

### 项目三：坐姿练习

取一张带椅背的凳子，按照本章所介绍的坐姿规范，逐一进行坐姿训练。女生需练习的内容较多，包括基本坐姿、前伸式坐姿、左(右)斜放式坐姿、双腿前伸交叉式坐姿、双腿左(右)斜放交叉式坐姿、双腿交叠式坐姿及双脚后点地式坐姿的训练。男生所需的坐姿训练内容主要是基本坐姿、开膝合手式坐姿的训练。

### 项目四：蹲姿练习

按照本章介绍的规范进行蹲姿训练，可要求男女生左手持托盘。女生的训练内容包括高低式蹲姿和交叉式蹲姿的练习。男生仅需做高低式蹲姿的练习。

### 项目五：行姿练习

**1. 步态练习**

按照本章介绍的规范进行标准行姿的训练。

训练方式包括在老师的指导或同学的协助下进行步态的纠正练习；还可在条件允许的情况下，自己对着镜子着重复练习。

**2. 步位训练**

在地上放一根长绳或画一条长直线进行步位练习。女生要求步态自然的每步都踩在线上。男生要求步态自然地在地面上踩出与绳或线平行的两条直线。

**3. 平衡训练**

在步态训练和步位训练有一定基础的情况下，要求学生在进行上述两项训练的时候，头顶书本，强化身体平衡性的训练。

### 项目六：形体训练

**1. 形体训练**

在音乐伴奏下，进行形体美练习，包括把杆练习、步伐练习和舞蹈姿态组合练习。

在教师指导下，按照书中的器械训练方法进行腰、腹、背肌锻炼。

**2. 体育舞蹈训练**

把男女学生分组配对，在音乐的伴奏下，进行摩登舞和拉丁舞训练。

**3. 瑜伽训练**

在老师带领下，进行瑜伽训练。

# 第四章　服饰礼仪——整洁大方

【本章导读】

服饰有广义和狭义之分。广义的服饰是指人的服装穿着、饰品佩带、美容化妆三个方面的统一，是人体的静止无声状态或姿势的延伸；狭义的服饰仅指衣着穿戴。郭沫若先生说："衣裳是文化的象征，衣裳是思想的标志。"古今中外，服饰从来都体现着一种社会文化，反映一个民族的文化素养、精神面貌和物质文明发展的程度。服饰同时又是一种"语言"，体现着一个人的文化修养和审美情趣，也能表现出一个人对自己、对他人以至于生活的态度，是一个人的身份、气质、内在素质的无言的介绍信。尽管以貌取人并不可取，但是在现代社会中，服饰越来越成为礼仪的一个重要部分，成为人们彼此考量的一个尺度，即所谓的"人看衣衫，马看鞍"。

【教学重点】

通过教师的精选讲授与实训，使学生掌握在不同场合和环境中服饰的选择和具体的着装规范，并能够在实际工作中熟练得体地穿戴和搭配。等基本常识。

【核心概念】

服饰　TPO　礼服　中山装　职业装

# 第一节　服饰常识

人类在漫长的历史发展过程中,为了改造和美化生活,创造了绚丽多姿的服饰文化。影响着装效果的重要的因素,一是要有文化修养和高雅的审美能力,即所谓"腹有诗书气自华"。二是要有运动健美的素质。健美的形体是着装美的天然条件。三是要掌握着装的常识、着装原则和服饰礼仪的知识,这是达到内外和谐统一美的不可或缺的条件。[①]

## 一、服饰的作用

服饰被称为人的第二肌肤,它在人类的生活中,首先表现为实用性作用,即安全防护、防暑御寒、保洁卫生和协助生活等实际使用的价值。随着社会的发展,现代人的服饰又衍生出如体形展现、职业区别、年龄划分、性别标识等一系列社会性功能,传递着社会背景、情感状态、审美水平等越来越多的信息。因此,从社会文化角度说,服饰是一系列符号的集合。

【经典名言】

人与其他动物的本质区别不在于人穿衣服,其他动物不穿衣服,而在于人能脱掉衣服,其他动物则不能做到这一点。

——弗里克·吉尔《衣服论》

### (一)服饰是一种历史符号

人的服饰能体现时代特点和民族风采。每一个历史时代的人们,虽然在穿着打扮上会有许多具体样式,但从质地、色彩到款式造型总会有一个时代共同的基本特征。

### (二)服饰是一种社会符号

服饰在总体上具有与社会背景(政治、经济、文化等)基本一致的或相似的地方。西方服饰文化专家发现,女人裙子的长短同国家的经济状况密切相关。经济萧条时期,为了不让人觉得贫穷潦倒,大多穿着长裙;经济高涨时期,已无须显阔,为了灵活美观,则选择短裙。

### (三)服饰是一种礼仪符号

服饰是人际交往中主要知觉对象之一,具有明显的信息暗示功能,不仅反映其主体的审美能力,也反映其道德水平。同一个人,因身着不同的服装,可以给人留下截然不同的印象。讲究服饰礼仪,往往有助于社交的成功。

---

① 金正昆.百家讲坛.

### (四)服饰是一种情感符号

服饰是一种无声的语言,故有人把它称作物体语言或人体语言。它能传递出行为主体的情感信息和其他信息。例如,人们在哀伤的时候总不会穿着大红大绿的衣服。

### (五)服饰是一种个性符号

社会正在朝着多元化的方向发展,服饰具有越来越强烈的个性特点,一个人所穿的服装往往能够传达出他的性格、爱好和心理状态等多方面的信息。从保守到高雅,再到时尚与个性——女士高尔夫服饰演变,很好地说明了这一点。

## 二、着装的原则

俗话说:三分画,七分裱;三分长相,七分打扮。如果对服饰加以科学而巧妙地运用,就会使其与人体构成和谐的美,起到一种相得益彰、锦上添花的作用。

### (一)整洁原则

整齐干净是服饰打扮最根本的原则。而一个穿着肮脏的人给人感觉总是消极颓废的。在社交场合,人们往往通过衣着是否整洁大方来判断一个人的文明涵养,穿着整洁给人以积极向上的感觉,总是受到人们的欢迎和肯定。整洁的原则并不意味穿着的高档时髦,只要保持服饰干净合体、全身整齐有致便可。

### (二)个性原则

个性原则指社交场合树立个人形象的要求,以一个独立的人被社会接纳与承认。个性化的穿着,第一不要盲目赶时髦,最时髦的往往也是最没有生命力的。一位真正懂得流行,具有判断力的人,服饰大多是传统式,但是在装饰和各种配件上,却极尽采纳流行时尚的意味,时髦对于人来说,只是轻而易举的搭配各种配件罢了。第二就是穿出自己的风格。服装选择既要符合个人的年龄、性格、职业、文化素养等,通过服饰尽显自己的气质。

### (三)和谐原则

所谓和谐原则指协调得体,包括4层含义,一是指着装应与自身体型相和谐。如浅色服装有扩张作用,瘦人穿用可产生丰满的效果;而深色的服装给人以收缩感,适宜胖人穿用。二是指着装应与年龄相符合。少女穿超短裙显得朝气蓬勃、热情奔放,中年妇女穿上则显得不太庄重。三是指着装应与职业协调。如公务员穿着打扮宜大方朴素;教师不宜穿着奇装异服和打扮得花枝招展;四指服饰色彩搭配和谐自然。全身着装颜色搭配最好不超过3种颜色,而且以一种颜色为主色调,颜色太多则显得乱而无序,不协调。灰、黑、白3种颜色在服装配色中占有重要位置,几乎可以和任何颜色相配并且都很合适。

## (四) T.P.O 原则

TPO 是英文 Time、place、object 三个词首字母的缩写。所谓着装的"TPO 原则"，是强调穿着要与环境相协调，要求穿戴必须与时间、地点、目的相适应。

### 1. T(Time)时间

T 指服饰打扮必须根据时间来决定。时间是个广义的概念，包含 3 个含义：第一指每天的早、晚、日间的时间变化。第二指一年春夏秋冬四季的不同。第三指时代的差异。

### 2. P(Place)

P 指地点、场所、位置、职位，即服饰打扮应与所处的场合相协调。正式社交场合，着装宜庄重大方，不宜过于浮华。参加晚会或喜庆场合，服饰可明亮、艳丽些。休闲时间着装应随意、轻便，西装革履则显得拘谨而不适宜。但也不能穿睡衣拖鞋到大街上去购物或散步，那是不雅和失礼的。

### 3. O(Object)

O 代表目的、目标、对象，即着装应与交往对象、目的相适应，有目标的来选择服饰，通过穿着打扮来到达给对方留下深刻印象的目的。特别是与外宾、少数民族相处，更要特别尊重他们的习俗禁忌。

**【经典案例 4-1】一次失败的面试**

某酒店根据收到的求职材料约见一位女同学作为预选对象，见面时，这位女同学涂着过红的嘴唇，烫着时髦的发式；衣着低领、紧身，十分新潮，但非常遗憾，酒店没有录用她。

**【案例点评】**

求职面试时，给人的第一印象往往是你的仪表服饰。初次见面一定要力争给人以整洁、美观、大方、明快的感觉，并要考虑应聘职位的职业特征和要求。职业装不等于休闲服，职业装强调的是服装与工作性质、场合的统一、协调，女性一般应着西装套裙，给人以一种稳重、端庄、高雅、质朴之感。这位女同学涂着过红的嘴唇，烫着时髦的发式；衣着低领、紧身，十分新潮，给人以一种很轻佻的感觉，就是因为第一印象使她落选了。一位人事总监说："我认为你不可能仅仅由于戴了一条领带而取得一个职位，但是我可以肯定你戴错了领带就会使你失去一个职位。"服饰仪容既是一个人审美观的集中表现，也是文化素养的具体反映。

## 三、首饰的佩带

首饰主要指耳环、项链、戒指、手镯、手链等。佩戴首饰的目的在于点缀服装的精华，同时又能掩饰身体的局部缺陷。首饰是一种沉默的语言，既向他人暗示了某种含义，又显示了佩带者的嗜好与修养。

## (一)饰品佩戴的基本原则

**1. 遵从规范**

首饰佩戴具有相关的传统和习惯,并成为现代社会生活中约定俗成的礼仪。对此虽然不必完全遵从,但在日常生活和涉外交往中也不可不慎重。在社交场合中最好不要靠佩戴的首饰去标新立异。此外,佩戴首饰还有一些特殊的禁忌,例如女士参加丧礼时,只允许佩带结婚戒指和珍珠项链。

**2. 质地优良**

在正式场合中不佩戴首饰是可以的,如果佩戴首饰,不要使用粗制滥造之物,要戴质地、做工俱佳的饰品,以示隆重和重视,以及对他人的尊重。

**3. 注重场合**

佩戴首饰要注意场合,上班期间不戴或少戴首饰最好,运动或旅游时也不能够戴太多的首饰。准确地说,只有在交际应酬时佩戴首饰才最合适,同时注意首饰不易同时戴多件,多戴则不雅而显得庸俗。

**4. 性别差异**

在一般场合里,女士们可以样样首饰都戴一戴,而男士佩戴最多只有结婚戒指一种,场合越正规,男士戴的首饰就越应当少。

**5. 整体和谐**

佩戴首饰还应该考虑与肤色、着装、气质的呼应配合。较深的肤色,配上质地为白银的首饰,会显得和谐稳妥;性格沉静的少女,佩戴金色的首饰,能使人更觉高洁、文雅。首饰与服装配合时,要特别注意其风格的针对性,高贵豪华的晚礼服就需光亮艳丽的金银首饰来映衬,连运动装也配上诸如球拍形的耳环这一类运动式首饰,使得运动更趋生活化。

## (二)饰品的搭配技巧

**1. 戒指**

戒指不仅是男女佩戴的主要饰品,还是具有特定含义的传递物,不同戴法有不同含义,一定要严格区分,避免失礼。戒指戴在食指上,表示尚未恋爱,正在求偶;戴在中指上,表示已有意中人,正在恋爱;戴在无名指上,表示已正式订婚或已结婚;戴在小指上,则表示目前为独身状态。戒指通常戴在左手上,修女的戒指则总是戴在右手无名指,意味着把爱献给了上帝。一般情况下,一只手上只戴一枚戒指,戴两枚或两枚以上的戒指是不适宜的。按照风俗,结婚戒指忌用合金制造,必须用纯金或白银制成,象征爱情的纯洁。选择戒指应和自己的手型相配,参加涉外活动,佩戴的戒指以古典式样为好,太时髦了反倒不好。

**【经典案例4-2】戒指的误会**

某旅行社导游刘红在一次带团过程中,对一位感冒的法国女士照顾得非常周到。临分别时,这位法国女士对刘红的热情和周到的服务非常满意,留下名片,并认真地说:"谢谢!欢迎你到法国,到我家来作客,请代我向你的先生问好。"刘红愣住了,因为她根本没有男朋友。那位法国女士错了吗?没有,她之所以这么说,是因为看见刘红的左手无名指戴有一枚戒指。

**【案例点评】**

饰品的佩带有一套规矩,它是一种沉默的语言,既向他人暗示了某种含义,又显示了佩带者的嗜好与修养。旅游工作者作为传播中国文化的使者在工作和涉外交往中不可不慎重,以免造成不必要的误会,影响自己在旅游者心目中的形象和地位,严重的情况甚至会有损中国礼仪之邦、文明古国的形象和声誉。正如第十一届亚运会举行期间,一名外国记者挺纳闷地问中国同行,"中国的女士们一只手带好几枚戒指,到底意味着什么?"中国记者急中生智地回答:"这意味着她们富有。"方才应付了过去。

### 2. 项链

佩戴项链要考虑身材、脸色、衣服颜色等因素。体型较胖、脖子较短的人适宜选佩较长的项链,短而宽的项链会更让人觉得膀大腰圆;相反,身材苗条修长、脖子细长的人则最好选佩宽粗一些的短项链,细长的项链则会更显单薄和纤弱。就色泽而言,为了不致"埋没"项链的存在,项链的颜色应与服饰、肤色有较大的对比度。

### 3. 耳环

选择耳环主要应当考虑自己的脸型、头型、发式、服装等方面。例如,长型脸应佩面积较大的扣式耳环,以便使脸部显得圆润丰满。面部较宽的方型脸,宜选佩面积较小的耳环。而尖脸的少女可戴那类能增加宽感的耳环,如三角型、大钮型、大圈型等夸张的款式。服饰色彩比较艳丽,耳环色彩也应艳丽,同时,要考虑两者间色彩的适当对比。一般来说,金银耳环可配任何衣服,而彩色耳环应根据配色原则与服装颜色协调。

### 4. 手镯

一只手上一般不能同时佩带两只或两只以上的手镯,因为它们相互碰撞发出的声响并不好听。如果在左臂或左右两臂同时佩带,表明佩带者已经结婚。仅在右臂佩带,则表示佩带者是自由而不受约束的。戴手镯时不宜再戴手表,否则就显得太累赘。

### 5. 男士饰品

供男子选用的饰品有项链、手链、戒指、胸针、领带夹等。男士饰品质地多为金或银,款式要粗重、有棱有角,图案也应突出男性特点,显示出男子粗犷、潇洒的风度。男性的项链一定要贴身戴,忌带珍珠项链或项链上挂坠子。在正式场合,一般只宜佩带一枚结婚戒指。

# 第二节 男士服饰礼仪

国际社交场合，服装大致分为便服与礼服两大类。各式外衣、衬衣等日常穿着的服装为便服，适合一般场合。参加正式的仪式或典礼，如国际交往、外事活动，或出访、迎宾、结婚等各类严肃的社交场合则应当穿着礼服。

## 一、男士礼服

礼服有本国、本民族的传统礼服和国际通用礼服之分。国际上通用的男士礼服一般有晨礼服小礼服和大礼服三种。

### (一)晨礼服(Morning coat or Cutaway)

上装多为黑色或灰色，后摆为圆尾形，裤子为深灰色底、黑条子裤，一般用背带，配白衬衫，黑、灰、驼色领带均可，黑袜子、黑皮鞋可戴黑礼帽。晨礼服在白天参加典礼，星期日教堂礼拜，以及参加婚礼等场合穿用。如图4-1所示。

### (二)小礼服(Tuxedo，Smoking dinner jacket or Black Tie)

小礼服也称晚餐礼服或便礼服。为全白色或全黑色西装上衣，配白衬衫、系黑领带或黑蝴蝶结。衣领攘有缎面，腰间仅一纽扣，下衣为配有锻带或丝腰带的黑裤，穿黑皮鞋，一般不戴帽子和手套。小礼服多用于晚6时以后举行的晚宴、晚会、音乐会、歌剧、舞剧晚会。如图4-2所示。

图4-1 晨礼服

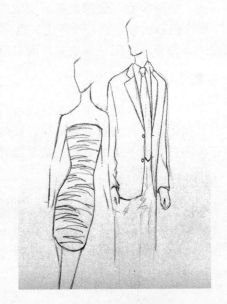

图4-2 小礼服

## (三)大礼服(Full evening dress or Tail coat)

大礼服，或称燕尾服。黑色或深蓝色上装，前摆齐腰平，后摆如燕尾。翻领上镶有缎面，下衣为黑或蓝色配有缎带、裤腿外面有黑丝带的长裤，一般用背带系白色领结。如配黑皮鞋、黑丝袜、白手套，可戴大礼帽。大礼服是一种晚礼服，适用于晚宴、舞会、招待会、递交国书等极其隆重的场合。如图4-3所示。

图4-3 大礼服

**小贴士**

在西方国家，有一些比较讲究的餐厅、饭馆谢绝服装不整的人入内用餐。有一些公共场所也禁止衣冠不整的人进入。剧院、音乐厅更是要求比较严格。在国外，人们在收到宴会请柬时，经常在请柬的左下角看到注有"正式的(formal)"、"非正式的 (informal)"或"小礼服(black Tie)"等字样，有时也写着"随意(casual)"，这些都说明宴会主人对着装的要求。

## (四)一般性礼服

随着礼仪从简趋势的发展，人们对于服装的要求，着重合身、得体、舒适、美观、大方，讲究适合自己的身份、年龄、性格和不同的场合。除了特别隆重的正式场合，穿礼服特别是外大礼服(燕尾服)的机会很少。目前，国际上正逐渐以黑色(或灰色)西装套服取代礼服，在大多数社交活动中，男子都穿西装，并通过搭配不同的衬衫、领带来丰富着装造型。

## (五) 中山装

相当数量的国家规定民族服装为礼服，在国庆、民族节日或在正式的礼仪活动时穿着。在我国，出席正式的社交活动，男士可穿中山装、西装。但要注意西装应系领带，中山装应上下同色同质的毛料，配黑色皮鞋。如果是少数民族，本民族的民族服装也可作为礼服。如图4-4所示。

图 4-4 中山装

### 1. 中山装的演变

关于"中山装"，《中华文化习俗辞典》记载说："孙中山参照中国原有的衣裤特点，吸收南洋华侨的'企领文装'和'西装样式'，本着'适于卫生，便于动作，易于经济，壮于观瞻'的原则，亲自主持设计，由黄隆生裁制出的一种服装式样"。1912年民国政府通令将中山装定为礼服。新中国成立后，人民群众也以这种服装来表达对新时代的欢迎，逐渐成为了中国男装一款标志性的服装。毛泽东主席对"中山装"很欣赏，他一直坚持穿中山装，因而国外朋友又称中山装为"毛式制服"。

### 2. 中山装的造型特征

中山装做工比较讲究，在西装基本形成上又结合了中国传统意识，整体廓形呈垫肩收腰，均衡对称，穿着稳重大方，活动方便，行动自如，保暖护身，既可作礼服，又可作便装。

(1) 上衣。立翻领，对襟，前襟五粒扣，四个贴袋，袖口三粒扣。后片不破缝。这些形制其实是有讲究的，根据《易经》周代礼仪等内容寓以意义。

① 前身四个口袋表示国之四维(礼、义、廉、耻)。②门襟五粒纽扣区别于西方的三权分立的五权分立(行政、立法、司法、考试、监察)。③袖口三粒纽扣表示三民主义(民族、民权、民生)。④后背不破缝，表示国家和平统一之大义。

(2) 裤子。前面开缝，用暗纽；左右各一大暗袋，前面一小暗袋 (表袋)；右后臀部挖一暗袋，用软盖。这样的裤子穿着方便，也很适用携带随身必需品。

> **小贴士**
>
> 作礼服用的中山装色彩要庄重、沉着，面料宜选用纯毛华达呢、驼丝锦、麦尔登、海军呢等，使服装更显得沉稳庄重。穿中山服时，要注意由中山装所传递出的意蕴与其人生态度相吻合，不仅要扣上全部衣扣，而且要系上领扣(风纪扣)，并且不允许挽起衣袖。

## 二、男士西装

男士西服最早起源于欧洲，那是一种带有烦琐装饰的长上衣。后来随着时代的发展，男士西服渐趋固定化、标准化，并在世界范围里流行，被公认为男士必备的正式服装。西服的着装效果能体现出大方简洁、端正、挺括、工艺精致感和合体贴切性，适宜于老中青三代。

### (一)西装的构成

西装款式主要有两大类，一类是平驳领、圆角下摆的单排扣西装；另一类是枪驳领、方角下摆的双排扣西装。另外西装还有套装(正装)和单件上装(简装)的区别，两件套西装再加上同色同料的背心(马甲)就成为三件套西装。最正统的西服样式上衣与裤子以及背心都是用相同的面料、色彩缝制而成，穿着西装一般要搭配领带和衬衫。西装与衬衫、领带、皮鞋、袜子、裤带等是一个统一的整体，它们彼此之间的统一协调，能使穿着者显得稳重高雅，自然潇洒。主流的西装文化印象是：有文化、有教养、有品位、有绅士风度、有权威感。

### (二)西装的风格

**1. 欧式西装**

欧式型的西装特点通常讲究贴身合体，衬有很厚的垫肩，胸部做得较饱满，袖笼部位较高，肩头稍微上翘，翻领部位狭长，大多为两排扣形式，多采用质地厚实、深色全毛面料。

**2. 美式西装**

美式西装的特点讲究舒适，线条相对来说较为柔和，腰部适当地收缩，胸部也不过分收紧，符合人体的自然形态。肩部的垫衬不过于高，袖笼较低，呈自然肩型显得精巧，一般以2—3粒扣单排为主，翻领的宽度也较为适中，对面料的选择范围也较广。

**3. 英式西装**

英式西装的特点类似于欧式型，腰部较紧贴，符合人体自然曲线，肩部与胸部没有过于夸张，多在上衣后身片下摆处做两个叉。

## (三)西装的合体尺寸

### 1. 长度

衬衫袖应比西装袖长出 1~2 厘米，衬衫领应高出西装领 1 厘米左右，以保护西装衣领，并增添美感。

裤长：裤脚接触脚背(注意鞋跟高度的影响，即测量裤长时一定要穿与之配套的皮鞋，而不能穿布鞋或拖鞋测量)。

### 2. 宽度

上衣系上扣子后，稍有宽度。裤腰围：系好扣子、拉上拉链后，插入一个手掌。臀围：裤带内不装入任何东西，符合身体尺寸。可以做下蹲动作或抬腿动作，动作自如则为合适。

**【阅读材料 4-2】进口男装符号的含义**

(1) "L"表示大号，"M"表示中号，"S"表示小号。

(2) "Y"型代表胸围与腰围相差 16cm；"YA"型表示胸围与腰围相差 14cm；"A"型表示的胸围与腰围相差 12cm；"AB"型表示胸围与腰围相差 10cm；"B"型表示胸围与腰围相差 8cm；"BE"型表示胸围与腰围相差 4cm；"E"型表示胸围与腰围相差无几。

(3) 在身长中，"1"代表 150cm，"2"代表 155cm，"3"代表 160cm，"4"代表 165cm，"5"代表 170cm，"6"代表 175cm，"7"代表 180cm，"8"代表 185cm。

## (四)西装的着装规范

西服七分在做，三分在穿。西装的选择和搭配是很有讲究的。

### 1. 西装与穿着场合

男士出席正式场合穿西装，要坚持三色原则，即身上的颜色不能超过三种颜色或三种色系(皮鞋、皮带、皮包应为一个颜色或色系)，其中最好有一种色彩是白色。正规场合首选深色套装(如黑、藏青、深灰)，其次是中灰、褐色和隐条等。在款式上，注重服装的质料、剪裁和手工，最好用毛料制作，剪裁合身，式样流行。在工作场所，可考虑选择颜色淡些的西装，如米色、淡灰、条子、格纹。在非正式场合最好是穿单件的上装，配以其他色调和面料的裤子。纯白色西服套装应视场合穿着，在婚礼上或运动场合显得得体和帅气。

### 2. 袖口商标应取下

名牌西装上衣的左袖上大都有一个商标，它和酒瓶瓶口的封纸一样，一旦启封便不能复位，在穿上身之前，即应拆去，不然有卖弄之嫌疑。

### 3. 正式场合穿着西装必须打领带

正式场合穿着西装必须打领带，领带的色调应与西装、衬衣颜色和谐一致。非正式场合可以不打领带，但应把衬衣领扣解开，以示休闲洒脱。

成人日常所用的领带，通常长约 130－150 厘米。领带打好之后，外侧应略长于内侧。其标准的长度，应当是下端正好触及腰带扣的上端，长了显得不利落，短了不协调。穿西装上衣系好衣扣后，领带应处于西装上衣与内穿的衬衫之间，穿西装背心、羊毛衫、羊毛背心或马甲时，领带应处于它们与衬衫之间。

### 4. 穿着西装应配以合体的衬衣

穿着西装应配以合体的衬衣，衬衣的颜色应与西装颜色搭配和谐，在正式交际场合，一般首选国际化的白色、淡蓝、中蓝等单色衬衫。深色衬衫和花纹衬衫一般不适合正规活动和高级商务活动。在非正式场合穿着休闲西装配以颜色相宜的高档休闲衬衫，也能显出另一种风格。

衬衫下摆必须扎进裤内。若不系领带，衬衫的领口应敞开。如果衬衫有领扣，一定要在打好领带后把领扣扣好。衬衫必须保持洁净，领扣和袖扣必须扣上。

### 5. 西装纽扣有装饰功能，扣法大有讲究

双排西装纽扣在任何正式场合都应扣上，否则给人以轻浮不稳重之感。非正式场合可只扣上面一粒，表示轻松、时髦，但不可不扣。单排二粒扣西装，扣子全部不扣表示随意、轻松、扣一面上粒，表示郑重，全扣表示无知。单排三粒扣西装，扣子全部不扣表示随意、轻松、只扣中间一扣表示正宗，扣上面两粒，表示郑重，全扣表示无知。

### 6. 驳头眼的作用

西装的驳领上通常有一只扣眼，这叫驳头眼，本来是用作防寒纽洞的，后演变成插花钮或仅作装饰用，是参加婚礼、葬礼或出席盛大宴会、典礼时用来插鲜花用的，在我国人们一般无此习惯。

### 7. 口袋的使用

上衣小兜称"手巾袋"，只放折叠扁平的装饰手帕，并浅露小边，除此不宜放其他东西，不能用来插钢笔。钢笔应插在马甲的左胸口袋里。如不穿马甲，则应插在西装里面的口袋里以保持你的绅士风度。如果插手，应插在裤兜里，而不要插在上衣口袋里。

### 8. 马甲的正确穿法

马甲可穿可不穿，但穿表示隆重，与上衣同料，也可用腰饰带代替马甲。

### 9. 长裤的搭配

套装长裤的裤线需烫挺烫直，一般应与上衣同色同料，也可同色系，有深浅。西装的衣袋和裤袋里，不宜放太多的东西，最好将东西放在西装左右两侧的内袋里。

#### 10. 鞋袜的搭配

穿西装一定要配皮鞋,庄重的西装要配深褐色或黑色的皮鞋。鞋子要选择正式的硬底皮鞋,皮质好、做工精、简洁大方,一定要擦拭得很干净、光亮。穿绑带鞋时,裤脚应稍长,以刚及鞋为标准。

袜子的颜色应与裤子同色系,花色要尽可能朴素大方,长度要高及小腿上部,不要露出皮肤和腿毛。千万别穿尼龙丝袜和白色的袜子,那是搭配不和谐的表现。也不要穿花袜子,它属于休闲式的穿着。

## 三、西装与领带

领带是西装的灵魂。领带属于男士的饰物,女士一般不打领带。参加正式交际活动或穿着全套西装应系领带。

### (一)领带的款式

领带的款式,即其形状外观,有宽窄之分。进行选择时,应注意最好使领带的宽度与自己身体的宽度成正比,而不要反差过大。它还有箭头与平头之别。前者下端为倒三角形,适用于各种场合,比较传统。后者下端平头,比较时髦,多适用于非正式场合。当与英国人交往时,不要系带条纹的领带。世界上,阿拉伯人从来不买绿色领带,荷兰人从来不戴橙色领带,法国人从来不戴红、白、蓝三色混合的领带。

**小贴士**

英国人穿着正式燕尾服时,几乎都使用大领巾来搭配。穿立领衬衫时不宜打领带,穿翼领衬衫时适合扎蝴蝶结式的小领结。

### (二)领带的系法

领带的系法很多,不过要和衬衫的领型相配,小领和普通领的衬衫可以打单结,有领扣和领子较宽的衬衫可以打小三角结。

#### 1. 领带与衬衫搭配

(1) 暗扣领。左右领尖上缝有提钮,领带从提钮上穿过,领部扣紧的衬衫领。与此相似的有用别领型的衬衫,领带结均应打得小些,领部才显得妥帖。

(2) 敞角领。左右领子的角度在一百二十至一百八十度之间的领子。这一领型又称"温莎领",据说当年温莎公爵(英王爱德华八世)喜爱这种领子。与此相配的领带领结称"温莎领结",领结宽阔,也是当年温莎公爵带头兴起的。但近年敞角领的衬衫流行与打得稍小的半温莎领结相配。

(3) 纽扣领。领尖以纽扣固定于衣身的衬衫领,典型美国风格的衬衫。原是运动衬衫,现在也作为礼服衬衫着用,领带以只绕一圈的细结为佳。

(4) 长尖领。同标准领的衬衫相比,领尖较长,多用作具有古典风格的礼服衬衫。通常为白色或素色,部分带简洁的线条,长尖领衬衫的领带挑选范围较广,稍稍艳丽的印花领带,古典型的条纹领带皆宜。

### 2. 打领带的技巧

打领带应注意的3点技巧,其一,要打得端正、挺括,外观上呈倒三角形。其二,在收紧领结时,有意在其下压出一个窝或一条沟来,使其看起来美观、自然。其三,领带结的具体大小不可以完全自行其是,而应令其大体上与同时所穿的衬衫领子的大小成正比例。

1) 法式结

① 将领带围于颈上,领带宽的一边留得比窄的一边长,让宽的一边绕过窄的一边并环绕到领口的环形部,从上面穿过。②将宽的一边再绕过窄的一边,并环绕到领口的环形部,从下面穿过。③宽边再穿过其环绕的环形孔拉紧、拉直。

2) 英式结

① 将领带围于颈上,领带宽的一边留得要比窄的一边长,让宽的一边绕过窄的一边,并从领口环形部下面穿过绕回。②接着从后绕到前面并从领口环形部下面穿过。③穿过后,宽的一边穿过其环绕的环形孔并拉紧、拉直。

### 3. 领带的佩饰

常见的领带佩饰有领带夹、领带针和领带棒。它们分别用于不同的位置,但不能同时登场,一次只能选用其中的一种。

(1) 领带夹。主要用于将领带固定于衬衫上。最好不要用领带夹,这是一个过时的装饰,如果一定要用,一般夹在衬衫的第四五个纽扣之间。

(2) 领带针。主要用于将领带别在衬衫上,并发挥一定的装饰作用。其一端为图案,应处于领带之外,另一端为细链,则应免于外露。使用它时,应将其别在衬衫从上往下数第三粒纽扣处的领带正中央。但是要注意,别把领带针误当领针使用。

(3) 领带棒。主要用于穿着扣领衬衫时,穿过领带,并将其固定于衬衫领口处。

## 四、辅件的配搭

服饰礼仪的内涵是很宽泛的,各式辅件选择与搭配,同样具有很强的礼仪性。

### 1. 帽子与围巾

穿礼服时,必须戴黑色的帽子。平时戴的帽子,帽檐要窄一些,帽顶不能太高。按通常习惯,上门作客或进入室内场所都应该脱帽,把帽子存放在存衣处。

男士在办公室或比较正规的场合可以选用纯毛或开司米的棕色、灰色、海军蓝或深紫酱色围巾。进入室内,男士应将围巾连同外套一同脱下来。

### 🌴 小贴士

英国绅士过去常戴波乐帽(bowler Hat)。这是一种硬胎圆顶呢帽，通常是黑色的，也有深灰或蓝黑的。在街上碰到熟人时，抬一下帽子或只是示意抬一下，就是一种礼貌。在白金汉宫每年的游园会上，男子把帽子拿在手中，免冠站立，也是一种礼貌。

#### 2. 皮带

皮带要和西装相配，一般选用黑色。皮带头的样式要简单，宽度一般不超过3厘米，长度通常以不超过腰带扣10厘米为标准。休闲腰带和西装是不相配的。

#### 3. 公文包与钱夹

男士西装上衣和西裤的口袋里不适合放东西的，因此在商务活动中男士应携带一只公文包。选择公文包以深褐色或棕色真皮制品为佳，不要甩褐色或灰色的，也不要用发光发亮、画满图案或广告的皮包。手提箱只能带着去参加午餐约会。钱夹以皮制为好，并注意不要塞得满满的，放在西装上衣内侧口袋里。

#### 4. 手杖、金笔

职业男性在交际中最好携带一枝品质好的钢笔，放在公文包里或西装上衣内侧的口袋里，但决不能插在西装上衣外侧的口袋里。手表的佩带因人而异，但在涉外交往中最好佩戴机械表，一般不佩戴潜水表、太空表或卡通表。人们携带钥匙应使用钥匙包，并把它放在公文包里。不要别在腰带上。把手杖或阳伞扛在肩头，或挂在臂弯里都是不对的。拿在手中不要乱甩乱晃，要么握住手柄，要么让它随手自然摆动。

## 第三节 女性服饰

云想衣裳花想容，服装可以说是女性的第二肌肤。从原则上讲，国际交往、外事活动等各类严肃隆重的社交场合则应当穿着礼服。在工作场合一般不易穿着运动服或牛仔装，职业女性应着职业装。我国女士在涉外活动中，可以穿西装套裙、中式上衣配长裙、连衣裙、旗袍以及各民族服装。

## 一、礼服

按传统要求，在正式的社交场合，女子一般应穿礼服。女士礼服种类多样，适合不同的交际场合，有不同的着装要求。

#### 1. 晨礼服(Morning coat or cutaway)

晨礼服为质地、色泽一致的上衣和裙子，可带帽子与手套。晨礼服在白天参加典礼，星期日教堂礼拜，以及参加婚礼等场合穿用。

### 2. 小礼服 (Tuxedo，Smoking dinner jacket or Black Tie)

小礼服也称晚餐礼服或便礼服，为长及脚背的拖地或不拖地的露背式连衣裙式服装；多用于晚6时以后举行的晚宴、晚会、音乐会、歌剧、舞剧晚会。

### 3. 大礼服 (Full evening dress or Tail coat)

女士大礼服为一种袒胸露背的单色拖地或不拖地的连衣裙式服装，并佩戴颜色相同的帽子，长纱手套及各种头饰、耳环、项链等首饰。西方妇女的纱手套、纱面罩、帽子、披肩、短外套等，作为服装的一部分则允许在室内穿戴。大礼服是一种晚礼服，适用于晚宴、舞会、招待会、递交国书等极其隆重的场合。

### 4. 结婚礼服

结婚礼服是举行婚礼时新娘穿着的服装，以红和白为主，长裙典雅、华贵，使婚礼增添圣洁的气氛。婚礼上切忌穿超短裙，那会给人留下轻佻之感。婚礼服的穿着打扮应精致豪华，故从头饰到鞋子的搭配均应精心选择，达到一种典雅美丽的效果。

### 5. 丧礼服

丧礼服指参加追悼会或葬礼时穿着的服饰。多选用黑色、戴青色，白色、素色无花等面料的服饰。不佩戴过多的饰物，尤其鲜艳的首饰，力求通过服饰寄托自己深切的哀思。

## 二、裙装

比较正式的场合应当穿西服套裙，它的造型讲究挺括，贴身，上衣的肩部垫得非常平整，其外观简洁大方装饰较少，给人以一种稳重、端庄、高雅、质朴之感。

### 1. 女式西装套裙

普通的长裙适用于一切场合，女式西装套裙是由一件西装上衣和一条半截裙所构成的两件套女装，大致上可以分为两种，一种是用西装上衣与随便一条裙子自由搭配与组合，另一种是则是指西装上衣与和它配套的裙子是成套设计、制作的。正式的西装套裙指的是后一种。

**小贴士**

在一些中东国家中，女士只能穿长袍戴面纱，穿裤子是不许可的。有些国家还规定，在隆重的庆典活动中，女士不准穿长裤。任何情况下不应穿短裤参加涉外活动。

### 2. 西装套裙着装禁忌

(1) 过大或过小。西装套裙的上衣最短处可以齐腰，裙子最长可至小腿中部，松紧适度。

(2) 衣扣"不到位"。在正式场合，西装套裙的上衣扣子应按规矩系好，再忙、再热,也不要敞怀不扣,更不宜随便当着别人的面把它脱下来。

(3) 内衣外现。穿丝、麻、棉等薄型面料或浅色面料的西装套裙,一定要内穿衬裙。衬裙的长度不应长于外面的裙子,颜色也应与之相近。衬衫不应过于透明,使得内衣毕露。

(4) 搭配随意。西装上衣都不可以与牛仔裤、健美裤、裙裤进行合作,黑色皮裙更不能当正装来穿。

(5) 鞋袜不配。穿西装套裙应当着黑色的高跟或半高跟皮鞋,配肉色丝袜。不可穿布鞋、凉鞋、旅游鞋或拖鞋,袜口不能露在裙子外面。

(6) 配饰太多。穿着西装套裙首饰的佩戴越少越好,多戴则不雅而显得庸俗。胸针一般佩戴在胸部左侧,第一第二粒纽扣之间的平行位置上。佩戴丝巾也会收到非常好的装饰效果。

## 三、旗袍

旗袍紧扣的高领,使女性显得端庄典雅;微紧的腰身最大限度地表现女性柔美婀娜的身姿;两边的开衩,行走时下角微轻飘动,似流动的旋律,表现出中华女性贤淑、典雅、温柔、清丽的性情与气质。在涉外活动中,女士穿着旗袍往往会受到外宾由衷的赞美。

图 4-5　旗袍

**1. 旗袍的选购**

1) 面料

根据自己穿用需要选择面料。结婚礼服(旗袍)不仅面料质地上乘而且色彩鲜艳夺目,充满喜庆色彩;礼宾或演出穿用旗袍宜选购质地柔软、色泽高雅的高级面料。老龄妇女,面料颜色应稍深些,款式要宽松一点,以体现庄重文静、典雅大方。中年妇女,宜选色彩富丽高雅,有绣花、滚边的旗袍,体现雍容华贵。年轻女性,则宜选用绚丽优美的色泽花式、活泼俊俏的款式,体现青春健美,朝气勃勃。

2) 尺寸

购买旗袍必须准确地测量出自己的"三围",即胸围、腰围、臀围,并与旗袍"三围"相适或略有余。然后,在更衣室试仔细穿观,不仅长短、肥瘦要合适,领围、肩宽、胸围、腰围、臀围都要合身才行,甚至于腰节长、乳距以及腰到臀部的距离,都要合适,过紧的行动不便,过于宽松的,难以呈现女性的形体美。

**2. 旗袍穿着礼仪**

旗袍是礼仪服装,女性的头、颈、肩、臂、胸、腰、臀、腿以及手足,构成众多曲线巧妙结合的完美整体,穿着很有讲究。

1) 着装礼仪

(1) 旗袍不宜穿黑色,质地要尽量好一些,开叉不能太高,不要为了贪方便将袖子高高卷起。

(2) 穿旗袍必须穿连裤丝袜,以防袜头从开祖露出不雅。

(3) 穿着旗袍一般搭配盘成一个髻的发型,干练的短发女性可以尝试高领旗袍。

(4) 如果在胸、领、襟稍加点缀装饰,更为光彩夺目。珍珠项链、玉石镯子是旗袍的传统伴侣。

(5) 穿着时应非常小心,尤其要注意不要沾染上油渍、可乐和口红;要留意尖锐的物件,以避免旗袍钩洞与抽丝;旗袍也不要连续穿着。

2) 行为规范

旗袍的美是一种典雅而高贵的美,这种由旗袍内涵所决定的文化品位限制了它的普及、大众化,同时它对穿着者的要求也十分苛刻,这不仅仅表现在对身体的要求上,同时也表现在对穿着者内涵及气质表现上。着旗袍后要站有站相,坐有坐相,跷腿、叉脚、抬腿蹬凳子等都是不雅观的,更不要穿旗袍骑自行车。而且,旗袍的出现对背景、环境、气氛要求特别讲究,我们不能设想一个女人身着旗袍脚趿拖鞋,不停地挖鼻孔和吐口水的模样,这是对美的糟蹋踏。

20世纪80、90年代还出现了一种具有职业象征意义的"制服旗袍"。为了宣传和促销等目的,礼仪小姐、迎宾小姐以及娱乐场合和宾馆餐厅的女性服务员都穿起了旗袍。这种旗袍千篇一律,多用化纤仿真丝面料,色彩鲜艳,开衩很高,做工粗糙,实在有损旗袍在人们心目中的美好形象。

## 四、服饰配件

饰物在着装中起着画龙点睛、协调整体的作用。女性服饰的饰物主要有领带、围巾、丝巾、胸针、首饰、提包、手套、鞋袜等等。

**1. 鞋子**

在社交场合,最常用的是皮鞋。选择套装时,最好也应该选择与套装相配的皮鞋,这样上下呼应,有一种整体美感。一名职业女性可以为自己多备几双适合四季穿着的黑色鞋,因为黑色几乎可以与所有颜色的服饰相搭配。女士不宜穿露脚趾的凉鞋或拖鞋;

在办公室里不宜穿皮靴;一套精致的时装绝不能配一双布鞋或球鞋。

### 2. 袜子

在正式场合女士若穿着裙装,应当配长筒丝袜,颜色以肉色为佳。长筒丝袜口与裙子下摆之间不能有间隔,其长度一定要高于裙子下部边缘,袜口不能露出在裙摆或裤脚外边。不要穿着挑丝、有洞或用线补过的袜子外出,那很不雅观,不符合服饰礼仪规范。

### 3. 手袋

小型手袋适合女性出席正式场合使用,其面料很多,带、扣、镶嵌物也较复杂,应注意质地优良。女用手提包应套在手上,不要拎在手里摆来摆去。经常参加社交活动的女士,可以多准备几个不同款式、颜色、质地的包袋,可根据穿着的服饰进行搭配,以达到和谐与完美的整体效果。

### 4. 手套

在西方,手套被称作"手的时装"。选用手套一般要注意以下几点:第一,要同整体装束相一致。穿深色大衣,适合戴黑色手套;穿灰色或浅褐色大衣,可以戴褐色手套;穿西服套装时或穿夏令时装时选戴薄纱手套或网眼手套等。第二,要同个人气质相协调。选择时必须注意到每一个人年龄、性格与气质的差异。年长而稳重的人,适合戴深色的手套;年轻而活泼的人,适合戴浅色或彩色手套。第三,要适应时间与场合的变化。在西方,正式社交场合女士大多戴着手套。白天戴短手套,晚上戴长手套;夏季戴夏装手套,冬季戴冬装手套。但是不要把戒指、手镯、手表等物戴在手套外边。第四,手套一定要保持整洁。需要饮茶、吃东西或吸烟的话,均应提前脱下手套。此外女士戴着手套化妆,也是不合适的。

### 5. 帽子

女子戴帽子不仅是礼节上的要求,也是身份上的象征。地位较高的女士,可以选择小呢帽、宽边帽、中等宽边等有边沿的帽子,这种帽子会为女士增加风度和气派。但参加宴会、游园和婚礼活动时戴的帽子帽檐不能过宽,否则便会遮挡别人的视线。

## 第二节 旅游职业服饰

根据工作性质可把职业装分成两大类,一类是办公服,女性办公服一般多为西装套裙,男士为西装。一类是工作装,也称为劳动服、工装或制服,许多行业均有自己的工作服。职业服饰不同于生活服饰,更强调服饰本身的社会功能。

### 一、旅游职业服饰着装原则

对旅游工作者而言,职业服饰起着强化角色意识的作用,有利于自觉约束个人的职业行为;而对接待对象而言,职业服饰起着角色识别的作用,恰当的服饰便于客人辨别、确定旅游工作者的工作性质和角色地位。

### 1. 总体原则

1) 合身

职业着装要适合自己的身材,不要过大或过小,松紧适度,上身后行动自如。尽量选用结实、耐洗涤、吸汗的面料,即考虑美观又考虑实用。

2) 合意

职业服饰不同于休闲着装,它很大程度上是给服务对象看的,应当使交际对象赏心悦目,得到美感。

3) 合时

在选择旅游服务的服饰应有时代特色,既不要过于古板,也不要过于超前,从服装整体上散发时代气息。要求符合不同的场合,不同岗位要体现不同的协调风格。

4) 合礼

旅游服务中,衣冠整洁是对客人的尊重,因而保持职业服饰的整洁、利落,体现出不卑不亢,热情大方的风度。参加社交活动应选择符合社交礼节的服饰,

### 2. 具体规范

1) 不妨害工作效率

在工作中不要把自己打扮得花枝招展或野性十足,也不穿太过性感的服装,不要让自己的衣着喧宾夺主,影响工作。

2) 在流行中略带保守

为避免影响专业形象,对流行事物应有所取舍,现今流行的凉鞋、脚链、内衣外穿、透明衣饰等都不适合上班穿着。衣服样式宜简单大方,色彩应淡雅、清新,体现端庄与稳重。

3) 衣服质料宜挺括

衣服的质料应平整、柔软、挺括,富有弹性,不易起皱。纯麻纯棉的衣服易皱,混纺的料子不散热,都不适合作为上班的穿着。此外,太薄或太轻的衣料会有不庄重之感。

4) 服装一定要每天整烫

职业装应注意清洁、整齐、挺直。衣裙应烫平整,裤子烫出裤线,如此才显得较有精神。

5) 选择鞋袜

穿着皮鞋,凉鞋不适合在工作场合穿着。女性丝袜以透明近似肤色的最好,并在办公室或皮包内存放备份,以在脏污、破损时可以更换,避免尴尬。

6) 饰品不宜过多

饰品不宜过多,一般仅佩戴结婚戒指,脚链则绝不适合上班佩戴。

## 二、饭店员工着装规范

饭店员工制服属于职业服饰,除具有职业服饰的基本特征即实用性、审美性和象征性之外,还要符合饭店工作性质特征要求。

**1. 饭店员工制服特点**

1) 多样统一

从视觉的"生理—心理"角度分析，人们普遍忌讳色彩单一、形式刻板、风格僵化的事物。如果视觉神经总是受到同一式样同一色调的外物刺激，生理上就会产生视觉的疲劳感，心理上也会相应地产生一种压抑感。事实上，视觉作为高级审美感官之一，总是在不断地追索着形态富于变化的观赏对象。在现代饭店里，门卫、前台、客房、餐厅、酒吧、商场和健身房等，均有风格多样、款式不同的，但又局部统一的工作服饰。虽然这在很大程度上是出于工作的需要，但在客观上构成了一种多样统一的服饰美感，有助于满足游客的视觉审美需求。

2) 和谐

所谓和谐，主要指工作服饰与工作环境在风格上的和谐或互补。在中式餐厅，内部装潢和饮食器具无不带有浓厚的民族特色。女服务员身着旗袍，才能体现出中国饮宴美学的特有神韵，使旅游者得到一种深刻的文化体验。另外，服饰与环境的和谐还反映在色彩平衡的状态方面。概而论之，饭店的服饰与环境宜用中性色，以期创造一种沉稳、柔和、明洁淡雅的美感，使宾客在安静轻松的氛围中解除身心的疲劳。

3) 含蓄

含蓄，作为中国的传统审美趣味，通常被视为服饰美的至高境界。中唐诗人李贺在描写宫人的游猎服时，热情地赞颂了服装的含蓄之美。强调含蓄美，并非一味抑露，而是从"万绿丛中一点红，动人春花不须多"的格调出发，解决好藏与露的"适度性"关系。旗袍作为东方女服的奇葩，既露且藏，亦实亦虚，朦胧含蓄，婉约雅致，可谓民族特点与时代潮流有机融合的上乘之作。

【名人名言】

"宝袜菊衣单，蕉花密露寒"

——李贺(唐)

4) 整洁

饭店员工服饰不只是以美学的眼光审视，而且也常常从饮食卫生角度加以评价。事实上，在饭店这一特定环境内，特别是在直接招待客人的一线部门，整洁可谓服饰美的基本要求。服装一旦失去整洁，其形式美感也将无从谈起。服装整洁不仅使客人享受到一种视觉形式美感，而且也会产生一种心理上的安全感。

**2. 饭店员工的着装规范**

1) 饭店制服的约定俗成

饭店员工制服既要突出民族化服装的特色，也要能与国际上通行做法"接轨"。如饭店制服虽因部门或岗位的不同而有不同的样式，但许多款式在国际上已沿用几十年，虽然没有明确的行文规定，但已被饭店业普遍认可，当作饭店规范化的一部分。如门童的制服多为西服或制服，色彩醒目，装饰华丽。西餐服务员的制服则是黑色燕尾服、马甲、白色礼服领衬衫、领结。客人往往就是根据每位员工的服饰与佩戴而鉴别接待服务人员的身份。

2) 饭店制服的基本规范

在工作场所酒店员工要穿合身的制服。制服要求整洁、干净、烫挺,纽扣要齐全,并扣好。工号牌要按统一规定印制,并端正地佩戴在左胸前,不能擅自调换,不挂在或别在腰间。不能将衣袖、裤脚卷起,像准备打架一样。领带、领结、飘带与衬衫口的吻合要紧凑且不系歪。制服外衣衣袖、衣领处、制服衬衣领口,不得显露个人衣物,制服外不得显露个人物品,如纪念章、笔、纸张等,制服衣袋不得多装物品而显得鼓起。鞋袜保持干净、光亮。工作鞋应以穿着舒适、方便工作为主要准则。不准穿凉鞋、运动鞋、雨鞋。

3) 佩戴饰物的礼仪

上班时首饰戴得越少越好,同时也要合适,力求简朴、典雅。酒店员工除手表外一般不能佩戴饰物,如遇红白喜事,上班时也不应将白花和黑纱带上。在酒店则规定,在前台等"一线"的工作人员尽量不要戴眼镜。在各个岗位上均不能戴有色玻璃眼镜工作。有眼疾者,戴有色眼镜时,应向客人说明,或在握手、说话时将眼镜摘下,离开时再戴。

4) 饭店管理人员着装

饭店管理人员不需要穿着统一的专门制服,一般情况下保持国际礼仪惯例。男性管理人员穿着西装,西装应该做工讲究,保持制服整体的挺括。西装内衬衫以白色为主,衬衫衣领要求整洁、烫挺。部门经理以下人员带领结,部门经理以上的人员带领带,少佩戴饰物,皮鞋应保持洁净。

女性管理人员着西装套裙。女性管理人员套裙应式样简单、质地上好,色彩以素雅为宜。除手表和结婚戒指外,一般不宜佩戴其他饰物。

# 本章小结

服饰是人体的静止无声状态或姿势的延伸。服饰的质地、式样、颜色、花纹以及服饰上的装饰配件具有多种功能与含义,它可以表达出个人的文化修养、气质风度、性别年龄、职业特征,乃至国民的气质、时代风尚、文化特色。本章重点介绍了服饰的社会文化作用、着装原则、首饰佩戴技巧等基本常识,特别强调了男士和女性的着装礼仪,以及旅游职业着装的规范和要求。

习题

1. 服饰美应该具有哪几个方面的要求?
2. 什么是着装的"TPO"原则?

3. 浅谈戒指佩戴的不同含义。
4. 穿西装应遵循哪些基本礼仪？
5. 女士着西装套裙时应注意符合哪些规范？
6. 饭店制服有何特点？饭店员工制服的着装规范是什么？

## 实训项目

1. 物质准备。戒指、项链等各类首饰；男式西装、衬衫、领带及各种配件；女式西装套裙及皮包、手套等配件，饭店员工制服。

2. 角色扮演。假定不同的场合，请学生扮演其中角色，演示服饰的穿戴和搭配，请其他学生找出不合规范之处。

3. 练习打领带。请几位同学穿着不同款式的衬衫，配合领型尝试各种领带系法，其他学生进行观摩评议。

4. 饭店员工制服图样设计。提供饭店的类型和基本情况介绍，要求学生分组完成饭店不同部门和岗位的制服设计，并进行评比和评价。

# 第五章　形体训练——匀称健美

【本章导读】

人的形体美应该是健、力、美三者的结合，健美的人体有着生长发育健康而又完善的机体，发达有力的肌肉，优美的人体外形和健康向上的精神气质。人的形体美是由形式美的法则决定的，从外部形态上表现为：骨架美，即人体各部分比例匀称、合度，这是形体美的基本条件；肌肉美，即人体肌肉完美发达，富有弹性，并充分体现人体形态的强健协调，它决定了人体的外轮廓；肤色美，即指皮肤红润，细腻且有光泽，可体现出人精神面貌和气质。

【教学重点】

要求学生掌握其基本要领和方法，并在生活中坚持形体美训练，塑造健美的体形。

【核心概念】

人体健康　形体训练　健美运动　体育舞蹈　瑜珈

# 第一节　形体健美的标准

形体是一门艺术，人体只有在四肢、躯干、头部及头部五官的合理配合下才能显示出姿态优美、体型匀称的整体美。健美是健康的发展，它属于体育的范畴，是指以身体练习为基本手段而达到人体各部位健美的目的。健康是基础的美，健美则是高尚的美，它反映着社会的人作为自然界的一员朝气蓬勃的自我意识与自觉要求。

## 一、形体训练的健美标准

遗传和社会环境的影响是形成人体美的一个重要因素，但是后天的培养教育，尤其是采用科学的锻炼方法，选择合适的体育项目进行锻炼，对形成优美体态更有效果。从狭义的角度来说，形体训练即是形体美训练。形体本身非常讲究姿态美、体态美、线条美和外部形态和内部情感的统一和谐美。

【经典名言】

著名的古希腊哲学家苏格拉底认为：衰弱是耻辱，人的一切活动不能脱离身体，身体必须保持高效率的工作，力量与肌肉的美只有通过身体才能得到。柏拉图也提出，要为保卫城乡而练就体魄刚健的战士，为造就完美和发展的人而献身。亚里士多德曾提出，要养成健美的体格而不是野蛮的兽性的性格。

### (一) 肌肉发达，体魄健壮

肌肉是人体力量的源泉，同时也是力的象征。有了发达的颈肌能使人颈部挺直，强壮有力；发达的胸肌(胸大肌、胸小肌)能使人的胸部变得坚实而挺拔；发达的肱二头肌、肱三头肌及前臂肌群，可使手臂线条、鲜明、粗壮有力；盖在肩部的三角肌可使肩部增宽，加上发达的背阔肌，就会使躯干呈美丽的 V 形；有力的骶棘肌能固定脊柱，使上体挺直，不致弓腰驼背；发达的腹肌能增强腹压，保护内脏，有利于缩小腰围，增强美感；发达的臀部肌肉和有力的下肢肌肉，能固定下肢，支持全身，给人以坚定有力之感。总之，健美的体型、健壮的体魄是和发达的肌肉密切相关的，发达的肌肉和健壮的体魄是人体美的重要因素。如图 5-1 所示。

### (二) 体型匀称，线条鲜明

体型主要反映人体的外部形象。从人体美的角度，根据人体脂肪所占的比例，肌肉的发达程度，并参照肩宽和臀围的比例，可以将体型划分成胖型、肌型(或运动型)和瘦型三类。

**1. 胖型**

其特点是上(肩宽)下(臀围)一般粗，躯干像个圆水桶。短粗颈、双下巴，腰围很大，腹部松软，肚脐很深。体重往往超过标志体重约 30%～50%。

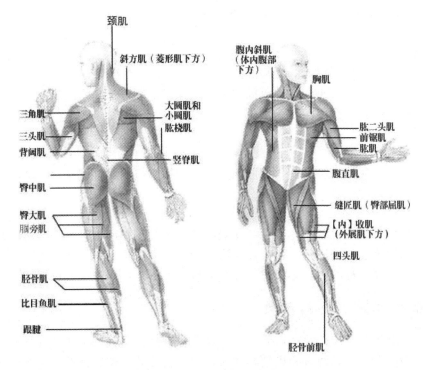

图 5-1　人体的主要肌肉

### 2. 瘦型

其特点和胖型相反，腰围很小，肩窄，胸平，四肢细长。体重小于标准体重 25%～35%。

### 3. 肌型(运动型)

其特点是肩宽、臀小，背阔肌大，上体呈倒三角形。四肢匀称，肌肉发达，肌肤红润有光泽，体重少于或超过标准体重 5%左右。经常从事各项体育活动的人，特别是运动员，多为肌型(运动型)。

【经典名言】

皮肤是健康状况和精神面貌的镜子，红润而有光泽的肌肤是人体美的重要表征。苏联著名诗人马雅科夫斯基称颂结实的肌肉和古铜色的皮肤是世界上最美丽的衣裳。

## (三)姿态端正，动作潇洒

一个人必须保持一个正确而优美的身体姿态，配上一身结实、丰满发达的肌肉，凡能显示出形体潇洒的风度，才能体现出一副健美的体型。身体姿态包括：站、行、坐、卧。

### 1. 站

正确与健美的站立姿态应该是头颅、躯干和脚的纵轴在一条垂直线上，挺胸、收腹、梗颈，两臂自然下垂，形成一种优美挺拔的形态，人体固有脊柱形态的曲线也表现出来了。

### 2. 行

躯体移动应正直、平稳，不僵又不呆板，两臂自然下垂，摆动协调，膝盖正对前方，脚尖略微向外侧，落地时脚跟着地过渡到脚掌，两脚后跟几乎在一条直线上，两腿交替前移的弯曲程度不要太大，步伐稳健均匀。

### 3. 坐

优美的坐姿应保持挺胸收腹，四肢摆放也要规矩端正，不能摆得太开太大。

### 4. 卧

良好的卧姿对于心血管、呼吸系统在安静状态下的工作起保证作用，并有助于消除肌肉疲劳。为避免心脏受压，一般朝右侧卧为最好，为防止局部受压发麻甚至出现痉挛的现象，仰卧也是一种好的卧姿，但不要把手放在胸上，以免压迫心脏。

## (四) 精神饱满，坚韧不拔

人是一个有机的统一的整体，同样，人体美也是外部表现的形体美和内在体现出的精神气质美的和谐统一，两者有机结合才能称得上真正的健美。因此，一个体形健美的人还必须精神饱满、富有朝气，必须具有勇敢无畏的精神，坚韧不拔的顽强意志，刚毅果断的性格和良好的品德修养。这种美发自心灵深处，却又能通过人举一动、一言一行而在外部表现出来，并使得别人能够感受得到。这就要求在进行健美锻炼的同时，必须注意加强思想作风、意志品质、精神气质的锻炼和修养。

# 二、健美指数

按"指数"健美健身是现代人的新理念。健美参数有胸腰比、腰臀比和身高体重常数等。充分理解相关指数的内涵，并按其行事，对于促进形体变化、提高生活质量和提高工作效率有着十分重要的意义。

## (一) 胸腰比和身高体重常数

胸腰比和身高体重常数是健美体型的主要参数。理想的胸腰比为 1.50~1.60，身高胸围比的减小(小于 1.40)会影响体型健美。

身高体重常数(经典公式)=身高(厘米)-体重(公斤)。

据不完全统计，常人的身高体重常数是 100~110，健美运动员<100。身高体重常数的减小(小于 70)会影响体型健美。

## (二) 腰臀比

常言道"腰带长，寿命短"，腰臀比不但影响健美，而且关系到身体健康。从健美角度看，健美体型的腰臀比应该是：男子0.80，女子0.65。有人提出腰臀比的上限是，男子：0.85～0.90；女子：0.75～0.80。腰臀比越大，对健康(心血管系统)越不利，对不运动的人来说这种威胁更大。

### (三)肌肉健美指数

肌肉健美指数=[(两上臂围+胸围+两大腿围+两小腿围)+2]/[(两碗围+两股围+两腿骨围)+21。上述公式得出的数值越大越好，表明肌肉发达的程度。正常成年人身体脂肪含量约占身体总重量的10%～30%。

### (四)身体脂肪指数

正常成年人身体脂肪含量约占身体总重量的10%～30%。正常人体重的波动范围大致在+10%或-10%左右，超过标准体重25%～34%为轻度肥胖，超过标准体重34%～49%为中等肥胖，超过标准体重50%为重度肥胖。

### (五)心脏功能指数

测试心脏功能指数的方法是在一分半钟时间内，向前屈体弯腰20次。前屈时呼气，直立时吸气。屈体之前先测定记录脉搏，此为数据 I。在做完屈体运动后立即再测一次脉搏，此为数据 II。一分钟后再测一次脉搏，此为数据 III。将三项数据相加，减去200，除以10，即：(I+II+III-200)/10。如所得数为0～3，说明心脏功能极佳所得数为3～6，说明心脏功能良好；所得数为6～9；说明心脏功能一般所得数为9～12，说明心脏功能较差；所得数为12以上应立即就医。

**小贴士**

根据国内外专家研究结果表明，当运动者的平均心率达到同年龄组最高平均心率的60%～80%时，则为健身指标区。以青年为例，其最高平均心率为205次/分，那么当运动时，达到60%～80%则为143次/分～170次/分，这一数据为健身效果最佳的指标。

# 第二节　形体基本姿态训练

自古以来就有"站如松，坐如钟，行如风，卧如弓"的说法，实则是对人基本姿态的形象比喻和健美要求。由于一个人的姿态具有较强的可塑性，也具有一定的稳定性，通过一定的训练，可以改变斜肩、含胸等诸多不良体态，因此基本姿态训练是很有必要。

【经典名言】

相貌的美高于色泽的美，而秀雅合适的动作美，又高于相貌的美，这是美的精华。

——培根(英国)

## 一、头、颈部练习

头、颈部是人体最重要的组成部分,也是最能引人注意的人体部分。加强头颈部位的锻炼,可以收紧肌肉,减少脂肪的堆积,增强颈椎间韧带的弹性,提高头颈的灵活性,促进脑部的血液循环,并可预防颈部骨质增生疾病的发生。

表5-1 头、颈部动作训练要领

| 动作名称 | 预备姿势 | 动作过程 |
| --- | --- | --- |
| 头颈前后屈 | 开立,两手叉腰 | 低头,下颌触胸骨,还原。头尽量后仰,眼望天,还原。 |
| 头颈侧屈 | 开立,两手叉腰 | 头向左(右)侧倒,耳朵尽量触肩。 |
| 头颈侧转 | 开立,两手叉腰 | 头向左(右)侧转动。 |
| 头颈环绕 | 开立,两手叉腰 | 以颈为轴,头分别以顺时针和逆时针环绕。 |
| 头颈伸缩 | 开立,两手叉腰 | 下唇盖住上唇,下颌稍抬,颈前伸,挺胸,稍停。然后双唇紧闭,颈后缩,含胸。 |

进行如表5-1动作练习时,注意头部放松,充分伸展,速度均匀缓慢,要有一定的控制感。

## 二、上肢训练

上肢包括肩与手臂。日常生活中手臂的肌肉、关节与肩关节经常处于活动状态,由于使用过度,所以容易老化,产生疲劳与僵硬,经常进行以下练习,可帮助增强肩关节及其韧带的灵活柔韧,会使手指灵活、柔韧,手臂变得丰满匀称而有力。

表5-2 上肢训练动作要领

| 训练部位 | 动作名称 | 预备姿势 | 动作过程 |
| --- | --- | --- | --- |
| 肩部 | 提、沉肩 | 开立,两臂自然下垂于体侧 | 两肩同时往上提,感觉要去碰耳朵,头颈保持正直,做上下提压。亦可做左肩(右肩)向上提,同时右肩(左肩)向下沉,尽量往下压。两肩交替反复进行练习 |
| | 反手拉肩 | 开立,两手在身体后面互握(图5-2) | 上体尽力往前屈,两腿伸直,重心在脚掌上,两手在体后尽力往上拉(图5-3),稍停后上体直立,两手落下成预备姿势 |
| | 绕肩 | 开立,两手叉腰 | 以肩关节为轴,向前或向后做环绕动作 |
| | 旋肩 | 开立,两臂侧举 | 左手心向前、上、后扭转,同时右手心向后、上扭转。接着,左手心向前、下、后扭转,同时右手心向后、下、前扭转。反复进行旋扭练习 |

续表

| 训练部位 | 动作名称 | 预备姿势 | 动作过程 |
|---|---|---|---|
| 肩部 | 压肩 | 开立,上体前屈,两臂伸直,两手扶在支撑物上,与肩同宽(图5-4) | 动作过程:手、脚的位置不动,上体尽量往下压,塌腰,抬头,稍停(图5-5) |
| 手臂 | 拳、掌练习 | 开立,两臂前举 | 两手紧握拳,拇指在外,稍停。然后五指突然用力伸直,充分张开,两臂可换至侧举、上举 |
| | 手指屈伸 | 开立,两臂屈肘抬起至腰侧间 | 两手五指张开,先由大拇指开始依次屈伸成握拳式,接着由小拇指开始依次张开 |
| | 压腕推手 | 开立,两臂屈肘于胸前,手心向内,十指交叉相握 | 手心反向前,用力向前推手压腕,手臂逐渐伸直,稍停;然后屈肘收臂,手心转向内,成预备姿势。接着继续进行手心反向下、反向上的下压腕、上推手的练习。每次推手压腕时,掌心要尽力往远推, 十指一直保持紧密交叉,不可放松 |
| | 臂屈伸 | 开立,两臂胸前屈,握拳,拳心相对 | 两臂前伸至前举,五指用力分开,掌心相对,同时向左顶髋,右腿屈膝内扣,稍停。还原成预备姿势。然后两臂向上、侧、下不同方向做屈伸动作 |
| | 臂摆动 | 直立 | 以肩为轴,两臂自然、柔和地向身体各方向做钟摆式运动,有向前、向后、一前一后、左、右的摆动 |

图 5-2

图 5-3

图 5-4

图 5-5

## 三、胸、腰腹部训练

借助器械练习胸部肌肉时,要注意胸大肌上、下、内、外侧肌肉的全面发展,它对连接肋骨、胸骨和脊柱有较好的作用。进行腰腹部健美锻炼,能减少腰腹部脂肪堆积,削减腰围,体态优美,同时还能增强腰腹部肌肉的力量,大大减少腰酸背痛等病状。女子可着重进行胸部肌肉练习,以促进乳房发育,使胸部丰满而有弹性,并防止乳房下垂。

表5-3 胸、腰腹部训练动作要领

| 训练部位 | 动作名称 | 预备姿势 | 动作过程 |
| --- | --- | --- | --- |
| 胸部 | 扩胸振臂 | 开立 | 两臂胸前平屈后拉,然后手心向上翻,用力向两侧打开成侧举,向后扩胸;接着,两臂向后经下、前至上举,用力往后振臂(图5-6) |
|  | 站立胸部练习 | 面对墙壁一步距离站立,两手撑墙壁 | 上体前倾,屈臂做类似俯卧撑的动作 |
|  | 跪撑胸部 | 跪撑(图5-7) | 含胸、低头、弓背,稍停;然后抬头挺胸塌腰(图5-7) |
|  | 俯卧贴胸 | 跪撑在垫上,弓腰、低头(图5-8) | 屈肘,塌腰,胸和下颌几乎贴近垫子向前移动,至伸直手臂抬头挺胸,两腿伸直成俯卧(图5-8) |
|  | 跪立挺胸 | 跪坐,上体前屈。两臂前伸扶地(图5-9) | 两臂经前举、上举,同时臀部离开脚跟,上体挺胸后仰,至手指尽量触地(图5-9) |
| 腰腹 | 体侧屈 | 开立,两手腹前交叉 | 上体尽量向左侧弯曲,下压,同时两臂向侧拉开至左臂侧举,右臂侧屈,稍停;然后上体直立,还原预备姿势,再以同样的做法向右侧做 |
|  | 拧腰 | 开立,两手叉腰 | 两脚不动,以腰脊柱为转动轴,向左侧扭转至极限,然后缓缓转回,还原预备姿势。再以同样的做法向右侧拧腰 |
|  | 弯腰 | 背对墙一步距离开立,两臂上举 | 抬头挺胸,上体后仰,两手扶墙逐渐下移至极限,然后缓缓起立,还原至预备姿势。接着上体往前弯曲、下压,两手尽量触地,注意膝关节不得弯曲 |
|  | 腰绕环 | 开立,两臂侧举 | 上体前屈,两臂前伸,以腰为轴心,上体向左绕一周,两臂始终保持上举位置,随着身体移动,注意腰要在一个平面上连贯而均匀地环绕,速度不宜太快,呼吸自然,不能憋气,也可反方向做 |
|  | 仰卧举踢腿 | 直体仰卧,臂上举 | 右腿以足尖发力,收腹举腿至最大限度,稍停;然后有控制地慢慢落下,还原预备姿势。以同样方法换腿进行。也可以并腿举踢(图5-10) |
|  | 仰卧起坐 | 直体仰卧,踝部固定,臂上举 | 两臂前举,同时用力收腹,上体快速抬起前屈 |

第五章　形体训练——匀称健美

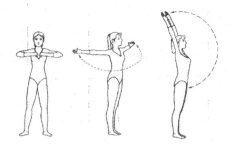

图 5-6

图 5-7

图 5-8

图 5-9

图 5-10

## 四、髋、臀及下肢训练

髋部是人体中最大关节，提高其部位的灵活性，就能增强肌肉力量，可以匀称体型，使之更富于人体的曲线美。臀部也是容易沉积体内多余脂肪的部位，由于臀部皮下脂肪堆积，肌肉松弛无力，使臀部下垂，缺乏性感。以下练习，能使臀部肌肉结实。腿脚是终日支撑人体的主要体位，加强下肢的锻炼，减少腿部皮下脂肪，使下肢健壮、匀称、腿部修长，线条柔和而富有活力。

表 5-4　髋、臀及下肢训练动作要领

| 训练部位 | 动作名称 | 预备姿势 | 动作过程 |
| --- | --- | --- | --- |
| 髋部 | 顶髋 | 开立，两手叉腰 | 髋关节做急速的水平移动，有左顶、右顶、后顶、前顶四个方向 |
| | 提髋 | 开立 | 两手握拳，屈肘于体侧，髋关节急速向一侧上提：左提、右提 |
| | 绕髋和髋绕环 | 开立，两手叉腰 | 髋关节向左(右)做弧形、圆形移动 |
| 臀部 | 仰卧挺身 | 仰卧，两腿分开，屈膝，两脚踩地，两臂置于体侧，手心向下 | 肩背和两脚用力压地，臀部收紧往上抬，髋和腰腹向上顶，使身体挺身离地，稍停；然后缓慢将臀部和上体放下，还原成预备姿势。挺身、提臀时吸气，慢慢放下时呼气 |
| | 俯卧抬腿 | 直体俯卧，两臂屈肘于肩前，头枕在小臂上 | 左腿不动，右腿直膝离地向后上抬起，臀肌充分收缩，稍停；然后缓缓落下，还原成预备姿势。换左腿做同样动作。此动作亦可两腿同时抬起，同时落下，效果更好，但难度较大 |
| | 跪坐起 | 两腿稍分，屈膝跪地，臀部坐在小腿上，两臂自然下垂于体侧 | 上体保持正直，两臂前摆至前举，臀部用力往上提，内夹紧离开小腿，挺胸立腰，稍停；然后臀部缓缓往下坐成预备姿势 |
| | 跪撑后踢腿 | 两手与肩同宽于体前撑地，屈膝跪地(图 5-11) | 含胸低头，右膝提起近胸(图 5-11)，接着右腿向后上方伸直用力踢起，同时抬头挺胸塌腰(图 5-12)；然后右腿下落，屈膝近胸，继续做数次，再以同样方法换腿做同样动作 |
| | 俯卧反扳腿 | 直体俯卧，右小腿向后上方弯起，左手往后抓住右脚踝，右臂屈肘扶地，头枕在右小臂上(图 5-12) | 左手用力均匀，缓慢地将右腿向上扳起，致使小腹离开地面无法再向上抬为止，稍停(图 5-12)；然后轻轻将腿放下成预备姿势。再以同样方法换腿进行练习 |

续表

| 训练部位 | 动作名称 | 预备姿势 | 动作过程 |
|---|---|---|---|
| 臀部 | 俯卧后屈腿 | 直体俯卧,两臂屈肘于肩前,头枕在小臂上 | 两腿依次交替向后屈小腿,用脚跟尽量触击臀部 |
| 腿脚 | 弓步压腿 | 两脚前后一大步分开,前腿屈膝,后腿伸直,上体前倾,两手触地 | 髋关节做上下弹压动作。两腿交替做弓步压腿练习。也可进行侧弓步压腿 |
| | 原地高抬腿 | 直立,两手叉腰 | 上体保持正直,两腿依次交替屈膝上抬,小腿垂直向下,使大腿尽量高抬 |
| | 侧卧侧踢腿 | 身体左侧半卧,左臂屈肘于体侧撑地,右手体前撑地 | 右髋关节外旋屈膝尽量上抬,右髋关节外旋直腿,足尖发力,朝上快速踢起,然后有控制地轻轻落下 |
| 踝 | 起踵 | 身体直立,两手扶在固定物体上 | 最好两脚掌站在一块约10厘米厚的木板上做上下提踵练习 |
| | 踝关节的屈伸 | 坐撑 | 直腿坐撑,一脚用力绷直,另一脚尽力勾起,交替进行练习 |
| | 踝绕环 | 两腿伸直,脚趾向上 | 脚跟有支撑点,以踝关节为轴,先顺时针方向转动,再逆时针方向转动。两脚交替进行练习 |
| | 滚动步 | 左腿支撑,右腿屈膝向前约一步,脚尖点地,左臂前下举,右臂后下举(图5-13) | 上体保持正直,收腹立腰,提气向上提重心.左脚跟顶起立踵,重心移至右脚(图5-13),右脚柔和地由脚尖过渡到全脚落地(5-13),两臂随重心自然前后摆动 |

图 5-11

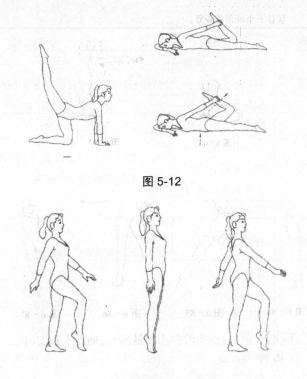

图 5-12

图 5-13

## 五、把杆练习

手扶把杆进行各种身体练习，便于掌握身体重心，减弱非练习部位的紧张，使力量集中在受练习的部位上，以提高练习的效果。通过扶把练习，不仅有助于发展和改善肢体的柔韧性，还可改变人体不正确的自然身体形态，培养正确而挺拔的姿态。

表 5-5 把杆练习动作要领

| 动作名称 | 预备姿势 | 动作过程 动作过程 |
| --- | --- | --- |
| 点步 | 内侧手轻扶在距体前约0.5米处的把杆上，肘部下垂，收腹，挺胸，外侧手叉腰直立(图5-14) | 内脚不动，外脚绷脚面向前伸出，脚尖点地，称前点步(图5-14)。侧点步、后点步动作相同，只是方向变化。上体应始终保持正直。前、后点步的脚面尽量向外，侧点步脚面向上 |
| 擦地 | 内侧手扶把，外侧手叉腰，直立(图5-14) | ①前擦——以脚跟领先发力，向前顶出膝盖伸直，腿部肌肉完全收紧，脚尖着地。收回时脚尖主动向主力腿靠拢(图5-15)。②侧擦——外侧脚向侧擦出后，脚跟往前顶，胯关节尽量打开。收回时膝盖保持伸直(图5-15)。③后擦——脚尖绷直向外先出，注意方向正，髋正，不塌腰，收回时，以脚跟带动收回(图5-15) |

| 动作名称 | 预备姿势 | 动作过程 |
|---|---|---|
| 蹲<br>(双腿屈伸) | 侧立扶把 | ①半蹲：下蹲时，上体保持正直，缓慢垂直下蹲，以不抬脚跟到最大限度为半蹲(图5-16)。②全蹲由半蹲继续下蹲，迫使脚跟抬起，臀部靠近脚跟为全蹲(图5-16)。起立时先落脚跟，再缓慢伸直腿。蹲和起的过程要有一种内在的对抗力，即下蹲时，有被迫下蹲的感觉，立起时有上顶的感觉，整个动作连贯，起伏均匀 |
| 踢腿 | 侧立扶把 | 在擦地的基础上，快速有力踢出停在离地面约30度的位置上，上体不能晃动，收回时也要经过擦地还原。有前踢、侧踢、后踢三种 |
| 弯腰 | 侧立扶把，外侧手臂上举，两脚分开 | ①前下腰：后背挺直，使上体拉长远伸，逐渐前屈，然后上体逐.渐抬起。②后下腰：先抬头，再由肩、胸、腰，依次向后弯腰，起来时髋、腰、胸、肩依次向上顶起，最后起头。③侧下腰：向内腰侧屈到最深度，不能挺腹撅臀出髋(图5-17)。下腰时呼吸要自然、均匀，不憋气，两腿伸直 |

图 5-14

图 5-15

图 5-16

图 5-17

## 六、基本步伐练习

进行基本步伐的练习,可以提高行进中身体的控制能力,增强下肢力量,使动作协调、灵活,并富有节奏感和表现力,还能培养规范、优雅的行姿。

表 5-6  基本步伐练习要领

| 动作名称 | 预备姿势 | 动作过程 |
| --- | --- | --- |
| 柔软步 | 直立,两手叉腰 | 右腿绷直,脚面向前下方伸出,随即柔软地从脚尖过渡到全脚掌着地,脚尖稍向外,重心移至前脚上。接着左脚向前下方伸出,交替行进。走步时,上体正直,眼平视 |
| 足尖步 | 起踵站立,两手叉腰 | 右腿直膝绷脚面,脚尖稍向外,向前下方伸出,由脚尖过渡到前脚掌着地,重心随之前移,两腿交替行进。要求起踵高,重心平稳,步幅比柔软步小。开始时可以一手扶墙进行练习,还可结合各种手臂动作练习 |
| 弹簧步 | 起踵站立,两臂自然下垂 | 右腿直膝绷脚面,脚尖稍向外,向前一步,由前脚掌柔和而有控制地过渡到全脚掌落地,随之稍屈膝,左腿在后自然弯曲;接着右腿膝、踝关节依次伸直起踵,同时左腿伸直向前一步,交替行进,两臂在体侧、前、后自然摆动。整个动作柔和、连贯,富有弹性 |
| 变换步 | 直立,两臂侧举 | 右脚开始向前做一个柔软步,随之左脚并于右脚旁。接着右脚再向前做一个柔软步成右腿支撑站立,左腿伸直,左脚面向外后点地。然后左脚向前,轮番进行。熟练后可以配合手臂动作,提高难度练习 |

# 第三节　健身运动与形体训练

健身运动包括跑步、负荷练习、健美操、体育舞蹈等项目，练习的负荷一般以中、小强度和多次数的有氧代谢为主，目的在于全面增进身体健康，陶冶情操，改善形体，集中地表现了人体的健、力、美。

## 一、健美运动与健美操

健美运动是一项通过徒手和各种器械，运用专门的动作方式和方法进行锻炼，以发达肌肉、增长体力、改善形体和陶冶情操为目的的运动项目。健美操则是一项以力量和自然性徒手动作为基础，融体操、舞蹈为一体，并经过艺术再创造的健与美的运动。健美运动与健美操既可以作为表演活动的内容，也可以作为竞赛活动的内容。

### (一)健美运动

健美运动是举重运动的一个分支，也是一个独立的竞赛项目，它有自己的竞赛动作，世界锦标赛和国际组织(国际健身联合会(IFBB)1949 年成立)。健美运动不仅包括以比赛为目的的竞技健美，也包括以减肥或改善体形体态为目的的群众性健美操活动，动作方式多种多样，有徒手和自抗力动作，也有利用轻重器械做的各种动作。

**1. 健美器械锻炼的方法**

利用轻重器械所进行的健美运动多属于竞技类健美。目前市场上用于发达肌肉和增强体力的健身器械，种类颇多，其中不少是根据特殊健身练习的要求而设计的。日常锻炼中运用较多的主要是杠铃、哑铃、握力器和卧推凳架。

(1) 动力锻炼法。又名等张锻炼法，其特点是人体在运动中，通过肌肉的收缩与放松来克服阻力，从而达到发展肌肉力量的目的。例如，锻炼肱二头肌时的反握弯举，锻炼股四头肌的深蹲。

(2) 静力锻炼法。又名等长锻炼法，它与动力锻炼法相反，即锻炼者在做动作时，身体某一部位在一定时间内不发生位移而保持静止用力，使参加活动的肌肉群处于持续紧张状态。例如，锻炼者双手反握杠铃弯举至腹前，使上臂与前臂呈 90 度，保持此姿势 6~8 秒，并使肱二头肌极力紧张，6~8 秒后，再循原路线放下杠铃。静力锻炼法由于肌肉在一定时间内处于静止状态和姿态，产生的代谢废物不易排除，会引起大脑疲劳和动作迟钝。因此，在健身健美锻炼时，静力锻炼最好不要超过锻炼量的五分之一，如果和动力训练相结合，效果会更佳。

(3) 循环练习法。练习时，将锻炼身体不同部位的动作按一定秩序编排好，并把做各种动作所用的器械也按一定程序放置好。锻炼者按编排好的程序练完一项，休息 30 秒，再练下一项，练完所有的动作即为一个循环。每项动作以做 10~15 次为宜，一个循环完成后，休息 2~3 分钟，再练习一个循环。循环练习法不单调，有趣味，肌肉局部负担量不重，不易疲劳，适合初练者采用。

(4) 固定重量练习法。固定重量练习法较枯燥，局部肌肉极度酸胀，是增大肌肉体积的有效方法。练习时，所用器械重量不变，但器械重量不可太轻。选用杠铃或哑铃的重量以只能做 4~5 次为宜。练完一组，休息 10~15 秒，然后再练一组，直至每组只能做 1~2 次。休息 30 秒后练另一动作。

(5) 金字塔式练习法。锻炼时，每一动作所采用的重量是由轻到重，再由重到轻的练习方法。可较快地增长肌肉力量和肌肉体积，肌肉的局部负担量较重，适合具有一定训练水准的人采用。金字塔式练习法的原则是举的次数与杠铃重量成反比。杠铃份量重，举的次数相应减少；杠铃份量轻，举的次数相应增多。所举重量应因人而异，一般第三组所采用的重量，以本人竭尽全力能举起 8 次的重量为宜。

**2. 器械锻炼的指标**

为了达到健美的目的，健美运动需要有专门的训练方法。例如，采用举重等器械做各种动作时，在器械轻重、动作做法、次数、组数、速度等方面，就都有特殊的要求和安排。

(1) 动作数量与负荷。健身健美锻炼的目的是增强体质，使全身肌肉发达匀称。不论是用杠铃、哑铃、双杠、单杠或是用自身对抗力(如俯卧撑)做动作，每个动作都要求做到一定的数量，才能达到预期的效果。一般来说，发达肌肉最有效的次数是用合适的负荷做 8~12 次，最少不低于 6 次，最多不超过 15 次。增长肌肉力量最有效的次数是采用大负荷来做，但不超过 5 次。发展耐力和减少脂肪最有效的次数是用小负荷至少做 20 次以上。若要重点减少腰腹部脂肪，甚至可一直做到做不动为止。平时锻炼时，每组最多做 12 次。

(2) 锻炼组数。锻炼肌肉时，需要练够若干组动作，这样被刺激的肌肉才能呈现胀满紧张的状态，肌肉体积才能增大。一般在进行大肌肉群锻炼时，组数可多些；进行小肌肉群锻炼时，组数可少些。初锻炼者在头三个月内，每一动作锻炼的组数，一般不得少于 2 组，最多 3 组。以后每三个月根据肌肉和力量增长程度，应适当增加动作的锻炼组数。每次锻炼时，组与组之间的休息时间，一般为 40 秒左右。若进行较大负荷大强度练习时，组与组之间的休息时间，最多不超过 1.5 分钟。若休息时间过长，会影响锻炼效果。练习场所的温度以 10—20℃为宜，否则可能出现伤害事故。

(3) 动作质量。动作质量是指完成动作的准确性和练习方法的适宜性，直接关系到锻炼的效果。动作的准确性是指动作姿势正确，富有节奏感，锻炼时一定要按照要求做动作，当肌肉收缩时，要尽力使肌肉收缩；放松时，应充分放松，这样才能达到事半功倍的效果。练习方法的适宜性应因人而异。

(4) 锻炼时间。一般人的体力在一天中的最佳时间是 15 时至 20 时。健身锻炼在饭后一小时内和睡前一小时内不宜锻炼。因为饭后胃部消化食物需要大量血液，如果在饭后一小时内锻炼，则大量血液流向肌肉，使供应胃部的血液减少，影响消化。而睡前锻炼，会因大脑皮层兴奋而影响睡眠。初锻炼者每周以锻炼 3 次(即隔日锻炼)、每次安排 1 小时左右为宜。

(5) 运动量。运动量的大小也要因人而定。运动量是否合适，一般可通过锻炼后的自我感觉来检查。锻炼时，局部肌肉有酸胀发热感；锻炼结束后，身体略感疲劳，但精神不疲倦；第二天局部肌肉有酸痛或饱胀感，但精力仍很充沛，这证明运动量是合适的。若出现睡眠、食欲不佳、身体持续疲劳等状况，说明运动量过度了。应减小运动量，甚至暂停锻炼数天。

### 【阅读材料5-1】国际健美运动的发展

古代的健美观念以古希腊比较具有代表性。公元前8—6世纪，数以百计的古希腊城邦国家把战争作为攫取财富的重要途径，于是身体强壮、身手矫健和耐久的战士成了人们崇拜的对象。古希腊人认为：健美的人体是呼吸宽畅的胸部，灵活而强壮的脖子，虎背熊腰的躯干和块块隆起的肌肉。古希腊人主要是通过体育运动来塑造和培养健美人物的，跳跃、拳击、奔跑、投枪、掷铁饼，四年一届的古代奥林匹克运动会等场所。在艺术上如绘画和雕塑，则塑造健、力、美三结合的人体。著名的《掷铁饼者》雕塑，就是这一时期的健美代表作，那灵活跳动的肌肉，充满了生命的活力。

公元130—200年，古罗马医生盖伦倡导健身运动。将运动分为臂部、躯干和腿部运动，列举一些运动项目。到了18世纪，德国著名体育活动家艾泽伦开设了培训体育师资的课程，创造了哑铃、环等运动，主要追求力量的增长。

出生于1868年的山道是健美运动的创始人。山道在实践中摸索出一整套锻炼肌肉的方法，并到世界地表演各种健美技艺和力的技巧。山道还开设体育学校，创立健身函授班，向世界各地的健美爱好者传授健身训练方法。山道于1901年组织了世界首次健美大力士的比赛，晚年创办了世界第所健美运动学校，并著有《体力养成法》等著作。

20世纪初期，健美运动在英美等国得到了广泛的开展，《体育》、《肌肉发达法》等健身杂志和专著相继出版。1946年，加拿大人本·韦特和裘·韦特兄弟一道发起创建国际健美协会，制订了健美比赛的国际规则，并开始举行正式的国际业余健美锦标赛。该组织目前已举行了43届健美锦标赛，拥有133个会员国(含地区)。在1987年4月也正式举行了首届健美操邀请赛。

## (二)健美操

健美操既区别于体操又区别于舞蹈。与体操相比它没有体操动作的呆板、机械，趋于自然。与舞蹈相比失去抒情柔软，而趋于强劲有力。健美操动作简单易行，身体活动范围较广，动作持续时间较长，练习密度较大，并伴有浓厚的情感色彩，锻炼效果更强。

### 1. 健美操的特点

健美操是以人体美为目标，以身体练习为内容，以艺术再创造为手段，融体操、舞蹈为一体，根据人体结构，严格地按照全面协调发展身体的要求，组编成操。一套操的核心是由形体的、动作的、节奏的、情绪的、技能的组成健美形象。

(1) 动作美是核心。健美操以操为主线，以操的锻炼形式追求健美、表达健美，它用韵表现时间的美，用线条造型表演空间的美，用人的躯体产生时间和空间的美。健美操所表现的力即力度、力量和活力。健美操的肌肉力量，不论是短促的力量(刚性的)，延续力量(柔性的)还是瞬间的控制力量(寸劲的)都展现出较高的力度感，充满生命的活力。

(2) 音乐美是必要条件。健美操的特点和风格是通过音乐的协调配合而表现出来的，音乐的物质媒介是人所创造的特有的音响(声音)为表达手段，它可以用短暂的时间，激发练习者的情绪，并使其在练习过程中获得乐趣。在音乐的伴奏下做动作才能培养练习者的节奏感和韵律感。音乐是健美操的灵魂，音乐使健美操扩大了表现空间。

(3) 精神美是灵魂。健美操是体育与艺术相结合产物，是一种具有整体性效应的体育手段，既是人外在美的锻炼，又有内在美的培养，身美与心美紧密结合起来。

(4) 人体美是本质。健美操是按照美的规律塑造自身体态(自我)，同时也按照美的规律来编排创造人体动作和表演动作。人体是健美操美的物质基础，它是以人体动作、姿态、情绪、机能为主要手段。创编者、创编工具、创编成果三者都是人本身。

**2. 健美操的结构**

成套动作通常规律是，由远离心脏部位开始到逐渐接近心脏部位，再进行全身，跳跃及整理运动。编排健美操成套动作时，必须遵循人体运动的生理规律，运动负荷应由小到大，心率变化由低到高，波浪形地逐渐上升，然后逐渐恢复到平静状态。动作的编排应由易到难，速度由慢到快，强度由弱到强。

(1) 准备部分。可以做一些伸展柔和、速度缓慢、幅度小的动作，一般为2～3节。有头、颈、肩、上肢等部位的动作。为进入主体阶段做好身体和精神上的准备。

(2) 主体部分。按身体各部位顺序进行练习。可以由单个动作逐步过渡到多关节和多部位的全身运动及跳跃运动。运动的速度逐渐加快，运动量也随之增大。增强主体部位肌肉群的力量和关节的灵活性，更能提高呼吸系统和血液循环系统的功能，一般为5～8节。

健美操基本动作可分为七个部位的动作，即头颈、肩、胸、躯干、髋部动作，以及上、下肢动作。健美操基本动作主要是有氧操基本动作。有氧操基本动作是由基本步伐和上肢动作两部分所组成的，其中基本步伐是组成动作组合的最小单位，在基本步伐的基础上进行变化，从而形成一个相对复杂的动作组合。

(3) 结束部分。用于放松、整理，通常为1～2节。动作幅度逐渐减小，速度放慢，四肢动作柔和放松，使身体逐步恢复到正常状态。

# 二、体育舞蹈

体育舞蹈也称"国际标准交谊舞"，是以男女为伴的一种步行式双人舞竞赛项目，分摩登舞、拉丁舞。每个舞种均有各自舞曲、舞步及风格，根据各舞种的乐曲和动作要求，组编成各自的成套动作。体育舞蹈的音乐不超过4分30秒。比赛按音乐节奏配合、身体基本姿势、舞蹈动作、旋律的掌握以及对音乐的理解、舞步等方面评定运动员的成绩。体育舞蹈融艺术、体育、音乐、舞蹈于一体，被人们称为健与美结合的典范。

**小贴士**

19世纪20年代后，英国皇家舞蹈教师协会对原舞种、舞步、舞姿等进行规范整理，制定比赛方法。1947年在德国柏林举行第一届世界标准交谊舞锦标赛。

## (一)摩登舞(modern)

摩登舞包括华尔兹、维也纳华尔兹、探戈、狐步和快步舞,又译"现代舞",体育舞蹈项群之一。摩登舞特点是由贴身握抱的姿势开始,沿着舞程线逆时针方向绕场行进。步法规范严谨,上体和胯部保持相对稳定挺拔,完成各种前进、后退、横向、旋转、造型等舞步动作,具有端庄典雅的绅士风度和淑女风范。音乐曲调大多抒情优美,旋律感强。服饰雍容华贵,一般男着燕尾服,女着过膝蓬松长裙。

### 1. 维也纳华尔兹(Viennese waltz)

用 V 表示,也称"快三步"。舞曲旋律流畅华丽,节奏轻松明快,为 3/4 拍节奏,每分钟 56~60 小节,每小节为三拍,第一拍为重拍,第四拍为次重拍。基本步伐是六拍走六步,二小节为一循环,第一小节为一次起伏。基本动作是左右快速旋转步,完成反身、倾斜、摆荡、升降等技巧。舞步平稳轻快,翻跹回旋,热烈奔放。舞姿高雅庄重。

**小贴士**

维也纳华尔兹源于奥地利的一种农民舞蹈,由男女成对扶腰搭肩共同围成一个圆圈而舞,故被称为"圆舞"。著名的约翰·施特劳斯为华尔兹谱写了许多著名的圆舞曲。

### 2. 华尔兹舞(Waltz)

用 W 表示,也称"慢三步",是维也纳华尔兹(快三步)的变化舞种。19 世纪中叶,维也纳华尔兹传到美国,当时美国崇尚舒缓、优美的舞蹈和音乐,于是将快节奏的维也纳华尔兹逐渐改变成悠扬而缓慢、有抒发性旋律的慢华尔兹舞曲,舞蹈也改变成连贯滑动的慢速步型,即今之华尔兹舞。华尔兹舞舞曲旋律优美抒情,节奏为 3/4 的中慢板,每分钟 28~30 小节。每小节三拍为一组舞步,每拍一步,第一拍为重拍,三步一起伏循环。通过膝、踝、足底、跟掌趾的动作,结合身体的升降、倾斜、摆荡,带动舞步移动,使舞步起伏连绵,舞姿华丽典雅。

### 3. 探戈舞(Tango)

用 T 表示,源于阿根廷民间,20 世纪传入欧洲上层社会,后流行于世界各地。2/4 拍节奏,每分钟 30~34 小节。每小节二拍,第一拍为重拍。舞步有快步和慢步,快步(quick)占半拍,用 Q 表示;慢步(slow)占一拍,用 S 表示。基本节奏是慢、慢、快、快、慢(S、S、Q、Q、S)。舞曲节奏带有停顿并强调切分音;舞步顿挫有力,潇洒豪放;身体无起伏、无升降、无旋转;表情严肃,有左顾右盼的头部闪动动作。

### 4. 狐步舞(Foxtrot)

也称"福克斯",用 F 表示。20 世纪起源于欧美,据传系模仿狐狸走路的习性创作而成。舞曲抒情流畅,节奏为 4/4 拍,每分钟 28~30 小节,每小节为四拍,第一拍为重拍,第三拍为次重拍。基本步伐是四拍走三步,每四拍为一循环。分快、慢步,第一步为慢步(S),占二拍;第二、三步为快步(Q),各占一拍。基本节奏为慢、快、快(S、Q、Q)。以足踝、足底、掌趾的动作,完成升降起伏,注重反身、肩引导和倾斜技术。舞步流畅平滑，步幅宽大，舞态优雅从容飘逸，似行云流水。

### 5. 快步舞(Quick Step)

用 Q 表示。起源于美国，20 世纪流行于欧美和全球。舞曲明亮欢快，舞步轻快灵活，跳跃感强，是体育舞蹈中一种轻快欢乐的舞蹈。节奏为 4/4 拍，每分钟 50~52 小节。每小节四拍，第一拍为重拍，第三拍为次重拍。舞步分快步和慢步。快步用 Q 表示，时值为一拍；慢步用 S 表示，时值为二拍。基本节奏是慢、慢、快、快、慢。舞步组合有跳步、荡腿、滑步等动作。

## (二)拉丁舞(Latin)

拉丁舞包括伦巴、恰恰、桑巴、牛仔和斗牛舞，特点是舞伴之间可贴身，可分离，各自在固定范围内辐射式地变换方向角度，展现舞姿。步法灵活多变，各舞种通过对胯部及身体摆动不同的技术要求，完成各种舞步，表现各种风格。舞姿妩媚潇洒，婀娜多姿。风格生动活泼，热情奔放。曲调缠绵浪漫，活泼热烈，节奏感强。着装浪漫洒脱，男着上短下长的紧身或宽松装，女着紧身短裙，显露女性曲线的美。

### 1. 伦巴舞(Rumba)

用 R 表示。伦巴起源于古巴，是一种一向为人们所喜欢的舞步，享有"拉丁舞之灵魂"的美誉。音乐节奏为 4/4 拍，重音在第一和第三拍，每分钟 27~29 小节。每小节四拍。乐曲旋律的特点是强拍落在每小节的第四拍。舞步从第 4 拍起跳，由一个慢步和两个快步组成。四拍走三步，慢步占二拍(第 4 拍和下一小节的第一拍)，快步各占一拍(第二拍和第三拍)。胯部摆动三次。胯部动作是由控制重心的一脚向另一脚移动而形成向两侧作"∞"型摆动。具有舒展优美，婀娜多姿，柔媚抒情的风格。

### 2. 恰恰舞(Cha-cha-cha)

用 C 表示。源于非洲，后传入拉丁美洲，在古巴得到发展。节奏为 4/4 拍，每分钟 30~32 小节。每小节四拍，强拍落在第一拍。四拍走五步，包括两个慢步和三个快步。第一步踏在第二拍，时间值占一拍；第二步占一拍；第三、四两步各占半拍；第五步占一拍，踏在舞曲的第一拍上。胯部每小节向两侧摆动六次。舞曲热情奔放，舞步花哨利落步频较快，诙谐风趣。

### 3. 桑巴舞(Samba)

用 S 表示。源于巴西，是巴西一年一度狂欢节的舞蹈。舞曲欢快热烈，节奏为 2/4 拍或 4/4 拍，每分钟 52~54 小节。强拍落在每小节的第二拍或第四拍。每小节完成一个基本舞步。舞步在全脚掌踏地和半脚掌垫步之间交替完成，通过膝盖上下屈伸弹动，使全身前后摇摆，并沿着舞程线绕场行进，属"游走型"舞蹈。特点是流动性大，动律感强，步法摇曳紧凑，风格热烈奔放。

### 4. 斗牛舞(Paisobopli)

用 P 表示。音乐为旋律高昂雄壮、鲜明有力的西班牙进行曲。节奏为 2/4 拍，每分钟 60~62 小节。一拍一步，八拍一循环，特点是舞步流动大，沿着舞程线绕场行进，属于"游走型"舞蹈。舞姿挺拔，无胯部动作及过分膝盖屈伸。用踝关节和脚掌平踏地面完成舞步。动静鲜明，力度感强，发力迅速，收步敏捷顿挫。

**小贴士**

斗牛舞源于法国，盛行于西班牙，系据西班牙斗牛场面创作而成。男为斗牛士，气宇轩昂，刚劲威猛，女着红色斗篷，英姿飒爽，柔美多变。

### 5. 牛仔舞(Jive)

用 J 表示。牛仔舞源于美国，原是西部牛仔跳的踢踏舞，50 年代爵士乐的流行，加速和完善了这种舞蹈，但风格上还保持美国西部牛仔刚健、浪漫、豪爽的气派。旋律欢快，节奏为 4/4 拍，每分钟 42~44 小节、六拍跳八步。由基本舞步踏步、并合步，结合跳跃、旋转等动作组合而成。要求脚掌踏地，腰和胯部作钟摆式摆动，舞步敏捷跳跃，舞姿热情欢快。

**【阅读材料 5-2】拉丁舞的三要素**

(1) 灵魂。当舞步移动时，不是单纯只有脚步的移动，而是要以身体的动作来代领脚的移动，同时移动后的姿势应以身体由内而外不断的延伸。

(2) 性感。拉丁舞所表达出的肢体语言必须是性感的，大部分的舞种皆表现出二人互相吸引或互相欣赏的动作，因此在表现上应通过音乐的控制、脸部表情、眼神及身体动作来表达。

(3) 平衡。所有的平衡动作皆由身体中心向外发出，在连续旋转时，速度应由慢渐快再渐慢，重心在张开的双足之间，身体不可太前或太后，脚部的移动不可过大或过小，为了身体的平衡，应不断地练习找出适当的步位。

## 第四节　瑜伽

瑜伽一词原初的意思是驾驭牛马，也代表设想帮助达到最高目的的某些实践或是修炼。在古圣贤帕坦珈利所著的《瑜伽经》中，准确的定义为"对心作用的控制"。在印度，通过瑜伽将产生轮回的种子烧毁，心的主体被证悟，在最深沉的观想和静定状态下，唤醒内在沉睡的能量，得到最高开悟和最大愉悦。瑜伽修持秘要是理论和实践互相参证的法典，有一套从肉体到精神极其完备的修持方法。

### 一、瑜伽的修持方法

瑜伽的修持方法分八个阶段进行，其中第 1 和 2 阶段是思想基础，思想准备。第 3

和4阶段是肉体训练，通过各种姿势训练达到去病强身的目的。第5和6阶段进行初步静坐修持静功。最后二个阶段，是高层次修持，进行冥想、静定阶段。具体包括：

(1) 道德规范。这是瑜伽首先要求修持者遵守的道德规范，即道德首要，必须以德为指导，德为成功之母，德为功之源。瑜伽道德基本内容：非暴力、真实、不偷盗、节欲、无欲。

(2) 自身的内外净化。外净化为端正行为习惯，努力美化周围环境，内净化为根绝六种恶习：欲望、愤怒、贪欲、狂乱、迷恋、恶意、嫉妒。

(3) 体位法。姿势锻炼，提高身体素质和精神素质，净化身心，保护身心，治疗身心，使肉体、精神平衡。体位法种类不可胜数，分别对肌肉、消化器官、腺体、神经系统和肉体的其他组织起良好作用。

(4) 呼吸法。指有意识的延长吸气、屏气、呼气的时间。吸气是接受宇宙能量的动作，屏气是使宇宙能量活化，呼气是去除一切思考和情感，同时排除体内废气、浊气，使身心得到安定。

(5) 控制精神感觉。精神在任何时候都处于两个相反的矛盾活动中，欲望和感情相纠缠，其次是同自我相联系的活动。控制精神感觉，就是抑制欲望使感情平和下来。

(6) 意识集中。集中意识于一点或一件事，从而使精神安定平静。

(7) 冥想、静定。进入冥想、静定状态。通过实际体验去加以理解。

(8) "忘我"。修持者进入"忘我"状态，即意识不到自己的肉体在呼吸、自我精神和智性的存在。已进入了无限广阔的宁静世界。

## 二、瑜伽调息法

瑜伽调息法是用来洁净身体的瑜伽呼吸练习。呼吸是人最重要的机能。瑜伽认为，人的呼吸量是有一定限度的，缓慢绵长的呼吸是长寿的关键，正如鹤与龟以缓慢温和的长息呼吸法而长寿。呼吸照观的瑜伽修习方法是最简单也是最深奥的方法，是一切修养的基础。

**【经典名言】**

正如瑜伽所言：改变你的呼吸，就改变了你的身体；改变你的呼吸，就改变了你的心灵；改变你的呼吸，就改变了你的命运。

**1. 瑜伽呼吸法**

调整呼吸，通过肺吸入充足的宇宙能量供给身体，可促进心脏血液循环，并且通过血流将能量送至身体的各部，增强了抗病能力。同时，呼吸照观的瑜伽修习方法使你的注意力集中从而具备深刻的洞察力，这种洞察力能帮助你化解生活中的痛苦和烦恼，了解生命的真相，使心灵也变得更清澈。

1) 腹式呼吸

腹式呼吸是横隔膜向下降的运动，横隔膜呼吸不同于浅短的呼吸，能使宇宙能量充满整个肺部，供应身体充足的氧气。横隔膜呼吸将体内的废气、浊气、二氧化碳呼出体外。横隔膜上下移动，犹如温和的按摩，促进脏腑的血液循环，增强其机能。

可取随意的姿势，仰卧、静坐、站立均可。卧或站双脚适度分开，双眼轻闭，一手置于胸部，另一手置于腹部上方。以便感觉横隔膜以及腹肌的活动。然后以鼻腔缓慢、细长的吸气和呼气，不可出声振动或停息。然后加大正常呼吸的过程，当呼气时，尽量把气吐尽，分多次吐，然后有意使腹肌向内瘪，并温和地收缩肺部，将气呼出。吸气时，把空气直吸向腹部；吸气越深，腹部升起越高，随着腹部扩张，横膈膜就向下降。这种呼吸是借助横隔膜的收缩和下压形成吸气动作。每天练习 3～5 次，每天 3～5 分钟。

2) 胸式呼吸

仰卧或伸直背坐着，深深吸气，但不要让腹部扩张；代替腹部扩张的是把空气直接吸入胸部区域。在胸式呼吸中，胸部区域扩张，腹部应保持平坦。然后，当吸气越深时，腹部向内朝脊柱方向收入；吸气时，肋骨是向外和向上扩张的，接着呼气，肋骨向下并向内收。

3) 完全呼吸

即把以上两种呼吸结合起来完成的一种自然的呼吸方式。略加练习后，这种呼吸方法就会在全部日常的练习和生活中自动地进行。

伽趺而坐，臀部略微垫高六公分左右，保持身躯端直而且心念清明警觉。两手舒适地放在膝上，两眼自然闭或微开一线，凝视鼻端。把心意专注于你的呼吸。具体方法是：照平时一样的一呼一吸，丝毫不要用力，只是将心意集中在这呼出、吸入上，保持对呼吸的警觉，心中须明了知道这些是深呼吸，这些是浅呼吸，对呼吸的动作变化无不了然于心。忘掉你周围的环境以及其他一切事物，不可抬眼视物或东张西望。

**小贴士**

普通人每分钟呼吸 15～16 次，坐禅中呼吸达到 5～6 次，修持得法每分钟 1～2 次。坚持不停地练习，每天早晚各一次，每次十五分钟到三十分钟。慢慢你的心就会集中到呼吸上了。进而深入练习，你就会体验到一刹那的定境，充满了宁静、喜悦知睿智。

**2. 调息方法**

人的呼吸是可以控制和调整的。在瑜伽练习中，调息法对心身有很多益处。同时，练好呼吸调息法，也是为瑜伽的静思和冥想法做好了准备。

1) 风箱调息

把肺部当作铁匠的风箱那样使用，放松身体，舒适打坐，开始时呼吸应相当快速，但不要用力猛烈。用大拇指盖住右鼻处，做腹式呼吸；急速、有节奏、有力地连续吸气和呼气，让腹部扩张和收缩，做 20 次完整呼吸；然后，用大拇指盖住左鼻处，重复做腹式呼吸 20 次。这做完了一个回合，休息 1 分钟，再做第二个回合。

2) 圣光调息

舒适打坐，合上双眼，始终放松，不要使劲；像风箱式那样做腹呼吸，不同处是：使劲做呼的过程，吸气须慢慢自发地进行；每次呼气之后，只作一刹那的悬息，然后慢慢吸气；呼气 50 次后，再做最后 1 次呼气，尽量呼出肺部的空气。完成一个回合，再做 2～5 个回合。

3) 昏眩调息

舒适打坐，双眼闭合约百分九十，缓慢而深长地吸气；悬息由一数到三，做收颌收束法和凝视第三眼；非常缓慢而彻底地呼气，抬起头，吸气，重复练习此法 2～3 次。

4) 清凉调息

舒适打坐，背部伸直，双手放在膝上；张开嘴，把舌头伸出一点，卷成一条管子；通过舌头小管吸气，把舌头当作一条吸管，吸入空气；能听到和感到清凉的空气经过舌头，沿气管向下送；吸气应缓慢深长，吸满空气后，闭上嘴巴，悬息；把头向前放低，悬息数一到四之久，抬头，接着慢慢通过鼻孔呼出空气，最好用喉呼吸方式。这是一个回合，共做 25～50 个回合。

5) 经络调息

呼吸交替地通过左、右鼻孔进行调试，以平衡左经和右经中生命之气的流动。初级功法为：用大拇指闭住右鼻孔，通过左鼻孔吸气；接着，闭住左鼻孔，通过右鼻孔呼气；然后，又通过右鼻孔吸气，闭着它，通过左鼻孔呼气。这是一个回合，可做 25 个回合。高级功法是在吸气和呼气之间之后都要悬息：用左鼻吸气，悬息；用右鼻孔呼气，悬息；用右鼻吸气，悬息；用左鼻孔呼气，悬息。此为一个回合，可做 25 个回合。

## 三、瑜伽的静思与冥想

瑜伽中的静思与冥想是现代人可以利用和学习的一种与自我心灵对话的方式。冥想可以提高人集中精神、控制自身　意识以及调节身心的能力，从而帮助人们实现内心更为平静、祥和的状态，因此，冥想是真正意义上的"寻找自我，认识自我"的方式。有经验的瑜伽师说：冥想就像睡觉，它是自发的，你就是你自己的老师。

### 1. 训练法

也称为放松训练或松弛训练。有意识地控制自体心理生理活动、降低唤醒水平、改善机体紊乱功能的训练，可使精神得到放松。方法主要是通过瑜伽的调整姿态(调身)、呼吸(调息)、意念(调心)而达到松、静、自然的放松状态。

现代科学研究表明，瑜伽放松功使放松状态下的大脑皮层水平下降，交感神经系统的兴奋性下降，机体耗能减少，血氧饱和度增加，血红蛋白含量和携氧能力提高，消化机能提高，以及肌电、皮电、皮温等一系列促营养性反应，这对于调整机体功能、防病治病、延年益寿大有裨益，更能提高感知、记忆、思维、情绪、性格等心理素质。

### 2. 诱眠法

也称为放松催眠法或诱眠松弛法。施放松暗示指令，使受术者静卧微闭双眼，深沉吸气，慢慢呼气，精神安宁，注意呼吸节律；嘱全身放松，体验全身肌肉放松后的舒适感。

1) 意境法

称为意念放松法或想象放松法。如静卧后，自我意念想象，在心里出现了一幅幅美丽的图画，在这诗情画意中，心旷神怡，精神彻底放松解脱了。

2) 瑜伽语音冥想法

瑜伽语音冥想又称曼特拉(Mantra)冥想。梵语中"曼"(man)的意思是"心灵";"特拉"(tra)的意思是"引开去","曼特拉"即是能把人的心灵从其种种世俗的思想、忧虑、欲念、精神负担等等引离开去的一组特殊语音。

OM(ohm)是一种最古老、最常用也是最有效的 Niguna 语音冥想。OM 有时被写成 AUM,是最古老的梵音,也是一切语音冥想的根基。它表示"心灵迈向永远和平的历程"。印度瑜伽师们解释说:这个语音就像我们闭着嘴巴发"HOME"(家)的音,人们常常念诵这个语音就会有归属感。

选择一种自由的、轻松的坐姿,让身体慢慢放松下来,调整好呼吸。深深地吸气、吐气,同时唱诵或者念出这个语音,让"O"自然地从心底发出,然后慢慢转到"M"音上,让这个声音延长并通过整个身体和头部,让身心完全地放松。一般在刚开始时做 5 分钟"OM"语音冥想,以后增加到 10 分钟、20 分钟或者更长的时间。

**【阅读材料 5-3】瑜伽冥想"十二原则"**

(1) 选择一个专门的地方来练习,有助于你找到安宁感,易于进入瑜伽冥想的状态。

(2) 选择一个固定的时间——清晨和傍晚比较理想。

(3) 尽量不在冥想前进食,因为这会影响你集中精神的状态。

(4) 正确、稳定的坐姿是冥想成功的关键,选择一个你感觉很舒服、放松的姿势来练习,如果可以的话,用莲花坐的姿势。坐下来后,让背部、颈部和头部保持在同一条直线上,面向北面或者东面。

(5) 在冥想的过程中,保持身体温暖(天凉时你可以给身体围上毯子),引导你的意识保持平静。

(6) 让你的呼吸有规律地进行——先做 5 分钟的深呼吸,然后让呼吸平稳下来。

(7) 建立一个有节奏的呼吸结构——吸气 3 秒,然后呼气 3 秒。

(8) 当你的意识开始游离不定,不要太在意,也不要强迫自己安定下来。在非常纯净的冥想状态到来之前,不要强迫,让游离的状态继续自然地存在。

(9) 安静下来之后,让意识停留在一个固定的目标上面,可以在眉心或者心脏的位置。

(10) 利用你选择的冥想技巧进入冥想状态。

(11) 开始时试着每天做一次冥想,以后可以增加到每天两次。冥想的时间由 5 分钟慢慢增加到 20 分钟或者更长,但不要强迫自己长时间静坐。

(12) 经过一段时间的练习,游离的思想状态会慢慢消失,最终进入纯净三摩地(最高意识的知觉状态)。

## 四、瑜伽姿势

瑜伽姿势就是瑜伽体位法,梵文的字面意思是"安详、稳定的体态、姿势",它集呼吸、姿势和冥想为一体,三者缺一不可。

### 1. 半侧式

半侧式易于练习，其效果在腰部和腹部。它活动了身体腰部和腹部部位的器官和刺激内分泌腺。半侧式对于胰脏、肾脏、卵巢、睾丸有极大的益处。它还会治疗便秘、胃病、痔疮、脊柱疼痛、颈肌强直等等。每天两腿交替练习 4～10 遍，最多不要超过 10 遍。

1) 预备姿势

坐在地上，两腿向前伸直，相互平行。背部挺直，手掌放在地面，正常呼吸。

2) 联系步骤

(1) 一条腿伸直放在地面，另一条腿自膝盖部弯曲，缓缓向后移动。

(2) 将弯曲腿的脚跟移动至另一条伸直腿的膝盖与脚踝中间的位置。然后，把脚跟放到这条腿的外侧，并将脚跟紧贴伸直的腿。弯曲腿的膝盖向上。

(3) 将伸直腿一侧的手抬起，与伸直的腿平行。然后抓住弯曲腿脚跟与伸直腿相贴近的位置。用手臂反扣住弯曲腿的膝盖。如果手掌抓不住那条伸直的腿，那么，手指触到或放在中心点附近也可以。

(4) 抬起另一只手，把手掌放在腰部。拇指、食指向上卡住腰，再弯曲肘臂，使之与伸直的腿成为 90 度。此时，头、颈和背部应该向上伸直(挺直)。

(5) 慢慢呼气，同时在弯曲肘臂的带动下，扭转腰部、胸部、颈部和头部，扭转到你不需要费力就可以到达的程度。转体过程中，弯曲的臂肘转动 90 度，头和身体的上半部则要转动 180 度。

(6) 转体到最大程度，屏住呼吸，保持这个状态 10 秒钟。此时，你的脊柱应该保持正直向上，并且你的视线应该达到最远的距离，(如图 5-18)。

图 5-18

(7) 慢慢吸气，并徐徐转体恢复至预备姿势。

(8) 反扣的手臂松开，伸直腿，身体放松，手掌放在地上休息 10 秒钟。

(9) 休息后，按照步骤，用另一条腿重复练习。

### 2. 反弓式

反弓式可以活动(刺激)内分泌系统所有分泌腺，对于肾上腺、甲状腺、脑下垂体及性腺都有很好的影响。对于关节、脊柱、肺部、胸部和腹部疾病，也有疗效。他还能治疗胃病，增强消化功能，并且有减肥的作用。这个姿势对于妇女有特殊的益处，能够治疗月经不调和生殖器官的疾病。

1) 预备姿势

腹部贴地平躺,双臂在身体两侧伸直。一侧面颊贴地,两腿和脚踝并拢。正常呼吸。自膝盖处弯曲两腿,脚跟接近臀部。左右两手分别抓住同侧脚踝。如果两手难以碰到脚踝,可改为转抓住脚趾。然后牢牢抓住脚踝或是脚趾,两个膝盖和脚踝互相靠拢。一侧面颊贴地。

2) 练习步骤

(1) 缓慢而深长的吸气,屏住呼吸。

(2) 吸气结束时,头部抬起并伸直。

(3) 不需要停留很久,便开始向后拉动双腿。后拉时不要过急。做这个动作要注意缓慢、柔和。向后拉到力所能及的最大限度。这一动作可以使胸部、颈部和头部向上保持抬起。

(4) 目视天空,膝盖互相并拢贴着地面。注意,不要使膝盖离开地面。如果可能的话,踝骨可以并拢。屏住呼吸,保持上述姿势 10 秒钟(如图 5-19)。

图 5-19

(5) 呼气,与此同时,头和胸部向地面放下。

(6) 头部接触地面,用一侧面颊贴地。放开脚踝,使其慢慢地还原到地面。

(7) 休息 10 秒钟再次重复一遍这个姿势。

3) 注意事项

每天只做 3～9 遍。如果感到同时抓住脚踝非常困难,建议最初的数日只抓住一个脚踝进行练习。练习抓住单侧脚踝反弓式时,其呼吸、仰体、姿势停顿、复原等步骤,均与抓住两侧脚踝的做法相同。所不同的是,当一条腿弯曲向后牵拉时,另一条腿则应该贴着地面。

## 3. 平衡式

平衡式是一种活动人体主要关节的姿势,它能消除关节的僵直状态,使之柔韧,还能让患部组织血液循环正常,肌肉强健,消除关节的疼痛。这个姿势对膝盖、脚踝、肩关节、腕关节、手掌和手指各部位关节疾病,有很好的治疗作用。

1) 预备姿势

地上铺垫地毯或软物,身体站立,保持正直,目视前方,双手放在身体的两侧。始终保持正常呼吸。注意事项这个练习方法要求你必须用一条腿站立,这个动作并不是每个人都能很容易做到的,因此,凡是有困难的人,可以依靠柱子或是墙壁来做。

2) 练习步骤

(1) 右腿保持站立，左腿自膝盖出弯曲，上抬左脚跟贴靠到臀部。

(2) 左手抓住左脚脚趾，再用手掌将它拖住，让左脚跟触到臀部或靠近臀部。

(3) 向前伸直右手，手掌并拢，自下而上慢慢抬起，手臂抬起动作缓慢。

(4) 手高举到头，保持手臂平直，手掌面向前方；保持身体平直，保持的右腿平直，身体自上而下是在一条直线上(如图 5-20)。

(5) 保持这个姿势 10 秒，按照下列步骤恢复到预备姿势——抬起的手臂慢慢放下，手掌始终保持绷紧；然后放下左腿，落地。

(6) 休息 10 秒，换另一条腿练习。第一周，每天不要超过 4 遍，以后可以逐渐增加。

### 4. 祈阳式

祈阳式用一种温和的方式促使所有内分泌腺活动，由于这种体内活动的结果，胰腺、肾上腺、甲状腺、脑下垂体以及其他一些内分泌腺得到正常的运转。胃部、脊柱、肺部和胸部的疾病同样可以采用这个姿势进行治疗。由于练习这个姿势时候，血液循环逆向流动，因此可以使的面部组织、中枢神经系统以及身体上肢的所有器官产生活力。

1) 预备姿势

两腿叉开站立，两脚距离大约与肩膀同宽。双手自然垂放在身体两侧，头部垂直，正视前方。正常呼吸。

2) 练习步骤

(1) 缓缓吸气，双臂自身体两侧向外划弧形举向天空。手抬向顶部时，吸气完成，手掌转向前方，两臂平行；

(2) 呼气，身体上肢向前沿弧形向地面弯曲。向前曲身时，两手保持平行。当手触及地面时，停止呼气(如图 5-21)。

图 5-20

图 5-21

(3) 屏住呼吸，保持这个姿势 6～8 秒钟。注意身体上肢(腰部以上)自然放松，下肢(腰部和腰部以下)保持笔直，不可弯曲。头部也要屈向地面，位置始终处于两臂之间。双手放松下伸，伸至所能及得的高度，手掌可以放在地上或触及地面。

(4) 把双手放在小腿上，开始吸气并回复到原来站立的姿势。做这个动作时，手掌触及两腿，沿腿部从下而上，慢慢吸气，再恢复至站立的姿势。至此，吸气结束。

(5) 站立休息 5～6 秒，然后再重复练习相同的动作。休息时的姿势与预备的姿势相同。每天练习 4 遍，不得超过这个限制。

### 5. 胜利制气法(卧姿)

制气法主要是运用空气进行运动。空气中孕育着生命，同时还具有吸收、活化以及按摩的能力。进行制气法练习时，人体充分利用了空气的这个特点，它能结合外部的控制和调节，使人体内部净化、活化、强化。对于哮喘患者和呼吸问题的人来说，制气法能强健肺部和支气管，也可以改善人的情绪和放松身体。

1) 练习步骤

(1) 通过嘴将体内所有的气体持续并迅速的呼出。呼气的速度就像吹口哨一样。气体自嘴唇之间呼出，面部其他组织不动。(如图 5-22)身体要保持松弛。呼气时腹部收缩。当所有的气体排出后，马上开始做第二节练习。

图 5-22

(2) 用两个鼻孔慢慢吸气，不要过分急促。在保证毫不费力的前提下，尽量多的吸入空气，但不要吸的过量。同样要保持身体的放松，吸气时腹部胀起。

(3) 吸气结束时，屏住气，并作如下动作：两脚尖并拢并向前伸直，绷紧双腿。腹部逐渐向内收缩。两手伸开，整个身体肌肉绷紧到适中的程度。然后保持这个姿势。

初练一周时，这种姿势保持时间 3～5 秒，第二周或第三周后，可以增加到 5～10 秒。总之，屏气姿势的持续时间越长越好，但又要以身体感到舒适为原则。

(4) 姿势持续到所要求的时间后，按照第一节的方法，通过嘴呼气。气息平稳、不断而又有控制的呼出，不要过急。呼气时候，开始自上而下的放松身体各部位的肌肉。放松胸部，然后依次放松腹部、大腿、小腿和双手。当体内空气呼尽后，全身肌肉应该同时放松完毕。休息 5～6 秒，通过鼻孔吸气和呼气。休息后，按照上述方法重复一遍。

2) 注意事项

第一天练习时，做 3 遍。第二天为 4 遍，第三天为 5 遍。每次练习不要超过 5 遍。如果每天想做两次制气法，那么两次的间隔时间为 8 个小时。

# 本章小结

广义的形体训练认为，只要是有形体动作的训练就可以叫作形体训练，旅游工作者要时时处处注意自己的身体姿势和举止神情，讲究站立，就座，行走的基本姿势，在日常生活和工作中自然养成姿态的健美；通过发展人体肌肉群的锻炼，使人体的骨骼肌匀称发展，形成肌肉造型美肌肉健美；坚持进行面部以至全身皮肤的锻炼，包括按摩、擦身、适当的日光浴等方式，使皮肤红润、细腻、有光泽。

习题

1. 什么是形体？形体美的一般标准是什么？
2. 什么是健美运动？健美运动有何作用？
3. 健美器械锻炼的指标有哪些？
4. 什么是健美操？它有什么特点？
5. 体育舞蹈的价值体现在哪些方面？
6. 什么是瑜伽？瑜伽包括那些修持阶段？

## 实训项目

1. 按照书中介绍的方法，在教师指导下进行身体各部分的基础训练。
2. 在音乐伴奏下，进行形体美练习，包括把杆练习、步伐练习和舞蹈姿态组合练习。
3. 在教师指导下，按照书中的器械训练方法进行腰、腹、背肌锻炼。
4. 在教师指导下，进行健美操训练。
5. 把男女学生分组配对，在音乐的伴奏下，进行华尔兹舞训练。
6. 在老师带领下，进行瑜伽训练。

# 第六章　谈吐礼仪——表达真诚

**【本章导读】**

孔子说"言之不文，行之不远。"这句话的意思是指人的语言表达一定要符合一定的礼仪规范，否则会影响一个人的发展。谈吐礼仪最能准确地反映一个人礼仪修养水平的高低。"良言一句三春暖，恶语伤人六月寒"，正确的运用谈吐礼仪，真诚的表达内心想法，能够帮助人们在日常生活及社会交往中建立起和谐融洽的社会关系。

**【教学重点】**

通过理论知识的讲授、案例分析与实训，使学生掌握旅游职业语言的规范要求以及人际交往中的沟通技巧；了解谈吐规范与禁忌；学习表情语言的使用方法和技巧。

**【核心概念】**

旅游职业语言　敬语　寒暄语　赞美语　表情语　微笑　电话礼仪　书信礼仪　拒绝

# 第一节　旅游职业语言及要求

旅游从业人员在旅游接待与服务工作中，时刻与不同对象打交道，而语言是与不同对象沟通最常用的媒介。旅游职业语言的使用不仅体现出旅游从业人员良好的职业素养，还能提高沟通的效率和效果，更好地完成对游客服务。

【名人名言】

心诚色温，气和辞婉，必能动人。

——薛瑄(明代思想家、著名理学大师)

## 一、旅游职业语言的构成

旅游职业语言是指旅游从业人员在职业活动中经常使用的语言。一般来说，旅游职业语言主要由三大类型构成：敬语、寒暄语和赞美语。

### (一)敬语

敬语是指表示对对方的尊敬或尊重而使用的语言，主要在称呼对方时使用。在与人交往中使用敬语不仅是尊重他人的重要方式，同时也展示了说话者的风度与魅力，是构成个人高雅谈吐必不可少的部分。对于旅游从业人员来说，对客人使用敬语更是突显尊重客人的一项基本职业要求。

**1. 称呼客人时使用规范的称呼**

按照中国人的称呼习惯，对对方表示尊重和重视的称呼有以下几种方式：

(1) 按其行政级别称呼对方。如："某局长"、"某主任"、"某处长"等。而在一些政务场合，人们之间往往称呼"同志"，或者在同志前面加上对方的姓名，也有只加上对方的名的情况，比如，中央政治局的领导相互称呼：锦涛同志，家宝同志，等等，非常亲切，反映了交谈双方的深厚情谊。

(2) 按职位称呼对方。如："某经理"、"某主管"、"某总监"等。

(3) 不知其职务或职位的，按照国际惯例，男士称"姓＋先生"，女士称"姓＋小姐/女士"，也可以直呼先生，女士或小姐。旅游服务人员最好尽可能叫出对方的姓氏，会使宾客感到无比尊贵和加倍的亲切。

请注意在中国的某些城市，人们习惯称呼不熟悉或认识的人为"老师"或"师傅"，这只是一种礼貌的称呼，并不意味此人的职业是教师或者是说话人的师傅。如在与北京人交流时，他们左一个大哥右一个大爷地称呼着，显得非常亲热，这是北京人称呼上的习俗。

在涉外交往中，称呼对方应遵循国际通行的称呼习惯。

(1) 普通称呼。在涉外交往中，一般对男子均称某某先生，对女子均称某某夫人、女士或小姐；对不了解其婚姻情况的女子也可称作小姐或女士。对地位较高、年龄稍长的已婚女子称夫人。近年来，女士已逐渐成为对女性最常用的称呼。

外国人之间常常直接叫名字，以示亲切。但是，第一次见面，不是很熟悉，最好是称作 Mr.+姓。在旅游服务中，建议尽量不直呼客人姓名，以示对客人的尊重。

**【特别提示】**

"先生"这一称呼虽然在全球广泛使用，但在日本，"先生"一词只限于称呼教师、医生、年长者、上级或有特殊贡献的人，对身份高的女性也可称先生，如"中岛京子先生"。对一般人只能称"ＸＸ(姓)君"，如"北岛君"，若对其称"先生"会使他处于尴尬的境地。

(2) 特殊尊称。对于有学位、军衔、技术职称的人士，可以称呼其头衔。

对于地位较高的官方人士(一般指政府部长以上的高级官员)，按其国家情况可称"阁下"，如某某"总统阁下"、"主席阁下"、"部长阁下"等；对君主制的国家，按习惯对其国王、皇后可称为"陛下"；对其王子、公主或亲王可称为"殿下"；对其公、侯、伯、子、男等有爵位的人士，既可称呼其爵位，也可称呼"阁下"或者"先生"。但在美国、墨西哥、德国等国却没有称"阁下"的习惯，因此对这些国家的贵宾可称先生。

**【经典案例 6-1】"老外"有时并不"外"**[①]

一天，有位斯里兰卡客人下榻南京某饭店。前厅部开房员为之办理住店手续。由于确认客人身份，核对证件耽搁了一些时间，客人有些不耐烦。于是开房员便用中文向客人的陪同解释。言语中他随口以"老外"二字称呼客人，可巧这位陪同正是客人的妻子，结果引起客人极大地不满。事后，开房员虽然向客人表示了歉意，但客人仍表示不予谅解，因此，此事给酒店声誉带来了消极地影响。

**【案例点评】**这是一个典型的饭店员工不注意使用礼貌语言引起的对客纠纷，且责任全在这位开房员。究其根本，一是他缺乏对客的足够尊重，二是职业素质不高。他误认为外国客人不懂中文，就可以随便称其"老外"。一旦客人听懂你以不礼貌的语言称呼他，心里肯定不会愉快。在饭店服务中，使用礼貌用语是对服务人员的基本要求，每位员工在对客服务中都应做到语言优美、热忱待客，这样才能满足客人受尊重的心理，使客人满意。

**2. 对客人称"您"不称"你"**

在与客人交流过程中，提到对方的时候只能使用"您"，而绝不能使用"你"。"您"和"你"这两种称法，前者最好的体现了对客人的尊重，而后者太过随意，不能在旅游业对客服务中使用。旅游从业人员最常用的有："您好！"、"欢迎您"、"打扰您了"、"太谢谢您了"、"您辛苦了"等等。

需要称呼多人的时候也尽可能的不使用"你们"，而多使用"大家"或是"各位"，

---

① 张永宁. 饭店服务教学案例. 北京：中国旅游出版社，1999

首次称呼可以用"尊敬的客人们",总之要多使用正式礼貌的用语。

### 3. "请"和"谢谢"不离口

在对客服务过程中,"请"是服务人员使用频率最高的词语,它代表了服务员个人及服务员所代表的企业对客人的尊重和欢迎。最常使用的组合为"请您…"以及"请各位…",最后不要忘记说声"谢谢"。

### 4. 常见服务敬语

旅游行业人员与人初次见面时可说"久仰";很久未见可用"久违";等候客人用"恭候";请人勿送说"留步";陪伴朋友用"奉陪";中途先走用"失陪";请人批评用"指教";求人原谅用"包涵";请给方便用"借光";求人指教用"赐教";向人道贺用"恭喜";看望别人用"拜访";宾客来访用"光临";赞赏见解用"高见";欢迎消费用"光顾";老人年岁用"高寿";小姐年龄用"芳龄";他人来信称"惠书"等等,都可以归为敬语范围。

**【经典案例 6-2】记住客人的姓名**

一位常住的外国客人从饭店外面回来,当他走到服务台时,还没有等他开口,问讯员就主动微笑地把钥匙递上,并轻声称呼他的名字,这位客人大为吃惊,并深为感动。一个称呼就说明饭店的员工真正的关注每一个客人,使客人感到自己的地位不同,由于受到超凡的尊重而感到格外的开心。

还有一位客人在服务台高峰时进店,问讯小姐突然准确地叫出:"刘先生,服务台有您一个电话。"这位客人又惊又喜,感到自己受到了重视,受到了特殊的待遇,不禁添了一份自豪感。

另外一位首次入住的客人,前台接待员从登记卡上看到客人的名字,迅速称呼他以表欢迎,客人非常高兴,做客他乡的客人陌生感顿时消失,产生一种强烈的亲切感,迅速地缩短了彼此间的距离。

**【案例点评】**马斯洛的需要层次理论认为,人们最高的需求是得到社会的尊重。当自己的名字为他人所知晓就是对这种需求的一种很好的满足。在旅游服务工作中,主动热情地称呼客人的名字是一种服务的艺术,也是一种艺术的服务。目前国内著名的饭店规定:在为客人办理入住登记时至少要称呼客人名字三次。前台员工要熟记 VIP 的名字,尽可能多地了解他们的资料,争取在他们来店报家门之前就称呼他们的名字,当再次见到他们时能直称其名,作为一个合格服务员最基本的条件,同时,还可以使用计算机系统,为所有下榻的客人做出历史档案记录,它对客人做出超水准、高档次的优质服务,把每一位客人都看成是 VIP,使客人从心眼里感到饭店永远不会忘记他们。使客人对饭店留下深刻的印象,客人今后在不同的场合会提起该饭店如何如何,充满赞誉,这等于是饭店的义务宣传员,并产生很好的口碑效应。

### (二)寒暄语

在日常的社会交往中,问候寒暄是交谈的导入阶段,是交际双方进行交流的第一步。

音乐始于序曲，交谈起于寒暄。寒暄不仅是一种必不可少的客套，而且可以为交谈作情绪情感的铺垫，它可以快速地打破陌生双方的界限，缩短人与人之间的情感距离，导出双方之间的交谈话题。

**1. 寒暄的一般原则**

中国传统的问候寒暄用语比较复杂。常见的有以下几种方式：

(1) 问候语的内容是与吃喝拉撒睡有关的。比如："您吃了吗？""您吃好了？""您没歇着啦？"等等，一天之中的绝大多数时间都可以使用此类问候语。

(2) 问候语是与问候对象正在进行的活动有关。如："您去观光？""你出去呀？"等等，这种问候语有点"明知故问"的味道。

(3) 问候语是与了解对方的行动目的有关的，如"你干什么去？"对这样的问候，答话者既可如实相告，也可随便答上一句"我出去一下"之类的话。

(4) 问候语是与夸耀对方有关的，如："小李，你今天这发型显得特神气。"

(5) 问候语是不具体涉及交谈双方的，如："这天可真好？""今晚的月亮真圆。"

**2. 旅游服务中的寒暄原则**

(1) 主动热情。在旅游服务行业，寒暄语也经常使用。在与客人交流时使用寒暄语，要求交流对话由旅游从业人员发起，即由服务人员首先对客人使用寒暄语，且通常是单方面的使用。这与日常生活交往中的双方相互使用寒暄语是有较大的区别的，在与不同环境双方所处的地位有关。

(2) 内容多变。寒暄要是与客人正在进行的活动有关。不要明知故问，并经常变化寒暄的方式。比如，看见客人在游泳，不要总是说"您游的真好？"，试一试"您的泳姿漂亮极了！""您今天看上去真是充满活力！"等等，效果很更好。

(3) 谈论天气。有时候寒暄语主要是为了打破与客人初次碰面时的尴尬，最常用的是评论天气。比如："今天天气真好！""今晚的月亮可真圆呀！""今天外边风挺大的。"等等。西方人喜欢谈论天气，是因为天气现象客观存在，且谈论一般都有共同感受，容易拉近彼此的距离。

(4) 适可而止。在旅游服务中要注意对寒暄的时间的控制，切忌自己的职业身份，不要把寒暄变成了闲谈，更不可忘乎所以，滔滔不绝。

**【经典案例6-3】让人受不了的"热情"的问候**

王丽在上海一家五星级酒店做楼面值台服务员，因为她亲切热情，服务周到，在她所负责的楼层入住的客人对她的印象都不错。

直到有一天，一对到上海来谈生意的德国夫妇外出回店。由于这对夫妇入住已有好几天，王丽和他们比较熟，所以在问候他们以后，王丽如同对待老朋友那样，随口便问："你们去哪里玩了?"两夫妇开始还比较耐心的回答："我们去南京路了。"小王接着话又问："你们逛了什么商店?"对方被迫答道："上海华联。"小王一时兴起，越问越多："上海华联挺不错的，你们都买了些什么呀？"这回德国夫妇没有作答，说了声再见后转身离去。之后，德国夫妇向酒店提出要换楼层。理由是："王小姐令人不解，她对客人的私生活太感兴趣了。"

【案例评析】从当时的情形看，王丽对德国夫妇的确有点关心过度，但不难看出，她的关心完全出自善意。在中国人听起来，那些话体现了王丽待人的热情友善。可是，由于中西文化的差异，中国人认为无关痛痒的问题在西方人眼中变成了私人隐私问题，因而引出了不必要的麻烦。可见，无论在对客服务还是社会交往中，对人都不要过度热情，对可能引起误会的话题尽可能地避免提及。

## (三) 赞美语

赞美是一种卓有成效的交谈技巧和交往艺术。西方人从小就接受教育："不要做一个吝啬赞美的人"。赞美别人既表示出对他人的友好喜爱，又显示出赞美他人者的谦虚大度，是与人交往的润滑剂。

【名人名言】

把最差的学生给我，只要不是白痴，我都能把他们培养成优等生！

——巴士卡里雅(美国著名教育家)

### 1. 赞美要真诚

真诚的赞美与欣赏是激励人的最佳动力。只有名副其实、发自内心的赞美，才能显示处它的光辉，它的魅力。言不由衷的赞美无意是一种谄媚，最终会被他人识破，使人反感，甚而造成彼此间的隔阂、误解，甚至反目。旅游从业人员在对客服务中灵活地运用赞美技巧，恰当地使用赞美语，可以更好地提升对客服务的满意度。

【经典小故事】史考伯的本事

美国历史上第一个年薪过百万的管理人员叫史考伯，美国钢铁公司总经理。记者曾问他："你的老板为什么愿意一年付你超过100万的薪金，你到底有什么本事？"史考伯回答："我对钢铁懂得并不多，我的最大本事是我能使员工鼓舞起来。而鼓舞员工的最好方法，就是表现真诚的赞赏和鼓励。"史考伯到死都不忘赞美他人，在给自己的墓志铭上写道：这里躺着一个善于与那些比他更聪明的下属打交道的人。

### 2. 赞美要客观

赞美他人要实事求是，客观真实，才能让人感觉赞美者的真诚，而非虚假的迎奉。赞美的内容应该是对方拥有的、真实的，而不是无中生有，更不能将别人的缺陷、不足作为赞美的对象。对客人而言，旅游服务人员可以赞美对方的外表、精神状态、体力等。比如，对精心打扮过正准备外出的住店女士可以说"您今天真漂亮！"；对跟团去旅游的老年客人说"您今天真精神！"，"您的体力可真是棒呀！"等等。

### 3. 赞美有创意

第一个形容女人为花的人，是聪明人；第二个这样形容的人，就一般了；第三个再将女人比喻为花的人，纯粹就是笨蛋(巴尔扎克)。赞美如果总是人云亦云跟其他人一样，至多我们也只是在别人习以为常的赞美上,增加了小小分量,别人不会兴奋,也不易让人觉得真诚。挖掘他人一些细微的、不易为人关注的优点,可以表现出我们的独特性,让人得到一些新的刺激,效果反而更好。旅游从业人员称赞游客特别要注意不为别人所注意的"闪光点",而且游客并不以为然的事情,这也是最为对方所能接受的。

#### 4. 赞美要适时

交际中认真把握时机,恰到好处的赞美,是十分重要的,一是当你发现对方有值得赞美的地方,就要善于及时大胆的赞美,千万不要错过机会。二是在别人成功之时,送上一句赞语,就犹如锦上添花,其价值可"抵万金"。

#### 5. 赞美要适度

赞美的尺度掌握的如何往往直接影响赞美的效果。恰如其分、点到为止的赞美才是真正的赞美。使用过多的华丽辞藻,过度的恭维、空洞的吹捧,赞美一旦过头变成吹捧,只会使对方感到不舒服,不自在,甚至难受、肉麻、厌恶,赞美者不但不会收获交际成功的微笑,反而要吞下被置于尴尬地位的苦果。古人说的好,过犹不及。

## 二、旅游职业语言要求

旅游业属于第三产业,是服务业的重要组成部分。旅游职业语言在遵循基本的礼仪原则的基础上,还应该符合服务行业的语言习惯及要求,并加以灵活运用。旅游从业人员在对客服务中要求使用旅游职业语言,其要求主要有两点,即准确、规范。

#### 1. 准确

旅游从业人员在对客服务中,特别是回答客人询问时,用语必须要准确。

(1) 内容准确。涉及时间、地点、地名、景点名称以及酒店服务项目等内容时,必须用最准确的表达方式向客人传达;

(2) 回答准确。面对客人的询问不能用模棱两可的方式回答,知之为知之,不知为不知,并力求通过多种渠道解决客人的问题。

(3) 方式准确。寒暄语和赞美语都适用于对熟客使用,对于第一次见面或服务的客人使用寒暄或赞美,会显得比较突兀,有点客人会难以适应,故只使用敬语问候对方很恰当了。

#### 2. 规范

旅游从业人员在对客服务中任何时候都要求使用规范的语言,让客人感受到服务人员的友好、谦恭及热情。

(1) 语言规范。按照行业要求对客人的迎来送往表示欢迎及感谢。比如,迎接客人的时候说"欢迎您光临!"送别客人的时候要说"感谢您的惠顾,欢迎您再次光临!"。

(2) 仪表规范。在使用旅游职业语言的同时,要注意自己的仪容、仪态和服饰的完美配合。比如,欢迎客人光临,还需要做出欢迎的手势,以及露出愉悦的笑容。

**3. 和外国客人交谈的技巧**

(1) 对客人的称呼。众所周知，男宾客用 sir 称呼，女宾客则以 ma'am 称呼，ma'am 是 madam 的俗称。年轻的女客人如果以中文称呼她"女士"，多少会有些奇怪的感觉，但 ma'am 的使用则与年龄无关。另外，在和客人打招呼时，最好用 Excuse me, sir / ma'am。切忌以 Mr.或 Miss.相称。在招呼小客人时，可以只用 Excuse me，但不可以称呼小客人为 Boy 或 Girl。

(2) 不要太顾及文法，针对情况应对作答。俗语说"熟能生巧"只要多听多讲多练习，自然能说得很流利。最怕一开始就想要像中文一样讲的百分百的完整、准确，而产生不敢开口或构思半天才作答的毛病。学习英语会话最忌害羞，英语并不是我们的母语，讲错了也不用难为情，只要能使对方了解自己想说的事，并且针对客人的问题作答，就已经相当不错了。

(3) 用心听客人说话，不懂时可以再问一次。接待客人时，在确定了客人的意思或要求之后，应该重复确认一遍。有不懂的地方马上再问一次。假装听懂了，很容易会误人误己，是绝对行不通的。如果仍然听不懂，可以对客人说"Just a moment, please."然后找来上级应对。

(4) 不要使用非正式英语。旅游服务英语对话，是以商务英语为基础，必须正式，不可以使用和朋友交谈时的非正式英语。酒店对话使用的即是正式的英语，故不会因为交谈对象的年龄、性别而有所改变。

[非正式英语]                          [正式英语]
What's your name?                     May I have your name, please?
Do you want some tea?                 Would you like some tea?

(5) 不要使用俚语(No Slang)。俚语也是语言的一个重要组成部分。但是俚语必须用于适当的场合，对客人使用俚语，会被认为轻薄。如 O.K, Yeah 等最好不要使用，应该换成"Certainly"之类比较庄重的说法。

(6) 不要说"I don't know"。客人通常是有事相求或遇到麻烦时，才会开口询问的，如果以"不知道"一口加以回绝，会显得很不亲切。如果客人询问的东西自己不知道或听不懂时，可以说："Just a moment, please. I'll check that for you."然后请上级或同事帮助。

(7) 眼睛也会说话。"说话的时候眼睛要看着对方"——这是世界各国共同的原则。尤其在西欧，说话的时候如果不看着对方，会被认为在说谎，或是对自己所说的话没有自信。但如果只盯着客人看，有时候会导致相反效果。应该适度点头和附和，并配合诚挚、体贴的表情。

# 第二节　表情语的使用

表情语是指把人的表情当作一种可以交流的语言来使用的表达方式。行为分析专家认为，在人交往中给人的各种刺激中，视觉印象占 75%，包括表情、态度，特别是微笑；

谈吐印象占 16%，包括谈吐文雅、语言谦逊、有文化教养等；味觉印象占 3%，包括香甜可口；嗅觉印象占 3%，包括芳香、舒畅，富有吸引力和魅力等；触觉印象占 3%，包括和谐、温暖和综合性多方面的感觉。旅游服务工作者在工作中除了用嘴说以外，还应注意用眼睛传达思想感情，用适当的表情，对交谈对方表现理解与专注，形成一定的交谈呼应。

在社交活动中，与对方目光的直接接触时间一般为一秒左右，较长时间的目光对视会让不太熟悉的双方产生生理上和心理上的紧张感。通常可以轻轻微笑，再将目光缓缓地移开，以示友好谦让。

## 一、善用眼神，传递真诚

眼睛是内心情感的灵敏指示器，人们可以用不同的眼神，来表达不同的思想感情。"眼睛是心灵的窗户"，眼睛是最有效地显露个体内心世界的途径。旅游从业人员在交谈时，要注意注视对方的时间、位置，运用恰当的眼神，表达友好的情感。旅游从业人员的注视行为一般来说采用社交注视，有时也可根据岗位的需要采用公务注视，一般不采取亲密注视。避免他视、斜视、无神、游移等不恰当的目光。

### 1. 直视型

直视与长时间的凝视可理解为对私人占有空间和个人势力圈的侵犯，是很不礼貌的。直视对方，使人有压迫感。初次见面或不太熟悉的男性用这种目光看女性，会使女性感到不自然，以致产生反感。若女性用这种目光看男士，则有失稳重。

### 2. 游移型

即与对方谈话时目光总喜欢四处游移。容易给人以心神不定、不够坦率和诚实的感觉，不利于双方的交谈。

### 3. 柔视型

目光直视对方，但眼神不是火辣辣的，目光有神，却又不失柔和。这种目光投射出去，给人以自信和亲切的感觉。这是一种善于运用目光，容易与人相处且富有修养的人。

### 4. 热情型

目光充满活力，给人以活泼、开朗和蓬勃向上的感受。这种目光运用得当，可以使对方情绪渐涨，提高谈话兴趣；但如果不分对象，不分场合，一味热情相望，也会产生相反的效果。

### 5. 他视型

即与对方讲话眼睛却望着别处，容易使对方产生误解，是不尊重他人的注视形式。

### 6. 斜视型

即目光不是从眼睛正中射向对方，而是从眼角斜视对方。这是极为失礼的，也给人以心术不正的感觉。

### 7. 无神型

目光疲软、视线下垂，不时视向自己的鼻尖，这种目光透视出冷漠之感，往往会使谈话的气氛冷淡。

## 二、注视呼应，显示尊重

在谈话过程中，用目光注意对方是一种起码的礼仪要求，能用目光随着谈话内容的发展而变化，是这种礼仪的延伸。任何人都有这样的体会，凡是那些愿意认真用眼神与我们谈话保持呼应的人都会受到我们的尊重。由此可见，交谈时，注视对方是十分重要的。

### 1. 基本规范

用目光注视对方的面部应自然、稳重、柔和，是一种坦荡、自信的表现。眼神应是诚恳友善的，表示对对方的尊重和友好。注视的时间应适当，不能死死盯住对方某一部位，或不停地在对方身上"扫射"，这是极其失礼的行为。

> **小贴士**
>
> 心理学实验表明，人们目光相互接触的时间，通常占交往时间的30%～60%。如果超过60%，则表示对对方本身的兴趣大于谈话；若低于30%，则表示对对方或对谈话的话题不感兴趣；如果完全不看对方只是倾听，则表示听者或是自卑、紧张，或不愿让对方看到自己的心理活动，或者是对谈话者漠视。
>
> 交谈过程中有时可能出现双方目光对视的情况，这时最好稳重一点，不要惊慌，也不必躲闪，自然地让其对视1～3秒钟，然后在缓缓移开去，就可以了。那种一触及对方目光就慌忙移开的做法是拘谨、小气的表现，会影响谈话的正常进行，引起对方的猜疑，也是很不礼貌的。同样，注视时间过长，会令人感到不自在，这是一种对他人占有空间的侵犯行为，也是非常失礼的。

那么，目光注视对方的哪个区间比较合适呢？从总体上说，在与人交谈时，一般不要超出如下图6-1的方框所标示的范围。

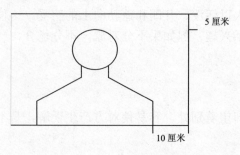

图6-1　注视的范围

### 2. 世界各国的注视习俗

世界上各民族的注视习俗也是有差异的,例如:日本人认为直视对方的脸是失礼的;他们习惯看着对方的脖子;英国人与人说话尽量避免双目对视;而瑞典人则认为对视为佳;在地中海沿岸,人们深信呆滞的目光会带来灾难,因此人际注视时眼神比较活跃;在希腊,凝视别人是极端无礼,而阿拉伯人则认为凝视是起码的待人礼节。因此,由于各地民俗差异,目光的注视区间有着不同的含义,所以图6-1所标的范围,是一个大概的、基本的注视区间。

## 三、美好的世界语——微笑

微笑被称为"世界语",意思是没有国界的语言,母语不同的人们也可以通过微笑传递彼此间的问候和祝愿。微笑是一门学问和艺术,最美的微笑是发自内心的笑,是真诚地笑,这种微笑能温暖人心,滋润心田,感受关爱,获得理解。如图6-2所示。

图6-2 旅游从业人员的微笑

### (一)微笑的内涵

微笑是交际活动中最富有吸引力、最有价值的面部表情。微笑所包涵的意思很丰富,微笑总是给人带来友好的感情,总是给人以欢乐和幸福,带来精神上的满足。

#### 1. 礼貌友善的象征

在社会交往中,一个人的微笑是在向他人展示着自身良好的修养,象征着自身为人礼貌、友善、谦逊。这种微笑能迅速地缩小交往双方的心理距离,创造出和谐、融洽的氛围,在交流与沟通中起着助推剂的作用,让人愿意与自己交往,从而为自身树立起良好的社交形象。

### 2. 健康自信的象征

微笑是一个人心理和生理健康的象征。阳光般的微笑代表着自己阳光般的心情，同时这种健康愉悦的情绪还能很好的感染他人，使整个社交氛围朝着积极乐观的方向发展。微笑还是一个人自信开朗的象征。只有对自己有自信的人，才会始终选择微笑面对周围的一切事物，才会不卑不亢、有礼有节的与他人相处，让对方感到自然、舒适。

## (二)微笑的方法

微笑作为一门艺术有其特有的艺术技巧，作为一种表情也有其独特的动作要领，不能仅把微笑当作面部表情肌的运动。

### 1. 笑要露齿

社交场合的微笑要求是露齿的微笑，这样的微笑让人看起来更大方、自信，是让人感觉舒服的微笑。从技巧上讲对露齿的个数也有具体要求，即露八齿。这个数量让人们的微笑刚好处于嘴角微微上扬的状态，且看上去又相当自然。

### 2. 眼、眉同笑

真诚又自然的微笑绝不仅仅是嘴部的动作。发自内心的微笑会牵动所有的面部肌肉一起运动，即嘴在笑的时候，眼和眉也一定在笑。这就要求我们在学习微笑的时候，除了注重嘴形的自然，还要养成眼、眉也跟着自然运动的习惯。这样才能使微笑看起来自然、大方，而不是虚假、僵硬。

### 3. 笑有内容

微笑里面会含有特定的信息，这个信息就是反映这个微笑的原因的。因而，只有微笑含有了一定的信息，这个微笑才能让他人感觉是发自内心的。这个信息就是"内容"。比如，服务员对客人微笑时，微笑中应包含有"欢迎"或"感谢"的具体内容；老师对着学生微笑时，微笑中一定包含"肯定"、"鼓励"或"爱护"等特定内容。总之，每一个微笑都包含着它特定的内容，都有它特殊的意义。没有内容的微笑是空洞的、冰冷的、没有亲和力的，是不会有微笑应有的力量的。

# 第三节 交谈的规范和聆听的技巧

交谈是指两个或两个以上的人，通过一定的形式，如面谈、电话、书信、网络等形式，用一种平等和谐的对话方式，表达各自的感情或意见，以达到相互沟通和理解的目的。从礼节的角度要求谈话者在与他人交谈时，必须遵循谈话的基本原则，并注意谈话的礼节礼貌。

## 一、交谈的规范

在社会交往活动，想要做一个受人欢迎的谈话者就必须从礼貌礼节、方法思路及方式态度上遵守一定的谈话规范。

### (一)言之有礼

不同的交谈形式有不同的礼仪要求，但无论采用何种形式交谈，都要言之有礼，即指与人交谈中尊重对方，以礼相待，这是交谈礼节的首要要求，也是谈话者自身涵养的体现。

**1. 态度**

尊重对方，态度诚恳亲切；交谈主要是在两个人之间进行的，为了礼貌，任何人都不可能也不应该"想怎么说就怎么说"，谈话人必须顾及对方的情感和因自己的谈吐而激起的对方的反应。

**2. 神情**

神情专注自然、举止端庄高雅；不东张西望，不乱用手势，不做傲慢无礼的动作，不冷落他人。

**3. 用词**

用词得体文雅，不要矜夸及卖弄学问，不涉及他人隐私，多用礼貌用语；交谈中对方显得无礼时要宽容克制，不能以眼对眼，以牙还牙，出言不逊，恶语伤人。也不可斥责、讥讽对方。尽可能的好言相劝告，使对方冷静，或转移话题，讨论一些轻松的东西。也可以暂时终止一下说话，使对方情绪稳定后再寻找新的话题。

**4. 语气**

语气平和、音量适中。不饶舌、不夸张，不"抢白"、不太沉默，不随意打断对方的谈话，不要多用"我"字，不当众批评他人。

**5. 倾听**

要时刻提醒自己，交谈过程中，要善于做一个倾听者，这是交谈礼仪的最高境界。从心理学的角度说，每个人都有自我表现的欲望，这种欲望表现在交谈中，就是谈话双方都希望能较多、较早地与别人把自己的全部意思表达清楚。特别是在与别人有不同意见时，更急于证明自己的意见是正确的。在这种情况下为了争取"胜利"往往不注意表达方式，给别人造成强势、不友好的印象。只有在交谈中谦虚礼让，多听少讲，把更多表达的机会留给对方，才可能以诚恳谦逊、可以信赖的形象赢得更多人的认可。"在议论或反驳中，也许你赢了对方，但那样的胜利是空虚的——因为你绝对无法赢得对方的好感。(富兰克林)

## (二)言之有"物"

言之有物,是指与人交谈中谈话的内容要丰富要有意义,这是谈话者文化层次的体现。苏轼有云:"腹有诗书气自华",在谈话时要尽量向他人传递有意义的信息,否则再动听的语言也是苍白和乏味的。

### 1. 适合交谈的主题

在与人交谈时,恰当的话题可以使双方迅速拉近距离,找到共同关注点,是交往成功的重要要素。社交领域的著名学者金正昆教授建议,以下四类主题在社交场合是非常适宜选择的交谈主题。

(1) 既定的主题——即交谈双方已经约定,或者其中一方已预先准备好的主题,例如:寻求帮助、征求意见、研究工作等。此类主题适用于正式交谈。

(2) 高雅的主题——即内容文明、高雅,格调高尚、脱俗的话题。例如:文学、艺术、哲学、建筑等。此类主题适用于各类交谈,但要求面对知音,忌讳不懂装懂,班门弄斧。

(3) 轻松的主题——即谈论起来令人轻松愉快、身心放松、饶有情趣、不觉劳累厌烦的话题。例如:文艺演出、流行、时装、影视作品、风土人情等。此类主题适用于非正式交谈,可以各抒己见,任意发挥。

(4) 时尚的主题——即以此时、此地正在流行的事物作为谈论的中心。以 2010 年为例,国内时尚的交谈主题有"上海世博会"、"亚运会"、"男篮世锦赛"等。此类主题适合于各种交谈,但变化较快,在把握上有一定难度。

不管选择哪一类的主题与人交谈,最关键的是这个主题是你能驾驭的。

### 2. 忌讳的话题

谈话主题的选择还应尽量符合交谈双方的年龄、职业、性格、心理等特点。比如和一个保守的人谈论"追星"或是"潮流着装"等话题就不太合适。兼顾对方偏好的话题才能真正激发对方的表达欲望,从而使交谈轻松自然地进行下去。

话题应该尽量避开一些不宜在友好交谈中出现的事情,如疾病、死亡、淫秽行为等。为防止尴尬,一般不要涉及个人隐私的内容。

## (三)言之有"理"

言之有理,是指与人交谈中谈话涉及的内容要有理有据,这是谈话者客观性的体现。在社交场合与他人交谈时,谈话的内容不仅要丰富,而且要尽量真实客观。很难想象一个谈话浮夸的人能给他人留下诚实可靠的印象。特别是在与人意见不同时,切忌为了证明自己正确就夸大其词,而更应客观地说明自己的观点,真正做到以理服人。总之,谈话要有理有据,才能增强内容的可信度、科学性,才更能感染他人。

在交谈过程中,由于双方情绪差异较大,修养背景不一,处事标准有异,思维水平不等的原因,谈话者所表达的文字虽然被对方全部接受了,但谈话者实际表达的思想却很难全面准确地被对方所理解;甚至有可能你所讲的和他所听的大相径庭或完全相反。

这就要求我们在交谈中必须谦虚谨慎,正确表达,防止"祸从口出",无意伤人。如有这么一位主人,他请三位朋友到家小聚,时间到了却只有甲到了,性急的主人不假思索地说道:"怎么该来的还没来?"甲听到此话以为自己是不该来的,于是生气离开。正好此时乙赶到,主人见甲走了急忙说:"怎么不该走的走了!"乙听后很不是滋味,也走了。恰巧丙来了,望着甲乙离开的背影,听见主人说道"我又不是说你们!"这下,把丙也气跑了。无心的三句话,却"祸从口出",无意间同时得罪了三位朋友。因此,谦虚谨慎、三思后言可以使我们的表达更全面、更深刻,减少在交谈中犯下严重错误,避免不必要的误会。

## (四)言之有"序"

言之有序,是指与人交谈中应紧紧围绕谈话的主题和中心,重点突出逻辑清晰地表达自己的意见,这是谈话者语言表达能力的体现。说话之前要明确自己要表达的主要意思,再根据想表达的主旨安排语言顺序,最终完整清晰地表达出来,使对方完全明白。

### 1. 目标明确的表达

讲话逻辑性强也能给他人留下思想成熟的印象,有利于自身社交形象的树立。在进行对话时,还要力求语言表达准确清晰,重点突出,使交流得以轻松愉快的进行。交谈时的语言要鲜明生动、准确恰当,并尽量做到目标明确、言简意赅,提高交谈的效率。切忌谈话时内容支离破碎、杂乱无章,词不达意,让人摸不清谈话人的意思。

【经典小故事】

#### 晏子谏杀烛邹

春秋战国时期,齐国的齐景公喜欢射鸟,派烛邹为他管鸟,结果鸟飞了。景公大怒,传旨开斩。晏子奏说:"烛邹有三条大罪,让我数完了再杀。"景公应允。于是,晏子召来烛邹,在景公面前数他的罪行:"你替君主管鸟而让鸟飞了,这是一条大罪;使君王因鸟的缘故而杀人,这是第二条大罪;使诸侯得悉此事,以为君王重鸟轻人,这是第三条大罪。"晏子数毕烛邹的罪状后,请景公传旨开斩。景公说:"不要杀了,我明白你的意思了。"

这个故事极佳地反映了目标明确的语言表达所产生的积极效果。晏子仅用了三句话就揭出了景公此举的相关效应,不仅救了烛邹一命,而且还有效地阻止了景公为"皮毛小事"而乱开杀戒。

### 2. 恰当的交谈方法

在社交实践中,很多人由于缺乏扎实的语言基本功,语言表达往往缺乏明确的目标意识。在交谈中啰啰唆唆、无的放矢、主题游移,从而难以达到语言交际的必要效果。因此,掌握语言交流的必要方法,可以提高个人的语言表达能力,使交谈的目标意识性更明确。交谈中应注意的方法主要有:

(1) 经常性使用征询语,采用商量式的谈话方式,先接近对方以唤起对方的倾听意愿。

(2) 注意观察听话者的表情，寻找切入正式话题的时机。

(3) 一旦切入正式话题，注意归纳谈话要点，做到主题明确、言简意赅。

(4) 话题结束，再用征询语征求对方的意见，以判断对方的态度及谈话目的是否达到。

(5) 重点、细节如果对方理解不够透彻，应重新提示，以更易于理解的方式说明。

(6) 在已有的话题中寻找大家有兴趣的细节作为新话题，使谈话更具有创新性和吸引力，并始终在趣味盎然的气氛中进行。

交谈中应注意根据对象选择不同的表达方式。谈话中一般不要使用对方不懂的语言，如方言，土语或外语。使用什么样的语言也是一种情感信息，应尽量使用与对方一致的语言交谈以示尊重。当对方使用普通话时，我们也应用普通话与之交谈。

### (五) 电话和书信交谈礼仪

电话(包括手机和手机短信)和书信是现代社会重要的社会交往方式。每个现代人需要懂得并遵循一定的礼仪规范。

**1. 电话交谈礼仪**

打电话是现代人经常采用的沟通方式，由于双方相互看不到，因此语言的准确表达更为重要。

(1) 恰当的时机。给别人去电话，应以尽量不影响到对方的工作和休息为原则。如按惯例对方可能在开会或工作最忙的时间、用餐时间、午休时间等等，都应尽量避免给对方打电话。

(2) 交谈的时间。电话交谈以3~5分钟为宜，需要花较多时间才能沟通好的事情，原则上不宜选择电话交谈的形式，面谈效果可能会更好。由于看不见对方正在做何事，过多的占用对方的时间，很可能影响到对方正在做的事情。

(3) 顾虑到他人。经常看到商务人士一边走路一边大声用手机谈业务的情景，这是失礼的行为。而且谈业务也算是企业机密，在可能被别人听到的情况下说出来，这是非常轻率的行为。因此，在涉及业务内容的商议和金额、机密事项的时候，请向对方说明"我回到公司后再打给您"，暂时挂断电话。在公共交通工具上使用电话，若没有太过紧急的事情，可以告诉对方下车后打给他。

(4) 交谈的礼节。电话接通后，确认"现在您方便说话吗？"正在开会或在路上。所以必须先问"现在您方便说话吗"，确认对方是否方便接电话后，在此基础上来谈事情。不论接电话的人是否是你要找的人，都应进行必要的自我介绍，不要通话结束，对方都不知道你的身份。通话时，要注意自己的语音、语调及语速，语言表达要清晰、简练，把握重点，注意语言的逻辑性，并多用礼貌用语。尽量使用当地话或普通话，不要给对方造成听力障碍。通话结束时，要向对方表达你的谢意，或因打扰到对方而向对方致歉。

### 2. 手机使用礼仪

无论是在社交场所还是工作场合放肆地使用手机，已经成为礼仪的最大威胁之一，手机礼仪越来越受到关注。

(1) 接听手机礼仪。手机振铃铃声要与场合相适宜，从铃声内容来说，不能有不文明的内容手机铃声的音量调到自己能听见就行了。手机响了，请尽量在第一时间接起。接打手机，先报姓名来。若正与人谈话时一定要接手机的话，请说："对不起，我先接个电话。有风度地对待打错电话的人。在一些公共场合，如在看电影时或在剧院打手机是极其不合适的，如果非得回话，则采用静音的方式发送手机短信是比较适合的。公共场合特别是楼梯、电梯、路口、人行道等地方，使用手机不可以旁若无人，对话声音尽可能地压低一下，顾及他人感受。

(2) 手机关机礼仪。不会在公共场合或座机电话接听中、开车中、飞机上、剧场里、图书馆、演讲，典礼仪式上和医院里接打手机，就是在公交车上大声地接打电话也是有失礼仪的。在会议中、和别人洽谈的时候，最好的方式还是关掉手机，或调到震动状态。这样既不影响会议及交谈的进行，又显示出对别人的尊重。注意安全和环保，防范风险在医院、加油站、飞机上等不适合使用手机的场合，自觉关机。在开车时不接打手机。

### 3. 短信及微信礼仪

短信及微信是现代人非常热衷的交流和传递信息的方式。手机短信及微信能准确无误地将信息送达给对方，不会强制打断对方生活，这让人们尽享高科技带来的便利。但与此同时，随着近些年短信及微信的广泛使用，类似滥发信息、不回信息、不分时间和场合发信息等现象日益增多，给人们的生活、工作造成了一定的影响。

因此，在现今文明社会，我们要遵从手机使用的基本礼仪：①发短信一定要署名。②短信祝福一来一往足矣。③有些重要电话可以先用短信预约。④及时删除自己不希望别人看到的短信。⑤工作时间不要没完没了发短信。⑥不要在别人能注视到你的时候查看短信。⑦发短信时间不能太晚。⑧提醒对方最好用短信。⑨在短信的内容选择和编辑上，不制造不传播无聊、不健康短信。

### 4. 书信往来礼仪

使用书信交谈是一种较为正式的交谈形式。用书面语言的形式传递工作信息、思想感情和意见，对称呼对方、署名有特殊的要求，不同内容的书信还要符合应有的格式要求。主要有纸质书信和电子(E-mail)书信。

## 二、聆听的技巧

国外有句谚语："用十秒钟的时间讲，用十分钟的时间听。" 听，不仅可以使我们获得必要的信息，丰富我们的阅历，而且可以更准确地了解对方的需要，领会谈话者的真实意图。同时，聆听本身是尊重他人的表现，掌握聆听的艺术可以给我们带来意想不到的效果。在交谈过程中,要善于做一个倾听者,这是交谈礼仪的最高境界。

## (一)聆听的障碍

中国有句古训,值得旅游工作人员记取:人长着两只耳朵却只有一张嘴,就是为了少说多听。一位旅游从业人员要想在交际中获得成功,首先应在聆听别人谈话时克服以下障碍,必须充分地重视聆听的功能,讲究聆听的技巧,追求聆听的艺术。

### 1. 分神分心

在倾听对方谈话时应尽可能地专心,不应该东张西望、左顾右盼、神色不安或流露出不耐烦或心不在焉的情绪,使对方察觉到你分心在想别的问题,这会伤害到对方的自尊心。更不能在对方讲话时不时地作出分神分心的小动作。

### 2. 急于发言

在与别人交谈时,一定要先让对方把要说的话都说完后自己再发言。急于发言通常有两种情形:一种是在没有完全弄清对方意思之前就急于发表自己的看法或意见,这样只听一半就表态,很有可能误解了对方的本意,而使交谈难以继续;另一种是在自己是听者时,反客为主,抢别人的话题随意插话,而且一开口就忘了对方的存在,口若悬河滔滔不绝,这种谈话方式从根本上背离了倾听的宗旨,容易引人生厌。记住这句俗语:"会说话的人想着说,不会说话的人抢着说。"

### 3. 固执己见

与人交谈时往往会有两人意见不完全相同的情况,此时切忌固执己见,一定要得到对方的完全认同,而把交谈变成交锋。一个总是难以接受不同意见的人是很难受人欢迎的。非原则性问题有分歧的时候,应尽量求同存异,保留双方意见接近的话题继续,使交谈得以继续。

### 4. 保持沉默

与急于发言、反客为主相反的是在当听者的过程中始终保持沉默,不对谈话内容作出任何反应。长时间的沉默会让对方猜测沉默者是对谈话的内容没有兴趣,或是对谈话者本人不够重视,因此不想发表意见。这也是不懂交谈礼节、不尊重对方的表现。

## (二)聆听的方法

在与他人交谈的过程中,双方始终处于谈话者和聆听者的角色交换之中。当对方是谈话者时,自己就处于聆听者的位置;当对方是聆听者时,自己则处于谈话者的位置。不同的位置有不同的要求,不管自身在交谈中的位置如何转换,都必须遵守相应的礼仪要求。

### 1. 全神贯注,切莫分心

在对方阐述观点时,应集中注意力,全神贯注地耐心聆听,把自己的知觉、情感、

态度全部调动起来,投入地听,用心去体验对方谈话所及的情景。同时,目视对方,注意说话者的神态、表情、声调语气等,全面、准确地了解对方的思想感情,真正领会对方意图。不管话题自己是否感兴趣,都要听其讲完,硬性地打断或是插话中断对方的思路,都是不礼貌的行为。对于自己不方便谈论的话题,在不轻易表态的前提下,找机会转移话题。

【经典小故事】

辛普逊夫人是一位离过两次婚、并不十分美貌或不十分有才情的女人,她却用聆听的技巧俘获了英国国王爱德华八世,使他坠入爱河,最后宁要爱情,不要王位。据英国作家莎罗夫介绍,辛普逊夫人迷住爱德华·戴维的地方就在于她在听人谈话的非凡魅力。作家这样写道:"她坐在公爵(即爱德华·戴维,辞去王位后被封为公爵)对面,肘靠在桌面上,手支着下颌,她的眼睛、耳朵,整个身心似乎全沉醉在他说的每个字、每一句话中,她似乎在说:'再说吧,在多告诉我一点……我正在听……有趣极了……迷人极了……'"。

### 2. 尊重他人,甘当听者

在对方讲话的时候,要明确自己作为听众的位置,并且要甘当听者,做一个合格的听众。专心认真地聆听对方讲话,是尊重他人的基本要求,也是自己谦逊大度最好地表现。与人交谈取得成功的重要秘诀就是多听,永远不要不懂装懂(本杰明·富兰克林)。越是善于倾听他人意见的人,人际关系越理想。因为你能耐心倾听对方的谈话,能在无形之中提高对方的自尊心,加深彼此的感情。人们通常也多愿与善于倾听的人进行思想交流,甘当听者可以使自己拥有更理想的社交形象。

### 3. 情感呼应,适当反馈

善于聆听的人,除了有效地听之外,还需要用丰富的表情、恰当的语言及合适的手势对对方的话做出回应,使谈话者感到自己的思想或观点得到了认同,鼓励讲话者继续下去,使谈话更加投机。如在倾听过程中,适时地点头或微笑,并在恰当时候插入一些引导语,如"哦,是这样!""真好!""那结果呢"等,以使话题继续。能保持情感呼应与语言呼应的关键在于听者要真正进入角色,设身处地地站在对方的立场上思考问题,随着对方的感情变化而变化,暂时忘掉个人的喜怒哀乐。这样就可以营造谈话的良好气氛,做一个受欢迎的交谈对象。

### 4. 察言观色,提高敏感

通常人们谈话时都不会直截了当地表达自己的真实情感或意见,而是把真实的想法隐藏起来以其他的方式来表达。因此,我们在倾听的过程中,就需要仔细琢磨对方话中的微妙感情,细细咀嚼品位,以便弄清其真正意图。重视说话者的神态、表情、姿势以及声调、语气等非语言符号的变化,尽量揣摩这类非语言符号传递出的信息,以便能比较准确地了解对方的弦外之音,话外之意。

## 第四节  批评和拒绝的艺术

### 一、批评的艺术

心理学理论指出，批评和赞美具有放大效应。即批评或赞美他人的某一方面，会令对方联想到对他(她)的整体评价。比如赞美某位小姐"你的皮肤真白"，她会觉得你说她人很漂亮；批评某一位小姐"你的眼睛有点小"，她会认为你说她人长得不好看。现实中，批评往往更容易被放大，容易被对方误认为是对他整个人的攻击，因此批评必须注意技巧和方法。

#### (一)让对方知道你的真诚

要真正帮助一个人是离不开批评的，但批评又常易伤害别人的尊严，引起反感，我们怎样才能两全其美呢？实际上，批评要不引起反感的最有效方法，就是让对方知道你的真诚，让对方觉得我们的批评是为了他好，这样就能消除对方的抵触情绪。例如，在这个世界上被批评得最多的是飞机驾驶员。他们在进入飞机场时，控制台不断地纠正他们：飞高了、飞低了、飞左了、飞右了，他们从来都是真心诚意地接受，没有丝毫抗拒。因为，他们知道控制台对自己的批评指正，是为了更好的保证飞行的安全，是此架航班可以更顺利地着陆。

#### (二)批评可从称赞和感激入手

众所周知，麻药可以很好的减轻拔牙带给患者的痛苦。同样的道理，批评会让人不愉快，而对付这种不愉快的麻药就是赞扬。通常人们在听到别人对他某些长处的赞扬之后，再去接受可能令他不愉快的批评会容易很多。赞美是一种卓有成效的交谈技巧、交往艺术。人人都需要赞美，人人都乐意被赞扬。如果我们多用友好的称赞来鼓励帮助旅游者，那么他们会自觉地接受批评，立即改正。

【名人名言】

同样一句话，从不同人嘴里说出来，具有不同的含义。

——黑格尔(德国哲学家)

比如，在旅游中，一旦游客进入美好的景色中，这时他们的纪律性是差的，导游员宣布的集合时间总是忘记，有的明明知道，也还是想多逗留一点时间，多拍几张照片。如果导游员生气地指责个别游客，其效果肯定不理想，如果换一种方式"没想到这美景确实把你们给迷住了，看来我们得抓紧时间，把迟到、等人的时间放在游览上，我们可能看到更多的美景哟！"这样表达能让游客感受到导游的批评催促，同时也明白导游的良苦用心，是为了让大家能更合理的安排浏览时间，从而自觉地遵守大家的时间。

### (三) 批评别人之前先自我批评

如果说赞美是抚慰人灵魂的阳光，那么批评就是照耀人灵魂的巨镜，能让人更加真实地认识自己。为了让自己对别人的批评更能让对方接受，我们应该试着先检讨自己是否也有需要被批评的地方。比如，在批评别人忘记完成什么事的时候，可以先批评自己没有给予对方足够的提醒；当一位导游员在批评一位经常迟到的游客时，先批评自己以前接团时也犯过同样的错误，不仅给游客带来不快，还让旅行社承受了损失的往事，再告诫游客要守时，这样游客接受起来会更容易。

### (四) 批评应不伤他人颜面

要想批评取得效果，就绝不能与别人的自尊相对抗。时刻要记住我们的批评只是要使对方回到正确的航向上来，而不是让别人下不了台。因此，批评首先应在私下进行，公开批评会使对方在他人面前感觉颜面尽失，产生怨恨；其次，批评应对事不对人。比如某饭店的总机小姐留言记录错误，正确的批评方法是"这个留言的错误会使客人产生误会，下次应注意更加仔细。"而不是："你真是一个糟糕的接线员"。批评的根本目的是让对方改正错误，不断进步。批评具体行为能让对方明白批评的原因以及需要改进的地方，并将伤害降到最低。反之，由批评具体错误扩大到批评这个人，只会让对方更加难以接受，进而造成对方的抵触。

### (五) 批评时善用情感，适度幽默

尽管客观真诚的批评可以更好地帮助别人进步，但由于批评他人常常会让对方觉得自尊心受到一定程度的伤害，所以在社交场合我们要善于了解和谅解别人，宽容地对待他人的失误。如果我们不可避免的需要批评对方，可以适度的运用幽默。幽默是交谈的润滑剂与兴奋剂，使人在忍俊不禁之中，明白自己的错误，借助轻松活泼的气氛，尽量减轻对对方自尊心的伤害。

恩格斯曾经说过："幽默是具有智慧、教养和道德的优点优越感的表现。"幽默能表现说话者的风度、素养，并在入情入理之中引人发笑、给人启迪。周恩来总理在一次外事活动中，一位西方客人问他："为什么中国的路都叫马路？"对这样一个暗含讽刺的问题，周总理没有生气的顶回去，而是风趣的说："因为我们中国走的是马克思主义道路！"周围的人员为周总理的机智、幽默所折服，报以爽朗的笑声。

## 二、说"不"的艺术

无论是人际交往，还是公共交往，有求必应是每个人都在追求的理想目标。但是，由于主客观条件的限制，我们事实上不可能有求必应。意大利有句俗语："所有语言中最美的一个词为'是'。"而拒绝恰恰是"否"。著名心理学家杰·达拉多曾说过："人的攻击行为的产生，常常以欲求得不到满足为前提"。因此，旅游从业人员必须掌握拒绝的方法，在提高拒绝的有效性的同时，维持与对方的良好关系。

## (一)准备勇气，适时说"不"

旅游从业人员在社会交往和工作中，经常会遇到许多社会组织、群体或个人有求于你的时候，这些期求多数情况下又不能一一满足的。遇到这种情况，该怎么办呢？支支吾吾，不置可否？不合适，对方会以为你不负责任，缺乏能力。一概承诺？不可能，也办不到，但又怕伤了对方的自尊心，怕由此招来不测的后果等等，只好违心地给予肯定的答复。客观上不能满足对方，或者很难满足对方，而主观上又当面给予了肯定的承诺，其后果只能是这样：要么自我谴责，产生自我抑制，后悔"早知今日，何必当初"。要么勉强应付，使自己或组织受到损害；要么"言而无信"，可能引起对方反感，甚至憎恶。

心理学的研究成果表明，一个人的心理期望值越高，其实现值往往越低，期望值与实现值常常是反比的。从我们承诺的那一刻起，对方的期望值就可能达到了饱和状态。如果最后的现实是我们的承诺根本不能兑现，对方的心理实现值就会从饱和状态一下跌至负值状态，就有可能出现情感情绪反常，甚至失态。这个时候，因我们的"有礼"承诺所引起的失礼后果就可想而知了。为了使众多的不得不采取的拒绝行为所引起的抗拒心理和消极情绪反应降到最低程度，公关人员应当首先自觉地建立起一种随时准备说"不"的勇气和自信心。

## (二)巧妙方法，委婉拒绝

在旅游服务中，旅游从业人员常常会碰到游客提出的一些不合理的或不可能办到的要求，对这类要求旅游从业人员需要拒绝。但是，因为旅游从业人员的身份，不便于直接回答"不"，因此要善于根据不同情况运用不同的方法艺术地表达拒绝。

### 1. 柔和式拒绝

柔和式拒绝是指采用温和的语言进行推托的拒绝方式。采取这种方式拒绝对方的要求，不会使对方感到太失望，避免了与对方的紧张状态。如一位美国游客邀请导游人员到其公司工作，导游回答："谢谢您的一片好意，我还没有这种思想准备，也许我的根扎在中国的土地上太深了，一时拔不出来啊！"这位导游没有明确表示同意与否，然而却委婉地谢绝了游客的提议，也给客人留足了面子。

### 2. 迂回式拒绝

迂回式拒绝是指对对方的发问或要求不正面表示同意与否，而是绕过问题本身从侧面予以回应或拒绝。如一次导游人员在同游客交谈时谈到西藏，这时一位美国游客突然发问："你们 1959 年进攻西藏是否合法？"导游想了想说："您认为你们在 19 世纪 60 年代初期派兵进攻密西西比河南方的奴隶主是否合法？"美国游客一时语塞。对这类政治性很强的问题，尤其是西方游客长期受到资本主义宣传的影响，一时难以和他们讲清楚，采取这种迂回式的反问方式予以拒绝是一种很好的选择。

### 3. 诱导式拒绝

诱导式拒绝是指根据对方提出的问题进行逐层剖析，引导对方对自己的问题进行自我否定的回应方式。如一次有位法国客人问导游人员："有人说西藏应是一个独立的国家，对此你是怎么看的？"导游反问："您知道西藏政教领袖班禅、达赖的名字是怎么来的吗？"游客摇摇头说："不知道。"导游接着说："我告诉您吧，他们的名字是清朝皇帝册封的。可见西藏早就是中国的一部分。正如布列塔尼是法国的一部分一样，您能因为那里的居民有许多自己的风俗就说它是一个独立的国家吗？"这位法国游客摇摇头笑了。采用诱导方法是表达否定的极好手段。需要否定时，我们不妨在言语中安排一两个逻辑前提，不直接说出逻辑理论，逻辑上必然产生在否定结论留给对方去得出，这样的逻辑诱导否定法，如果是在面对上级组织，身处领导地位的公众时使用，效果往往比较理想。

**【经典小故事】**

战国时，韩宣王就欲重用两个部下一事征求大臣掺留的意见。掺留明知重用二人不妥，但直言其"不"，效果肯定不好，一是可能冒犯韩王，二是韩王以为自己嫉妒贤能。于是掺留用下面这段话表达了自己的见解："魏王曾因重用这两个人丢过国土，楚国也曾因重用他们而丢过国土。如果我们也重要这两个人，将来他们会不会也把我们出卖给外国呢？"掺留采用诱导式拒绝法的效果是显而易见的。

## （三）直陈原因，以求理解

通常，我们之所以拒绝对方是因为主客观方面的原因，导致我们难于接受对方的要求。让对方知晓拒绝原因，其实大部分人都能理解和接受。因此，只要我们彼此以诚相待，对方也一定能理解我们所处的难处和不得不拒绝的理由。当遇到拒绝的理由可能伤害对方或其他人，再或者短时间难以向对方解释清楚时，我们可以用一些暗示拒绝的语言，比如："哎呀，这咋办呢？"，"真伤脑筋！"，"真是一言难尽，太难了！"之类的话表达你难以满意对方要求的意思，避开正面回绝。一般情况下，对方面对这种回答也会知难而退。

## （四）情感转移，主动弥补

无论我们的拒绝方法多么礼貌，多么富于人情味，但是，拒绝终归不能像承诺那样让对方愉快和满意。为了缓解对方因我们的拒绝而产生的瞬时不快情绪，也为了表明我们的诚意，我们不妨在准备说"不"的时候，就主动为对方考虑一下退路或补救措施，给对方一些有益的建议，客观真诚地说明拒绝可能给对方带来的利益，使对方极度失望的情感能够转移，缓和尴尬的局面，同时尽可能帮助对方解决问题。如，美国口才与交际学大师卡内基有一次不得不拒绝一个于情于理都不应拒绝的演讲邀请，他是这样对邀请者说的："哎呀，很遗憾，我实在是排不出时间来了。对啦，某某先生也讲得很好，说不定是比我更适当的人选呢！"

总之，拒绝的方法和表达的方式不同。只要我们以理解、真诚维系和发展公众关系为前提，认真总结、升华不得不说"不"的方法，以我们自己的人格、以我们所在组织的风格和美誉作保证，我们就一定能找到如何礼貌拒绝公众的各种具体方法。①

**【经典案例6-4】 不能说"不"**②

秋季的一天，北京的导游郭先生陪同一个10多人的美国旅游团去八达岭长城游览。大家玩得很开心。下午参观完定陵后，有些客人提出要继续参观长城陵。郭导告诉大家旅游计划中没安排长陵，况且时间也不够，所以不能满足大家要求。但客人听后不以为然，坚持自付门票也要去。与司机商议后，郭导同意了客人的要求。虽然很晚才吃晚饭，但客人毫无怨言，且要求适当的时间再去慕田峪长城游览。

此时郭导有了上次的经验，如果直接拒绝他们的要求，大家一定会不满意。于是，郭导对客人们说，可以和旅行社联系一下，尽量满足大家的要求。第二天，他向客人回复，已与旅行社联系过了，由于日程安排太紧，无法抽出时间去慕田峪长城，希望大家谅解。客人见他确实为此事尽了心，也就没再坚持了。

**【案例点评】**本案例中郭先生在客人第一次提出要求时，因为急于否定客人的要求，匆匆作了不能去长陵的解释则没能得到客人的理解。第二次，他汲取教训，不否定客人的要求，而是采取的积极的措施，为他们争取，尽管没有成功，但还是得到了客人的理解。

在导游接待服务中，遇到客人提出难以满足的要求时，导游人员应从游客的心理出发解决问题。首先，不能直接说"不"，这样既易伤害客人的自尊心，又让客人觉得你一定是在推脱；其次，要表现积极的态度，让客人看到你在为他们的要求努力；切忌马上否定，也不要急于解释原因，否则更容易引起客人的抵触。

# 本章小结

交谈礼仪是旅游社交礼仪的重要内容。寒暄与敬语是旅游社交礼仪中广泛运用的交谈礼仪。寒暄是交谈的导入阶段，是交谈的第一礼仪程序。使用敬语，是尊重他人与尊重自己相统一的重要手段。交谈礼仪需要注重表情语言的使用，通过适当的表情语言，不仅能传递真诚，同时也能增强相互的沟通和交流。在谈话的规范中，要保持礼节，找准话题，三思后言。只有讲究谈话礼貌，才能赢得对方的尊重与信任。此外，本章还阐述了交谈的艺术，提出要妥善处理好泛听与聆听，适度幽默，真诚赞美，委婉批评，婉言拒绝等交谈艺术。

---

① 金正昆.社交礼仪.北京：北京大学出版社.2005
② 李娌.导游服务案例精选解析.北京：旅游教育出版社，2007

## 习题

1. 称呼的基本原则是什么？称呼的种类和用法有哪些？
2. 谈话的基本原则及沟通的主要技巧有哪些？
3. 聆听别人谈话时应注意些什么？
4. 赞美别人有什么意义？赞美的方法有哪些？
5. 拒绝有哪些方法可以缓解对方的抗拒感？
6. 使用手机和发送短信的基本要求有哪些？

## 实训项目

### 实训项目一：寒暄语练习

1. 设计不同类型的寒暄语的环境，让学生分组扮演导游和游客，按环境要求进行常见的寒暄语使用练习

场景(1)：早晨在乘车地点导游见到第一批客人。

场景(2)：酒店前台服务人员面对前来登记住宿的一对新婚夫妻

场景(3)：送别前，导游在饭店前厅见到第一批下楼的客人。

2. 对客交流的语言运用技巧

场景(1)：导游人员在带领游客浏览长城时，应如何提醒游客注意安全并准时返回？

场景(2)：一位游客看中了地摊上的一件"古玩"，价格不低正在犹豫。这时他看到导游在附近，便喊："×导，你来帮我看看这个玩意值不值得买？"请学生扮演导游回答游客的问题。

### 实训项目二：微笑的训练

塑造美好的笑容，需要加强笑的艺术修养，养成良好的微笑习惯。

1. 微笑要做到真诚，发自内心。在微笑的同时做到眼到、眉到、鼻到、肌到、嘴到，才会亲切可人，打动人心。可以采用情绪记忆法：即将生活中自己最好的情绪储存在记忆中，当工作需要微笑时，调动起最好的情绪，露出自然、亲切、真诚的微笑。

2. 善用眼睛来笑，力争做到笑容甜美。眼睛的笑容，一是"眼形笑"，二是"眼神笑"。眼睛的笑容训练方法是，取厚纸一张，遮住眼睛下面部位，对着镜子，精神饱满、神采奕奕，使笑肌抬升收缩，嘴巴两端做出微笑的口型。"含笑"的笑容给人以深刻的回味。

3. 对镜借助技术辅助练习。微笑的口型为闭唇、微启唇或两唇角微向上翘。对着镜子，找出自己最满意的微笑口型，然后不断地坚持训练保持此笑容。同时，在训练时可借助一些字词发音时的口型来进行训练。如普通话中的"钱"、"姐姐"、"切切"、"茄子"，或英文字母中的"G"、"V"等，当默念这些字词时所形成的口型正好是微笑的最佳口型。

### 实训项目三：电话交谈练习

场景：一位客人给酒店预订部来电话，要求订一个外景标间，外景标间已订满，预订员向客人推荐面向中庭的内景豪华标间。

将学生分组，分别扮演预订员和客人，模拟以上场景对话，注意礼貌用语和专业语的运用。

### 实训项目四：电子邮件写作练习

以个人的名义代表学校给××同学写封 E-mail，邀请他于 2011 年 11 月 18 日回母校参加母校 70 周年校庆，并请他通知他能联系上的大学同学。

# 专题三　社交礼仪

# 第七章 交际礼仪

【本章导读】

交际礼仪,即人们常说的社交礼仪,是指在社会交际活动中,为了表示对他人的尊敬和友好,在言谈、举止、仪表等方面遵守大家约定俗成的礼仪规范。交际礼仪是一系列约定俗成的规范,这些规范是经历时间的积淀,被事实证明有利于人与人之间的交往的,因此对个人来说,社交礼仪是每个人的学习和运用,而非个性化的创造。古人有云:"修礼宜先修德"。一个在社交场合受人欢迎的人,不仅是因为他对社交礼仪的了解,还在于他对社交礼仪本身的尊重。

【教学重点】

通过对社交礼仪内涵、原则及社交惯例的学习,让学生理解社交礼仪的核心和作用;并采用理论联系实际的方式让学生学习并掌握日常活动礼仪及交际礼仪的主要形式和内容,以亲身体验的方式让学生深化对核心内容的理解和运用。

【核心概念】

日常交际礼仪 握手 介绍 鞠躬 探访会客 宴会礼仪 派对礼仪 涉外接待礼仪

# 第一节　日常交往礼仪

日常交往礼仪包括见面分别的礼仪、拜访与告辞礼仪、会客及送客礼仪、探病及吊丧礼仪、婚庆及贺寿礼仪、馈赠礼仪和交谈礼仪。重视日常交往中的礼貌礼节，对树立良好的个人社交形象，广泛结交朋友，有着非常重要的意义。

## 一、见面、分别时的礼仪

### (一) 握手

握手礼是当今社交活动中使用频率最高、适应范围最广的迎送和相见的礼节。握手礼最早源于欧洲，并随着欧洲文化传播逐渐为各国各民族所接受，成为一种人们在见面、分别、问候、祝贺及表示友好、和解时常用的国际化的礼节形式。

**1. 握手的动作要领**

握手作为一种礼仪形式，有着一套具体的动作要领：行握手礼时，一般采用单手握，即见面的双方各自伸出右手，四指并拢，拇指张开，肘关节微曲，手臂抬至腰部，上身向前微倾，双脚立正，两人相距约一步远，目视对方，面带微笑与之右手相握，上下轻摇，一般为3～5秒。为了表示对对方加倍的亲切和尊敬，也可以双手相握，即同时伸出双手，握住对方双手或右手。但是这种握手方式只在特殊情感下使用，一般情况男女之间不宜采用这种方式。

**2. 伸手的先后次序**

在社交活动中，握手时由哪方先伸手有特殊的讲究。

身份有高低时，是否握手由尊者决定。即面对身份高者、年长者、女士时，不可先伸手行握手礼，只能先行问候或致敬礼，待对方向自己伸手后，才可向对方伸手回握。

迎来送往，主客有序。即迎接客人时，主人先伸手，以示热烈欢迎；客人告辞时，客人先伸手，主人再伸手回握，否则有逐客的嫌疑。同时主客双方都要注意，不能跨门槛或隔着门槛与对方握手。

身份相当时，谁先伸手不作计较。一般谁伸手快，谁更为有礼。另外，祝贺对方，宽慰对方，表示谅解对方，表示真心诚意，也应主动伸手行握手礼。

礼节性握手应对等、同步。即一方伸出手，另一方应及时回握。如果反应迟钝，半天才伸手，或者未做回应，拒绝握手，都会使对方陷入尴尬境地，并显得自己傲慢无礼。

**3. 握手的时间**

握手时间的长短可根据握手双方的亲密程度灵活掌握。与初次见面者握手，时间就在3秒以内；异性间握手更不可握住久久不松；老朋友间或对敬慕已久的人，为表特别的亲切，握手时间可稍长一些。

#### 4. 握手的力度

握手时用力要适度，太紧或太轻都不妥。握的太紧会给人有过分热情或故意示威之嫌；握得太轻或是仅碰一下对方的手，也会给人缺乏热情、敷衍了事之感。

#### 5. 握手的忌讳

(1) 交叉握手。多人相互握手时，不能形成交叉相握之势，即四个人两两相对而站，各与自己斜向的人握手，形成一对相握之手在另一对相握之手的上方，构成西方人认为最不吉利的十字架图案。西方人认为，交叉握手后形成"十字架"是凶兆的象征，日后必定会招来不幸。

(2) 左手相握。用左手与人相握是非常失礼的，如因故(如右手患疾或沾有污渍等)不能用右手相握时，则应主动向对方致歉并加以说明，免行握手礼。与外国人交往时，应特别注意这一点，因为不少国家特别忌讳。如穆斯林与印度人都认为，左手仅适用于为自己洗浴，或是去洗手间方便，右手才负有高雅的使命，若用左手与之相握，或握手时双手并用，他们都会感到是有意的侮辱。

(3) 不摘手套。男子和女士握手时，必须先脱下手套(身穿军服的军人例外)；女士被允许在交际场合可以戴着礼服手套与人握手。

(4) 厚此薄彼。同时面对多人，而你只同某一人握手，对其他人视而不见，这是极其无礼的行为。不仅要与在场的所有人握手，与每人握手的时间也因大致相同，不然也有失礼数。

(5) 心不在焉。与人握手要真诚，微笑着注视对方是基本的礼貌。左顾右盼，心不在焉被视作无礼的行为。

### (二)介绍

介绍是日常工作生活及社交活动中人与人结识的一种重要方式，也是一种常见的礼节，根据介绍对象的不同，一般分为自我介绍和介绍他人两种情况。

#### 1. 自我介绍

自我介绍就是在必要的社交场合，把自己介绍给其他人，以使对方认识自己的一种礼节。为了使自我介绍能给对方留下良好而深刻的印象，进行自我介绍时应注意要先递名片；时间要简短；内容要完整。一般来说，在工作状态正式的自我介绍中，就职单位、部门、职务和姓名缺一不可。且自我介绍时发音要清晰；语句要连贯；语速要适中，既不能太快也不能太慢，太快了对方听不清楚没有达到自我介绍的目的，慢了又会让对方觉得你这个人连自我介绍都吞吞吐吐，做事肯定没有效率。

自我介绍除了重视介绍的内容之外，还要注意自己的举止和表情，举手投足要庄重、大方，充满自信，面部表情要亲切、自然，充满笑意。这样可以在介绍自己的同时，拉近自己与对方的距离。

### 2. 介绍他人

在较为正式的社交场合，为朋友间作相互介绍需要注意介绍的顺序。在商业性介绍中，通常不分男女，总是把身份地位低的人介绍给身份地位高的人。而在一般情况下，介绍顺序的国际惯例是：把身份地位低的介绍人给身份地位高的人；把年轻的介绍给年长的人；把男士介绍给女士；把未婚的人介绍给已婚的人；把客人介绍给主人；把晚到的人介绍给早到的人；把同胞、朋友介绍给外国友人或交往不太深的人。

> **小贴士**
>
> 在商业性介绍中，通常不分男女，总是把身份地位低的介绍给身份地位高的。
>
> 介绍他人时要求用简练的语言，将被介绍者必要的客观情况表述给第三者。作为介绍人在作介绍时要热情、诚恳，在语言表达上不要过于突出某一方，除非另一方有此要求。在双方都介绍完后，尽量找出双方可以继续往下交流的话题，真正起到为双方穿针引线的作用。
>
> 在介绍时，被介绍者应正面向对方，且面带微笑注视对方。被介绍双方在介绍完之后，通常应互相握手问好。除长者与女士外，介绍时的两方都应站立着接受介绍。若是在会谈中或宴会入席后等特殊情况下，就座者可不必起身，只需欠身或微笑致意即可。

## （三）递送名片

名片也称名帖，是各界人士在社会活动中通报姓名、介绍身份的卡片。在见面、交往及社交活动中通过递送名片，不仅可自我推销，还能避免初次见面无话可谈的尴尬。名片被认为是一个人的第二张脸，它体现着名片人的身份、品位和公司的形象。名片只有讲究规范，才不会引起误解，造成混乱，影响交际效果。

### 1. 名片的规格及内容

名片的大小一般为128开，卡片的纸张有韧性；底色有白色、黑色、彩色多种颜色；底纹有布纹、彩条、图案、光版等多种样式。名片的格式不同可以有不同的设计。如图7-1所示。名片一般有三部分内容：工作单位及兼职，姓名和职务，通联项目等。

图7-1　名片的基本格式

**2. 递送名片的礼节**

在参加社交活动时，随身携带的名片最好放在专用的名片包、名片夹里。递名片给他人时，应郑重其事：起身站立，走上前去，对内宾使用双手，对外宾可只用右手，将名片正面面对对方，以略低于胸部位置高度交予对方。若对方是少数民族或外宾，则最好将名片上印有对方认得的文字的那一面面对对方。递名片的同时，还应有语言的配合，可以说："请多指教"，"多多关照"，"今后保持联系"，"我们认识一下吧"，或是先作一下自我介绍。

与多人交换名片，务必要讲究先后次序，或由近而远，或由尊而卑，一定要依次进行。不可挑三拣四，采用"跳跃式"，让人对人产生误解。当你想索要别人的名片时，最好先把自己的名片递给对方，所谓"来而不往，非礼也"，当你把你的名片递给对方的时候，对方一般都会回赠名片给你。

**3. 接受名片的礼节**

当他人表示要递名片给自己或交换名片时，应立即停止手上所做的一切事情，起身站立，面含微笑，目视对方。接受名片时宜双手捧接，或以右手接过，切勿单用左手接过。接过名片，首先要过目，这一点至为重要。若接过他人名片后看也不看，或手头把玩，或弃之桌上，或装入衣袋，或交予他人，均为失礼。

接受他人名片的同时，应口头道谢，或重复对方所使用的谦词敬语，如"请您多关照"，"请您多指教"，不可一言不发。若需要当场将自己名片递过去，最好在收好对方名片后再给，不要左右开弓，一来一往同时进行。

## (四) 致意

致意在现代社会交往中指的是特殊情形下的表示无声的问候的礼节。在对方能看到自己，但又不方便与对方语言交流的时候，致意是传达问候的一种最好的方式。根据双方所处情形的不同，致意可有五种不同的形式。

**1. 微笑致意**

微笑致意即面带浅浅的笑容向对方致意。它适用于与初次见面的人或相识不深者，在同一地点，彼此距离较近但又不适宜交谈的场合；也可用于在同一场合多次相遇的相识者之间的相互问候。

**2. 点头致意**

点头致意是指目光注视对方，头微微向下一点致意形式。点头致意适用于不宜交谈的场合，如在会议、会谈进行中；行礼者看见受礼者正与人谈话，且彼此目光又相遇时，可行点头礼；与相识者在同一场合中多次见面或与有一面之交者在社交场合相逢，可行点头礼。

**3. 举手致意**

举手致意可分远近两种方式，远距离举手致意，一般不必出声，只要将右手臂伸直，举过头上或略高于头;掌心朝向对方,以手肘为中心,轻轻摆动几下手臂即可。近距离举手致意,即将右手臂手肘弯曲,手掌放在右耳旁,以手腕为中心,轻轻摆动手掌即可。

### 4. 起立致意

起立致意即从坐姿变为站姿的一种致意方式。这种方式是较为正式的致意礼。一般有尊者、长者到来或离去时,在场者为表敬意应起立致意。

### 5. 欠身致意

欠身致意即身体的上部稍微向前倾斜,表示对他人恭敬的致意形式,通常欠身幅度应把握在15度以内。

### 6. 脱帽致意

脱帽致意即微欠上身,用距对方稍远的那只手脱帽,并将其置于大约与肩平行的位置,同时与对方交换目光。向尊者、长者、女士致意,若戴着有檐的帽子,脱帽致意是最为礼貌致意方式。若是与朋友、熟人擦肩而过轻掀帽檐示意即可;若戴的是无檐帽,不必脱帽,欠身致意即可。

此外,致意时往往需同时采用两种甚至两种以上的致意形式。如点头与微笑并施,欠身与脱帽并用等等。

 小贴士

对佛教国家的友人行礼,应行双手合十的鞠躬礼,以示对对方信仰的尊重。

## (五)鞠躬

鞠躬即弯曲身躯对人行礼,是社交场合表示尊重和敬佩的一种极为正式的致敬方式。至今鞠躬仍是日本、朝鲜、韩国最常用的礼节。

### 1. 鞠躬的姿势

鞠躬时,行礼者应面对着受礼者立正身体,目光平视,面带微笑;男士鞠躬双手应自然下垂在身体两侧,也可相握背在腰后,女士则应将双手合拢,右手搭在左手背上,轻轻放于身前;同时,以腰部为轴,腰、背、颈、头呈一直线,身体前倾15度~90度,视线随之自然下垂;身体前倾到位后停留一秒钟再恢复原状。

### 2. 鞠躬的深度及适用

鞠躬的深度从15度~90度不等,不同的鞠躬深度有不同的礼仪含义。在日常的社交活动中,常用的鞠躬深度为15度、30度和45度。如图7-2所示。

(1) 15度——表示一般的致意和致谢使用,如大会发言人、演讲人发言开始和结束时等。

(2) 30度——表示恳切的谢意及歉意时使用,如谢幕、领奖、接受馈赠、表诚致的谢意时等。

图 7-2 鞠躬的不同含义

(3) 90 度——在婚礼、悼念、深深的感谢、谢罪等特殊情形下使用。

在日本和韩国，鞠躬是最为常用的礼节，其鞠躬深度在这两国有不同的要求：见面时行 30 度鞠躬礼；告别时行 45 度鞠躬礼；女性对男性的行礼深度要更大；表示特别敬意时，常行 60 度或 90 度的鞠躬礼。

### 3. 回礼

一般人在接受别人的鞠躬礼后，也应以鞠躬礼相还；受礼者若为长者、尊者或女士，可仅用欠身、点头或微笑，以示还礼即可。

## （六）拥抱与亲吻

拥抱、亲吻和吻手礼是欧美各国、中东及南美国家流行的一种见面礼节，它标志着双方的亲密、热情和友好。我国的传统礼仪中不行此礼，但在今天的国际交往中，特别是官方活动，男士官员之间在特别隆重的场合常行拥抱礼，通常是纯礼节性的施礼。

### 1. 拥抱

在迎宾、祝贺、感谢等隆重场合，无论官方或民间都常使用拥抱礼。礼节性拥抱多行于同性朋友间，男士与女士之间一般不采用这种方式。拥抱时，两人相对而立，右臂偏上，左臂偏下，右手扶着对方的左后肩，左手扶在对方的右后腰。按各自的方位，两人头部及上身都向左相互拥抱，礼节性的拥抱可以此为止；较为亲密时，应再向右拥抱，最后再次向左拥抱，礼毕。拥抱时间的长短，视双方关系亲密程度而定。礼节性的拥抱一般时间较短，双方身体也不必贴得很紧，更不允许亲吻对方的脸颊。如需表示亲热，还可用右手掌拍打对方左臂后侧。

### 2. 亲吻

在西方，亲吻礼是常见的一种见面礼。视不同的对象采用亲额头、贴面颊、接吻、吻手背等形式。一般在公共场合见面时，为了表示亲近友好，女性之间可以亲脸，男子之间一般抱肩拥抱，男女之间可以贴脸颊，长辈可以亲晚辈的脸或额头，男子对尊贵的女宾则只吻其手背等。

小贴士

礼节性拥抱多行于同性朋友间，男士与女士之间一般不采用这种方式。

### 3. 吻手礼

吻手礼是欧美上流社会异性之间常用的一种礼节。行礼时双方对视且相距 80 厘米左右，由女士先将自己的右手向左前方轻轻抬起，保持手下垂，手背向上的姿势；当女士抬手的角度到 60 度时，男士即用右手轻轻握住，再缓缓提起，略俯身低头，在女士手背上轻吻一下，后将手缓缓松开，礼毕。行吻手礼时，男士一定要稳重、自然，动作不能粗鲁，姿势不可夸张，亲吻时也一定不可以发出声音。

小贴士

在涉外交往中，女士若不习惯男士行吻手礼，可把握先机，主动伸出右手行握手礼，这样就巧妙的避免了男士行吻手礼的可能。

## 二、拜访与会客的礼仪

### (一)拜访与告辞的礼仪

在日常社会交往中，常常会遇到需要到某人家登门拜访的情况。在亚洲国家，友人间为联络感情，或私下有事拜托对方，常常会上门打扰，因此注意拜访礼节是十分必要的。

#### 1. 预约时间

拜访他人前一定要提前与对方约定一个双方都合适的时间，再行前往，这样便于对方作些准备，如尽快安排好手头工作或在家里进行整理以便迎客。如果不打招呼就贸然前往，很可能会打乱了主人的事先安排，给对方带去麻烦。预约是对主人的尊重，也体现了自身的修养。如有变动或是特殊情况不能前往，应尽可能提前通知对方，并表示歉意。

#### 2. 修饰仪表

若登门拜访，一定要注意自身仪表的修饰。整洁的仪表服饰反映着来访者对主人的尊重。通常，男性应剃须修面，头发清爽整齐；女性可适当化妆，亲切端庄的风格较为适宜；不分男女，鞋、袜都必须要洁净，特别是在我国、日本和韩国，进屋都有换鞋或脱鞋的习惯，如果袜子破损或不洁净将是非常让双方尴尬的事情。

#### 3. 拜客礼品

节日上门拜访或初次做客，最好适当带些礼品，以增进感情，这是从我国古代起就有的所谓"执贽之礼"。这既可以表示对主人的友好；又能代表打扰到主人的歉意之情。

礼品不宜太贵重，否则可能会增加主人的思想负担，以鲜花、水果或精致的食物等为宜。

### 4. 拜访礼节

在拜访时，有以下几点礼节需要特别注意：准时赴约是拜访最重要的礼节，是尊重主人的最佳表现；进门后应先向主人问好、行礼及寒暄；向主人的家属包括孩子问好也是必要的礼节；如果遇到主人有其他客人时，也应向这些客人问候；拜访一般以30分钟到60分钟为宜。

### 5. 告辞礼仪

告辞时要特别避免嘴上说"该走了"，自己却迟迟不起身；如果主人家有别的客人，为给主人和他的客人留更多的时间，则没事应尽早离开。告辞时，应主动伸手向主人行握手礼，这是告辞的基本礼节。

## (二)会客与送客

### 1. 会客礼仪

在接待客人的过程中，主人应注意的礼貌礼节主要体现在以下几个方面：

若为事先约定的会面，主人应做好充分地接待准备，以体现主人对客人的尊重。包括主人及家人仪表的修饰、居室的整理、水果茶点的准备等。对突然到访的来客，也应快速作出相应的反应，以较佳的状态会客。客人进屋时，在家的家庭成员均应出来迎客，在问候完客人后，再各自继续自己的事。主人请客人上座，客人入座后，主人应奉上水果或茶点。主人在一旁陪坐，并同客人愉快的交谈，其间，要常为客人续添茶水，劝其多用水果、点心；交谈的内容重点最好由客人先提起，不要主动提及客人不熟或无兴趣的话题。

### 2. 送客礼仪

当客人告辞时，主人先应真诚的挽留，若客人执意要离开，主人就应做好送客的准备。这时主人也要等客人先起身，自己才能起身相送，反之则有逐客之嫌，是极大的失礼。陪同客人至大门处，亲自替客人开门，亲切话别后嘱咐其慢走。客人是长辈或上级，则要视情况送至电梯口、楼下或院门处才妥；特别重要的客人有时还需送客人上车，目送汽车远去方才离开。遇突然下雨或变天，主人应主动为客人提供雨具、围巾甚至是衣物等，并嘱咐客人不用急着送还，以示主人的大方周到。

## (三)探病与吊丧

探病与吊丧是一种特殊场合下的拜访。其本意是给病人及家属精神上的安慰，同时培养感情、增进友谊。如果做法不当，反而会适得其反。

### 1. 探病礼仪

探望病人前，应该事先尽可能了解病人的病情，及病人现在的心理状况，以便考虑能带上什么适合的礼物,并清楚自己什么话题该提什么话题应回避。西方人通常喜欢送鲜花,我国习惯送水果和补品。选择何种礼物,最终还是要看病人的需要和喜好。另外,着装打扮要尽量清新、柔和,神情自然、亲切、和蔼,避免给病人带来视觉或感受上的太大刺激;在病房内,举止稳重、走路轻盈,动作要十分小心,不可莽撞。

一般情况下,不宜在早晨、中午、晚上、深夜以及吃饭或饭后时间去探望病人。通常,上午10时至11时,下午2时至4时是最佳探望病人的最佳时间。其中,还要考虑到医院对探病的有关规定,以及病人有无特殊治疗等。探望病人,不宜在病房待得太久,一般控制在15分钟左右。

与病人交谈时,尽量谈一些轻松愉快的话题,让病人的心情愉快起来。对病情也不能刻意回避,适当的表示关心,但切忌乱提建议,以免言多必失。

**2. 吊丧礼仪**

吊丧礼应该亲自到场,有事不能到场的,最好提前向其家属书面致歉并表示慰问;若死者为自己生前好友,不仅要亲自参加,还应携家属同往。参加丧礼要特别重视服饰礼仪。在西方社会,每个人都有专门为参加丧礼而准备的礼服,通常为以黑色、藏青色为主的套装,最多搭配一件白衬衫。在我国,虽无专门礼服,但着装上也要求服装色彩沉稳、单一,尽量减少装饰。参加丧礼应向死者送花圈或挽联,在丧礼举行过程中,应始终神情肃穆的默默站立,不可做与丧礼无关的事,更不可中途离场。

对死者亲属的慰问朴实真挚,要控制自己的情绪,尽量不要当着其亲属的面嚎啕大哭,以免影响其亲属好不容易才控制住的情绪,使场面失控。

**小贴士**

对死者亲属最大的慰问是在于真正帮助他们解决可能面临的困难,而不是仅仅表现你的悲伤。

## (四)婚庆及贺寿

婚庆与贺寿是喜事,为了使自己成为聚会中受欢迎的人,各方面的礼貌礼节更应周全。

**1. 得当的仪容**

作为婚礼一方或寿星的朋友,你端庄光彩的形象不仅象征着你对朋友的尊重,也在一定程度上标志着对方择友的品位,即你也是对方"面子"的组成部分之一。因此,你必须修饰自己的仪容后,再去赴宴。但是,打扮不能过分,不能"喧宾夺主",让自己的风采盖过主人,成为全场注意的焦点,这是十分失礼的。如在韩国,婚礼上的新娘都穿白色的婚纱,因此,女性参加朋友的婚礼都忌穿白色的礼服,否则会被认为是故意与新娘抢风头,会被他人指责。

**2. 注意自己的言谈举止**

在与他人的交谈中,要注意自己的举止和表达方式,不可手舞足蹈的高谈阔论,话题最好围绕新娘、新郎或寿星，更不要过多谈论自己，避免把自己渲染成了主角，让别人觉得你很爱表现自己。

### 3. 尽量的与所有宾客相处愉快

到场参加活动的人通常都是新人双方或寿星的亲友，作为主人的朋友，与宾客愉快的相处是你的义务。遇到他人对自己的失礼之处，考虑到主人的面子，应尽量包容，避免事情闹大而场面失控。在这种时刻，维持愉快、和睦的气氛，是你给主人的最佳礼物。

### 4. 馈赠礼仪

馈赠，即赠送礼品，馈赠是人际交往中表达友情、敬重和感激的一种形式。古语云："千里送鹅毛，礼轻情意重"，这是中国人对送礼意义的高度概括。礼物的多少和价值并不重要，重要的是要能投其所好，是其所需。一般而言，送贫者，以实惠性为佳；送富者，以精巧性为佳；送恋人，以纪念性为佳；送朋友，以趣味性为佳；送老人，以实用性为佳；送孩子，以启智性为佳；送外宾，以特色性为佳。

请注意，逢佳节喜庆送礼要赶在时间前头，否则还不如不送；除非不得已，否则送礼要亲自去送，让人转交不很礼貌；还要注意不同地区、不同国家的习俗和文化差异，避免因礼物不当造成的误会和尴尬。

### 5. 接受礼物的礼节

尊重及接受礼物是一个人的基本修养的体现。在西方国家，人们为了表示对赠礼的尊重，会当着对方的面打开礼物包装，并对礼物大加赞美；而在中国、日本、韩国、马来西亚等亚洲国家，人们通常的做法是将礼物慎重的收好，而不是马上打开，表明他们重视的不是礼物本身而送礼者的心意。接受礼物时一定感谢对方并表现出你的喜悦，无论你满意与否，这是对送礼者的最大肯定。

在某些情况下，我们必须拒收对方的礼物，不论用何种借口拒礼，都要保持友善的态度，都要做到有礼有节，向对方说明你拒绝的理由，同样需要感谢对方的好意。

## 第二节　交际应酬礼仪

在社会交往中，除了要注重与他人的日常交往礼仪外，某些特殊场合或特殊活动对一个人的礼貌礼节要求更高。熟悉和掌握交际应酬礼仪，有助于旅游从业人员在一些正式、隆重的社交活动中表现得游刃有余，并树立起良好的社交形象和职业形象。

## 一、宴会礼仪

宴会是社交场合最常见的应酬活动之一。宴会举办者通过宴请拉近与朋友或伙伴间的距离；参加宴会者还可能通过宴会结识更多的新朋友。

## (一)宴会筹备礼仪

宴会举办的成功,很大程度上取决于策划者对准备工作的充分安排。一切相关礼仪及细节都可能影响到宴会的气氛和宴请的效果,因此需要周密的计划和安排。

**1. 宴会的时间及地点**

举办宴会一般以选择主宾双方均方便的时间以原则,同时还要考虑客人的风俗。

选择宴会的地点首先要根据宴会的规模和规格而定,其次再考虑主宾对酒店位置、风格的偏好。举行特别正式或盛大的宴会时,一定要设立宾客休息厅,以供众多的来宾休息和交流;交通及停放车辆的方便程度也是主办方应考虑的问题。

**2. 发出请柬或邀请信**

正式的宴会,请柬或邀请信是必要的礼仪工具,也是对宾客给予极高礼遇的表示。涉及邀请的礼仪主要有以下几个方面:

(1) 发出邀请的时间:根据宴请的宾客的身份和地位来确定发出邀请的时间,一般应提前1~2周,好让宾客有足够的时间要安排手头的工作。身份地位越尊贵的客人发出邀请的时间要越早,这样既显示了主办者的诚意,又尽可能地保证了贵宾的应邀。

(2) 寄送请柬的数量:按照我国的习惯,同时邀请一家人往往只给其中一位寄送请柬。比如,请柬的被邀请人处写的是"××先生携夫人"或"××先生及家人",表明主人对夫妇二人或全家均发出了邀请。请注意,如果邀请一对外国夫妇,就应按国际惯例给夫妇二人各寄送一张请柬;即使是邀请内宾夫妇,如果来宾需要凭请柬入场的,也应给夫妇俩各寄一张。

请柬上应有的数字或字母:为了确定来宾的人数以及宾客到场时清楚自己应在的位置,书写请柬时应按国际惯例给宾客明确的提示。通常的提示有以下几种:

(1) 在请柬下角写上数字,表示宾客被安排的桌次或席位号。

(2) 在请柬的右上方或左下方写上字母或短语。

"R.X.V.P."——法语"请答复"的缩写。

"Regret Only"——表示"若不能出席,请通知邀请人"。

"To remind"——表示"已约定好的,特此提醒"。

(3) 需回复的邀请柬上,别忘了注明邀请方的联系地址,以及邀请方联系人的姓名和电话。

**3. 宴会席位的安排**

宴会席位的安排是宴请礼仪最重要的内容之一,它反映着主人的礼仪文化修养,因此无论中餐宴会或是西餐宴会都应严格按照礼仪要求安排席位,使之符合惯例。

中餐宴会通常以8~12人为一桌(如图7-3),人数较多时则按较合理的数量将宾客平均分为若干桌。桌次按摆放的位置不同有主次之分。席位的安排一般以礼宾次序为主要依据;每桌来宾的身份地位大体相等,且尽量从事同一行业。主桌一般摆放在宴会厅中央或主席台的正前方;其他桌次高低由离主桌位置的远近而定,同朝向左高右低。

各桌的主位可与主桌的主位相同，也可以方向相对。一般情况下，对着门口的座位为主位，离门口最近的为次位，其他位次以离主位的远近而定主次，右主左次；也可以穿插安排，即主人的对面安排第二主人，其余的座位分别以离主人和第二主人远近而定主次，右主左次。

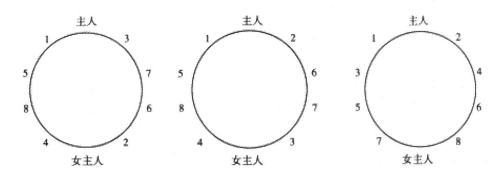

图 7-3　中式宴会的座位安排

西餐宴会与中国宴会有一定差别。西餐宴会一般使用方桌(如图 7-4)，且长方桌使用最广泛。按照国际惯例，西餐宴会的座位排列通常都是男女宾客穿插安排，且一切以女主人为准，即女主人坐第一主人位，男主人坐第二主人位，主宾在女主人右方，主宾夫人在男主人右方。

图 7-4　西式宴会的座位安排

#### 4. 订菜与备酒

宴会上酒菜确定的总体原则是要考虑客人的偏好及宴请的预算。订菜备酒要照顾主宾及宾客中大多数人的偏好，注意宾客特殊的民族及宗教信仰对食物的要求，备酒不用盲目追求高档或潮流，应考虑宾客的"酒文化"水平，比如像人头马 X.O 这样的酒，价格不菲，但绝大多数的中国人都喝不惯。

## (二)参加宴会的礼仪

收到请柬或邀请信后，应按照请柬信的提示尽早的回复对方；不能出席时要礼貌的婉拒，并表现出对主人的感谢及自己因不能出席的遗憾之意。若接受了邀请，就可以开始为赴宴而准备。

#### 1. 赴宴前的准备

出席宴会前应在家全面整理好自己的仪容仪表，女士要求化妆，这是对主人尊重的表现。同时，男女都应穿正装，特别是西餐宴会，男士要求穿西装、打领事，女士要求穿礼服、不可着裤装。如果宴会主题与庆贺有关，还应准备一份小礼物以示对主人的祝贺及谢意。

### 2. 入场礼仪

按时出席宴会，早到、迟到都不符合礼仪。中餐宴会客人可以早到十分钟左右，西餐宴会则最多提前两三分钟到场为好。在入口处要主动找主人打招呼，表示你已如约出席，也好让主人心里有数。有喜事的，向主人道贺；一般宴请，则对主人的邀请表示感谢。在休息厅休息时，可找一两位朋友交谈，见到尊长进来，要主动让座。

入席就座时要斯文礼让；男士应主动帮邻座的女士拉开座椅，协助其入座，之后再自己就座；坐姿要端正稳定，跷二郎腿等都是有失礼仪的坐态；女士随身携带的包应放在自己的背部与椅背之间，放在大家公用的餐桌上是非常不礼貌的。

### 3. 祝酒礼仪

客人在主人提供的酒水中选择，酒水斟好后，客人不能马上饮用，应等到主人宣布宴会开始或举杯后，客人才端杯饮酒。与主人共饮时，且尽量与主人同步。女士在任何情况下都应小口慢饮，不可贪杯，要保持优雅的仪态。

### 4. 用餐礼仪

用餐应礼让主人和尊长，布菜用公筷或公匙；夹菜时不可一次夹太多，也不能伸到碟子对面去夹或是在菜碟里乱挑乱搅；进食时要避免直接从菜碟或汤碗中取菜送进嘴里，应先放入自己的餐盘或小碗中再入口；吃东西时不可发出声响，要闭嘴咀嚼；万一要打喷嚏或是咳嗽，应马上掉头背向餐桌，同时用手巾掩口；食物残渣不能吐在桌上或地上，应放入骨碟中。

### 5. 离席及告辞礼仪

当主人宣布宴会结束或示意散席时，客人都应放下筷子起身，礼让主人或尊长离席后，再各自离席。

**小贴士**

西方宴会中，由始至终女主人才是第一主人，宴会开席和结束都由女主人宣布，所有人都应"唯女主人马首是瞻"！

与新朋老友告别，表示今天与之共进了晚(午)餐的愉快之情。最后向主人告辞，主动与主人握手并致谢，表达谢意时应言简意赅，切不可拉着主人的手久久不别，影响其他客人向主人话别。

## 二、派对礼仪

派对源自英文(Party)，早期经由香港的广东话发音而形成。通常是社会中的人们聚在一起，尽情地玩耍、庆祝和休闲的一种方式。派对并不全是娱乐，它们大多是为了社交而存在，通过这种方式你可以了解更多的来自不同地区的人的文化和生活习俗。越是正式的派对，就越需要时刻保持仪态。

## (一)家庭派对礼仪

### 1. 着装礼仪

参加派对前，了解派对主题很重要。有明确主题的派对，一般会在请柬上写明着装，如女士要着晚礼服；男士要着燕尾服等。参加比较正式的派对，女士的口红要选择不会留下唇印的亚光口红，而不是亮晶晶的唇蜜。在派对上，女士最好左手拎小包，方便腾出右手和人握手。一般女士先伸手和人相握。

### 2. 遵守时间

提早到达是非常不礼貌的，因为此时主人可能还在准备，无暇照顾而冷落你，而且还可能因为手忙脚乱的场面被你撞破而感到尴尬。当然，更不能迟到。

### 3. 派对上的细节

若客人遇到尴尬，首先要镇定，叫来服务生或是自己去化妆间处理。如果是边上的伙伴遭遇尴尬，递上纸巾，同性间可以帮忙擦拭。但是切忌异性帮忙擦拭。

碰到自己擅长的环节、游戏或话题，不要只是缩在一边看，而是要积极地参与，大方地表现自己。持大方态度的人越多，派对气氛就越好。

### 4. 交谈礼仪

要广交朋友，而不是一遇见熟人，老远就大声喊叫，或者夸张地互拍肩膀，开始旁若无人地交谈，甚至用方言交谈。这样就失去了派对本来的意义，容易把周围人给吓到。

和陌生人交谈，尽量记住对方的名字；仔细聆听对方的谈话，学习称赞对方，并表达你的关注。切忌夸夸其谈，令人反感。要学会当配角，恰时的插几句幽默机智的话语比整场唠叨要得人心很多。对于自己不太了解的话题最好聆听为上，"献丑不如藏拙"才是硬道理。

### 5. 曲终示谢

如果你对派对感到乏味，你也可以早些走。不要忘记向大家说再见，并对组织者表示感谢。同理，如果你坚持到了最后，也要记住在曲终人散的时候感谢主人，并表示玩得很开心。

## (二)沙龙和俱乐部的礼仪

沙龙和俱乐部都是国外上流社会和各界精英社交的重要场所，目前也流行于中国的各大市城。

### 1. 沙龙

"沙龙"是法文 Salon 的音译，法文原意为"会客室"、"客厅"。17 世纪末期至 18 世纪，法国巴黎的文人和艺术家经常接受贵族妇女的招待，在客厅聚会，谈论文艺等问题。后来，就把有闲阶层的文人雅士清谈的场所叫做"沙龙"。到了现在，沙龙已经逐步形成为室内社交聚会的一种形式。

沙龙就是一种特殊的聚会(party)。比如，社交性沙龙就是由较熟识的朋友、同事结成的定期或不定期的聚会，如同乡联谊会等。酒会、家庭晚宴等综合性沙龙是兼有多种功能，促进人们自由交谈、增进了解的聚会。但是，沙龙一般具有浓厚的文学和艺术氛围，而且档次和级别相对较高，更具专业性，参与者多是由职业、兴趣相同或相近的人组成的，以探讨某一学术问题为主要目的。如学术性沙龙。

沙龙聚会须遵循 party 的基本礼仪，特别强调举止的文雅和交谈的真诚。沙龙是展示个人修养、结交新朋友的重要社交形式，所以，举止要文雅大方、彬彬有礼，交谈务必真诚。要言之有物，言之有理，紧紧围绕主题，防止空洞无物，信口开河。不能为了哗众取宠，故作惊人之语。不要自以为是，滔滔不绝，瞎侃一气，以免弄巧成拙，在众人面前失态。交谈有适度的幽默和风趣是必要的，可以活跃沙龙的气氛。

### 2. 俱乐部

俱乐部一词来源于英文音译 club。俱乐部文化起源于英国，17 世纪的欧洲大陆和英国，当时的绅士俱乐部源于英国上层社会的一种民间社交场所，它们往往具有数百年的历史。这种俱乐部的内部陈设十分考究，除了古香古色的房间和美轮美奂的装饰，俱乐部内都还设有书房、图书馆、茶室、餐厅和娱乐室。俱乐部除了定期组织社交活动外，还向会员提供餐饮、银行保险、联系和接洽等各项服务。早期，标准的英国绅士是不会随便外出就餐、去银行的，他们总是在自己的俱乐部里完成这些事情。就连写信、写短笺他们也都尽量用所在俱乐部的纸张，因为这样才得体。在传统的英国俱乐部中，英国绅士良好的教养、优雅的传统及对生活的高雅品位都可以得到充分体现。可以说，在英国社会一个人拥有多少知名俱乐部的会员资格是此人社会地位高低的体现。

## (三)舞会礼仪

在西方国家，社交舞会是一种高雅文明的社交活动，参加舞会不仅能充分地展现一个人的修养和风采，还能通过舞会加深交往，增进友谊。在中国，很多派对上也会有交谊舞环节。虽然舞会气氛常常是轻松愉快，但其中的种种礼仪却不能忽视。

### 1. 邀请礼仪

发出舞会邀请的基本礼仪与宴会邀请礼仪相似，不过舞会的主办者应更重视被邀请人的男女比例，以满足舞会这一特殊社交活动的需要。

通常情况下男女比例大致相当是比较理想的安排，但还可以考虑男士人数适当的多于女士，这样可以更好的保证每一位女士都不至于受到冷落。

### 2. 场地的安排

场地的选择重点考虑舞池的面积大小，与舞会邀请人数协调这点很重要。通常舞池面积以人均 $1.2\sim2.0m^2$ 为宜。场地过大，舞会不容易形成热烈隆重的气氛；场地过小，大家共舞时难免显得拥挤，这也就失去了跳舞的意义。舞厅还应设有寄存处并附带有酒吧或休息厅，舞池四周最好设有座位，以更好的满足客人多方面的需要。

**3. 音乐的选择**

舞会选择何种风格的音乐主要应考虑客人的喜好，为了能更好的调动舞会各阶段的气氛，邀请专业的乐队伴奏最为理想。在舞会进程中还可安排诸如客人表演、抽奖、游戏等即兴节目，让客人既得到休息，又能自娱自乐。

**4. 仪表礼仪**

女士通常穿着礼服或较正式的裙装，不能着裤装，并精心修饰面容。男士要求穿着西式礼服或正式西服，剃须修面，以求整个人看起来神清气爽、仪表堂堂。

**5. 邀舞礼仪**

社交活动中的舞会通常都是交际舞会，而交际舞的特点是男女共舞，邀请舞伴通常是男士的任务。作为男士在舞会进程中有以下礼仪需要重视。

(1) 邀舞的姿势：男士邀请舞伴时，应彬彬有礼、稳重端庄地走到女士面前，面带微笑，身体前倾，同时掌心向上的伸出右手，手指指向舞池方向，礼貌地询问："我可能请您跳支舞吗？"

(2) 有女伴同往的男士，第一支舞和最后一支舞均应请女伴共舞。

(3) 男士可以邀请在场所有女性共舞，但不能整晚只同一名女性跳舞。

(4) 男士若想邀请有男士或家长陪同的女性，应先征得陪伴者的同意，跳完后，再送这位舞伴回原处，并礼貌地向其陪伴者点头致谢。

(5) 整个舞会过程中，男士至少向女主人及女主人介绍给大家的女伴或女儿邀舞一次，这是参加者对主人表示感谢的基本方式。

(6) 男士若能主动地邀请在场受到冷落的女士，将会被认为是一位真正的绅士。

(7) 两位男士若无意间同时在邀请同一位女士，双方都应谦虚礼让，切不可失态的争抢。

(8) 若有别的男士邀请你的女伴，你应表现得大方些，切不可代女伴回绝他人。

**6. 女士应邀或婉拒礼仪**

在舞会上，女士有答应或拒绝某位男士邀请的权利，但如果没注意礼节，处理不当，不仅有损自己的形象，甚至可能会引发因误解而产生的纠纷。

(1) 女士接受对方的邀请，只需微笑点头或轻挪小步向舞池方向走。

(2) 女士若不愿与前来相邀的男士共舞，可以婉言谢绝，但最好不要拒绝对方的第二次邀请，在无特殊情况下应与其共舞。

(3) 女士若已拒绝了一位男士的邀舞，那么这曲舞就不能再接受另外男士的邀请，否则这是明显的对前者不尊重。

(4) 女士在接受了一位男士的邀请后，又有别的男士相邀时，应礼貌地告诉对方这支舞你已经有舞伴了，并对对方的邀请表示感谢。

### 7. 共舞的礼仪

男女共舞时，男士右手掌心向下向外，大拇指背轻轻挽住女士左腰，同时左臂呈弧形展开向上，掌心与肩平并轻托住女伴的右手掌；女士的左手则轻轻搭在男士右肩上，右手手掌轻轻放在男士左手掌心上。跳舞时，双方的身体应保持一定距离，且不宜随着舞步左右摇晃。

小贴士

男女共舞时不要显得过于亲密。即便是情侣，如果跳舞时搂得太紧，或女方勾住男方的脖子，则有失风度。

### 8. 结束礼仪

为了让客人能尽可能合理的安排自己的体力，邀请柬上最好写明舞会几时开始几时结束。主持人在舞会结束前应宣布还有几支舞，以让来宾可以尽兴而归。

在一曲未结束的时候，若需找人也不能穿越舞池，更不能在一曲终止前将人拉出。

参加者不宜提前离开，若实需离开应悄悄的给主人打声招呼，不辞而别或打扰他人都是失礼的。

在舞会举办时，主办方还应提供丰富的饮料和小食品。舞会结束时，还可向每位来宾赠送小礼品，让来宾对此次活动留下深刻而美好的回忆。

## 第三节　涉外接待礼仪

旅游业是涉外服务接待行业，许多涉外活动，往往是通过各种交际礼宾活动进行的。涉外接待活动是否符合国际礼宾惯例，将直接关系到我国旅游事业在国际上的声誉，关系到我国的外交形象和尊严。因此，每一位旅游待工作人员都应学习和掌握涉外接待礼仪知识。

### 一、国际礼仪通则

国际礼仪通则是指中国人在与外国人接触时，应当遵守并应用的有关国际交往惯例的基本原则。[①]在国际交往中，可能会出现各种各样、错综复杂的情况与问题，在解决及处理这些问题时，作为旅游涉外人员，我们必须坚持以下通行的八个方面的原则。

#### 1. 忠于祖国，严守机密

周恩来同志曾经要求我国的涉外人员"具备高度的社会主义觉悟。坚定的政治立场和严格的组织纪律，在任何复杂艰险的情况下，对祖国赤胆忠心，为维护国家利益和民

---

① 金正昆.国际礼仪. 北京：北京大学出版社，2005

族尊严,甚至不惜牺牲个人一切"。江泽民同志指出:"涉外人员必须能在变化多端的形势中判明方向,在错综复杂的斗争中站稳立场,再大的风浪也能顶住。在各种环境中都严守纪律,在任何情况下都要忠于祖国,维护国家利益和尊严,体现中国人民的气概。"

### 2. 维护形象,不卑不亢

在国际交往之中,每一个人的个人形象,都真实地体现着个人教养、精神风貌与生活态度,也代表着其所属国家或地区,所属民族的形象。因此,其言行应当从容得体,堂堂正正,不卑不亢。

### 3. 求同存异,入乡随俗

世界上的各个国家、地区,各个民族,在其历史发展的具体进程中,形成了各自的宗教、语言、文化、风俗和习惯,并且存在着不同程度的差异。在国际交往中,要真正做到尊重交往对象,首先尊重对方所独有的风俗习惯,求同存异,入乡随俗,增进中外双方之间的理解和沟通,有助于更好地、恰如其分地向外国友人表达我方的亲善友好之意。

### 4. 热情有度,尊重隐私

热情有度是要求人们在国际交往中,把握好待人热情友好的具体分寸,要做到关心有度,批评有度,距离有度,举止有度,尊重个人隐私,一不问收入支出;二不问年龄大小;三不问恋爱婚姻;四不问身体状况;五不问家庭住址;六不问个人经历;七不问信仰政见;八不问所忙何事。

### 5. 承诺慎重,遵时守信

在对外交往过程中,言行一定要谨慎,不管是答应对方所提出的要求,还是自己主动向对方提出的建议,或者是向对方许愿,都一定要深思熟虑,量力而行。正如美国第一任总统华盛顿所说:自己不能胜任的事情,切莫轻易答应别人,一旦答应了别人,就必须实践自己的诺言。不管参加任何外事活动,都应该按照约定的时间准时到达,办事认真,恪守信用,言必信,行必果。

### 6. 女士优先,尊卑有序

正式的国际交往中,"女士优先"要求男士在国际交往中,尊重、照顾、体谅、关心、保护女士,对所有的女士都应一视同仁。依照国际惯例,大到政治磋商、商务往来、文化交流,小到私人接触、社交应酬,但凡有必要确定并排列时的具体位置的主次尊卑,"以右为尊"都是普遍适用的。将多人进行并排排列时,最基本的规则是右高左低,即以右为上,以左为下;以右为尊,以左为卑。

### 【案例7-1】谦虚也有错的时候

一位英国老妇到中国游览观光,对接待她的导游小姐评价颇高,认为她服务态度好,语言水平也很高,便夸奖导游小姐说:"你的英语讲得好极了!"小姐马上回应说:"我的英语讲得不好。"英国老妇一听生气了,"英语是我的母语,难道我不知道英语该怎么说？"导游小姐非常疑惑："难道谦虚也错了吗？"

**案例点评：** 老妇生气的原因无疑是导游小姐忽视东西方礼仪的差异所至。东方人讲究的是谦虚，凡事不张扬，而西方人讲究一是一，二是二。因此，在开展对外旅游活动的过程中，当旅游涉外人员与外宾接触时，应遵循"不必过谦"的基本原则。

### 【案例7-2】"女士优先"应如何体现

在一个秋高气爽的日子里，迎宾员小杨，穿一身剪裁得体的新制服，第一次独立地走上了迎宾员的岗位。一辆白色高级轿车向饭店驶来，司机熟练而准确地将车停靠在饭店豪华大转门的雨棚下。小杨看到后排坐着两位男士、前排副驾驶座上坐着一位身材较高的外国女宾。小杨一步上前，以优雅的姿态和职业性动作，先为后排客人打开车门，动作麻利而规范、一气呵成。与此同时，小伙子目视客人，礼貌亲切地问候，做好护顶关好车门后，小杨迅速走向前门，准备以同样的礼仪迎接那位女宾下车，但那位女宾满脸不悦，使小杨茫然不知所措。通常后排座为上座，一般凡有身份者皆在此就座。优先为重要客人提供服务是饭店服务程序的常规，这位女宾为什么不悦？小杨错在哪里？

**案例点评：** 在西方国家流行着这样一句俗语："女士优先"。在社交场合或公共场所，男子应经常为女士着想，照顾、帮助女士。诸如：人们在上车时，总要让妇女先行；下车时，则要为妇女先打开车门，进出车门时，主动帮助她们开门、关门等。西方人有一种形象的说法："除女士的小手提包外，男士可帮助女士做任何事情。"迎宾员小杨未能按照国际通行的做法先打开女宾的车门，致使外国女宾不悦。

### 7. 不宜先为，不必过谦

在国际交往中，面对自己一时难以应付、举棋不定，或者遇到不知道怎样做才好的情况时，最明智的做法是尽量不要急于采取行动。或是同绝大多数在场者在行动上保持一致。在实事求是的前提下，旅游涉外人员在国际交往中涉及自我评价时，不应该自吹自擂，自我标榜，但是也绝对没有必要妄自菲薄，自我贬低，自轻自贱，过度地对外国人进行谦虚、客套。要敢于并且善于对自己进行正面的评价和肯定。

### 8. 注重环保，爱护环境

环境，通常是指人类生存的外部条件，是人类社会赖以生存和发展的基础，与人类的生活质量息息相关。在国际交往中，爱护环境的主要内容有：不可毁损自然环境；不可虐待动物；不可损坏公物；不可乱堆乱挂私人物品；不可乱扔乱丢废弃物品；不可随地吐痰；不可在公共场所吸烟；不可任意制造噪声。

## 二、旅游涉外接待礼仪

### 1. 迎送外宾礼仪

迎送，顾名思义，就是迎来送往，这是一种常见的社交礼仪。一个精心安排的欢迎仪式，能使外宾一踏上被访国就产生良好的第一印象；一个周到圆满的欢送仪式，会给来宾留下美好而难忘的回忆。

1) 确定迎送规格

确定迎送规格,主要依据来访者的身份和访问目的,适当考虑两国关系。主要迎送人通常都要同来宾的身份相当,同客人对等为宜。

2) 排列礼宾次序

一般的官方活动,经常是按身份与职务高低安排礼宾次序。多边活动中的礼宾次序有时按参加国或地区名称字母顺序排列,一般以英文字母排列居多,比如国际会议、体育比赛等。在一些国家或地区举行的多边活动中,东道国对同等身份的外国代表团,按时间排列礼宾次序。具体有这么几种情况:其一,按派遣国或地区给东道国通知中组成代表团的日期排列;其二,按代表团抵达活动地点的时间先后次序排列;其三,按派遣国决定应邀派遣代表团,参加该项活动的答复时间先后次序排列。

在国际礼仪活动中,礼宾次序非常重要,如安排不当,或不符合国际惯例,就会招致非议,甚至会引起争议和交涉,影响国与国或地区之间的关系。在礼宾次序安排时,既要做到大体上平等,又要考虑到国家或地区关系,同时也要考虑到活动的性质、内容、参加活动成员的威望、资历、年龄,甚至其宗教信仰、所从事的专业以及当地风俗等。礼宾次序不是教条,不能生搬硬套,要灵活运用、见机行事。有时由于时间紧迫,无法从容安排,只能照顾到主要人员。

**【经典小故事】**

1995 年 3 月,在丹麦哥本哈根召开的联合国社会发展世界首脑会议上,出席会议的有近百位国家元首和政府首脑。3 月 11 日,与会的各国元首与政府首脑合影。照常规,应该按礼宾次序名单安排好每位元首、政府首脑所站的位置。首先,这个名单怎么排,究竟根据什么原则排列?哪位元首、政府首脑排在最前?哪位元首、政府首脑排在最后?这项工作实际上很难做。丹麦和联合国的礼宾官员只好把丹麦首脑(东道国主人)、联合国秘书长、法国总统以及中国、德国总理等安排在第一排,而对其他国家领导人,就任其自便了。有好事者事后向联合国礼宾官员"请教",礼宾官员答道:"这是丹麦礼宾官员安排的。"向丹麦礼宾官员核对,回答说:"根据丹麦、联合国双方协议,该项活动由联合国礼宾官员负责。"好事者就此信服。此例就是灵活应用礼宾次序的典型案例。

3) 掌握抵达时间

负责接待的有关人员必须及时、准确地掌握外宾乘坐飞机(火车、船舶)的抵、离时间,迎接人员应在飞机(火车、船舶)抵达之前到达机场(车站、码头)。

4) 热烈欢迎外宾

外宾与迎接人员见面时,应互相介绍。通常由礼宾人员,或者由欢迎人员中身份最高者先将前来迎接的人员按职位从高到低的顺序介绍给外宾。如安排献花,必须用鲜花,并注意保持花束整洁、鲜艳。忌用菊花、杜鹃花、石竹花和黄色花朵。通常由儿童或女青年在参加迎接的主要领导人与外宾握手之后,将花献上。

5) 主人陪同乘车

外宾抵达后从机场到住地,以及访问结束由住地到机场,一般应由东道主方面安排人员陪同乘车,有时东道主本人也可陪车。在我国主人陪车时,应请外宾坐在主人的右侧;如是三排座的轿车,随员坐在主人前面的加座上;如是二排座,随员坐在司机旁的副驾驶座上。上车时，车门应由接待服务人员负责开关，请外宾从右侧门上车，主人从左侧门上车。如遇外宾先上车，坐到了主人的位置上，则不必请外宾挪换位置。

6) 送至下榻饭店

在国际活动中，一般将身份重要的外宾安排到条件优越、设施完备、安全可靠的涉外宾馆住宿。将外宾送至下榻饭店后，应陪同他们到客房楼层并送至客房，询问他们还需要什么，在可能的情况下尽力提供帮助。

7) 认真话别送行

按照接待礼仪，在外宾正式离开本地的前一天，主人应专程前往外宾下榻的宾馆探望。次日送行时，主人和东道主方面的接待人员应提前到达外宾住处，正式向外宾道别时。主人应同客人一一握手，并预祝外宾旅途愉快。当外宾乘车起程时，应向他们挥手致意，目送客人走远方可离去。

送行也可在机场进行，主人应在客人登机之前抵达(离去时如有欢送仪式，则应在仪式开始之前到达)。身份高的客人，可由接待人员提前前往代办手续。

**【经典小故事】**

1962年，周总理到北京西郊机场为西哈努克和夫人送行。亲王的飞机刚一起飞，我国参加欢送的人群便自行散开，准备返回，而周总理这时却依然笔直地站在原地未动，并要工作人员立即把那些离去的同志请回来。这次总理发了脾气，他严厉起来了，狠狠地批评道："你们怎么搞的，没有一点礼貌！各国外交使节站在那里，飞机还没有飞远，你们倒先走了。大国这样对小国客人不是搞大国主义吗？"当天下午，周总理就把外交部礼宾司和国务院机关事务管理局的负责同志找去，要他们立即在《礼宾工作条例》上加上一条，即今后到机场为贵宾送行，须等到飞机起飞，绕场一周，双翼摆动三次表示谢意后，送行者方可离开。

**2. 涉外宴请礼仪**

在宴席上最让人开胃的就是主人的礼节(莎士比亚)。以东道主的身份设宴款待外宾时，需要注意的礼仪方面的问题主要有菜单的选定、就餐的方式、用餐的环境、宴会的座次、来宾的引导，等等。

1) 确定宴请菜单

适合宴请外宾的菜肴主要有四类：一是具有民族特色的菜肴，如春卷、元宵、水饺；二是具有本地风味的菜肴，"南甜、北咸、东辣、西酸"，各地菜肴，风味不同。如上海的小笼包，天津的"狗不理"；三是餐馆的"特色菜"或厨师的"看家菜"；四是外宾本人喜欢的家乡菜。在所有的饮食禁忌中，宗教方面的饮食禁忌最为严格，而且绝对不允许有丝毫的违犯。

2) 选择就餐方式

使用筷子就餐时，可细分为下列四种具体形式：一是"混餐式"就餐方式，也叫做"合餐式"就餐方式；二是"分餐式"就餐方式，人们亦称之为"中餐西吃"。三是"自助式"就餐方式，通常也叫自助餐。四是"公筷式"就餐方式。

3) 注重就餐环境

人们在安排宴会时，通常被要求必须恪守"四M原则"即环境、菜单、举止、音乐等四个最重要的环节加以认真的准备。涉外宴请的用餐环境要幽静、雅致、整洁、卫生。

4) 排定宴会座次

国内所通行的宴会座次的排列方法，一是"居中为上"；二是"以右为上"；三是"以远为上"；四是"临台为上"。在排列每张桌子的具体位次时，主要有"面门为主"，即在每张餐桌上，以面对宴会厅正门的正中座位为主位，通常应请主人在此就座。"右高左低"，在每张餐桌上，除主位之外，其余座位位次的高低，应以面对宴会厅正门时为准，右侧的位次高于左侧的位次。"各桌同向" 则是指在举行大型宴会时，其他各桌的主陪之位，均应与主桌主位保持同一方向。

5) 引导来宾入座

一般有下列四种常规的方法：一是在请柬上用中英文注明每一位赴宴者所在的桌次；二是在宴会厅的入口处附近悬挂宴会桌次的中英文示意图；三是在现场安排引位员，负责对来宾，尤其是贵宾的引导；四是在每张餐桌上放置桌次牌以及每一位用餐者的姓名卡，外宾写明英文全名，以便大家"对号入座"。

## 三、文艺晚会礼仪

在国际交往中，特别是在接待外国贵宾时，为其专门组织一场文艺晚会，不仅是一项娱乐活动，而且也是给予对方的一种礼遇。

### 1. 选定文艺节目

一般可安排客人观看具有本国民族风格的节目，如民族歌舞、京戏、地方戏等。同时，对节目的内容进行预审，以免因政治内容、宗教信仰、风俗习惯等问题引起不愉快。应尽可能穿插一些来宾所属国家的节目，以体现对来宾的尊重及友好。

### 2. 礼貌发出邀请

请柬应提前两天发出，已经口头约妥的，仍应补送请柬，请柬内容包括演出时间、地点、节目名单、主人姓名。请柬信封上被邀请人的姓名、职务要书写准确。如果在发请柬之前已经排好座次，应在信封下脚注上座次号。请柬发出后，应及时落实出席情况，准确记载，以便调整座次。

### 3. 恰当安排座位

在专场演出时，一般应将最佳的座位留给外宾。剧院中以第七排和第八排座位观看效果最好，可作为贵宾席。入场时，主宾在陪同人员的陪同下按礼宾次序就座。其中要穿插安排好翻译人员的座位，以便主人和主宾能及时交谈节目的内容。

### 4. 印制精美说明

为了方便外宾理解节目的内容，各种文艺演出都应准备精美雅致的说明书。将节目顺序和故事梗概简明扼要的介绍清楚，并用主客双方的文字印刷，在演出前发给来宾。

## 四、参观游览礼仪

在国际交往中，为应邀来访的外国客人适当安排一些参观游览活动，既可以调剂对方的生活，也可以借此机会使对方进一步了解东道国的历史文化、风土人情和建设成就。

### 1. 提前布置场地

接待具有一定礼仪规格的外宾，应该在被参观单位的适当地方悬挂外宾国家国旗和我国国旗，以表示尊重及欢迎。国旗的正确悬挂方法是：客右主左。即从外面向内看时，外国国旗在左，我国国旗在右。如果参观的外宾较多，应提前准备扩音设备，以便介绍情况时，前后人员都能听到。如遇不允许摄影录像的地方，现场要竖立中英文"禁止摄影"标志牌，提请人们注意。

### 2. 陪同参观游览

按国际惯例，外宾前往参观，一般都应安排相应身份的人员陪同，如有身份高的主人陪同，应提前通知对方。接待单位也要有一定的人员出面，并根据需要安排翻译、解说、导游人员以及必要的工作人员来维持参观的正常进行。参观游览中，我方人员不要中途离去或不辞而别。

### 3. 安排解说介绍

参观游览中的翻译要实事求是，不擅自掺杂自己的意见，增减谈话的内容。解说能够针对性地回答外宾关心的问题，并进行必要的解释。对于基本的情况，最好准备一份装潢精美的中英文对照说明书，说明书中的介绍应简明扼要，实事求是，把握分寸。

### 4. 维持现场秩序

在外宾参观游览过程中，对外宾要有礼貌，不要让群众围观尾随或指手画脚地议论。如果外宾主动与群众谈话，表示友好时，我方也应友好答话和作相应的表示。在外宾拍摄群众照片时，引导群众不应回避躲闪，态度要自然大方。

## 五、礼品馈赠礼仪

在国际交往中，赠送给外宾的礼品，意在表达我方对外方的尊敬及友好之意。

### 1. 精心挑选礼品

在国际交往中，送礼依然要讲究"礼轻情意重"，要突出礼品的纪念性；要体现礼品的民族性；要明确礼品的针对性；要重视礼品的差异性。

"涉外交往八不送"：第一类，是一定数额的现金、有价证券；第二类，是天然珠宝与贵金属首饰；第三类，是药品与营养品；第四类，是广告性、宣传性物品；第五类，是易于引起异性误会的物品；第六类，是为受礼人所忌讳的物品；第七类，是涉及国家机密或商业秘密的物品；第八类，是不道德的物品。

## 2. 重视礼品包装

送给外宾的礼品，一定要在事先进行精心的包装。对包装时所用一切材料，都要尽量择优而用。与此同时，送给外国人的礼品的外包装，在其色彩、图案、形状乃至缎带结法等方面，都要与尊重受礼人的风俗习惯联系在一起考虑。

## 3. 把握送礼时机

作为东道主接待外宾时，如欲赠送一些礼品，可在来宾向自己赠送礼品之后进行回赠；也可以在外宾临行的前一天，在前往其下榻之处进行拜访时相赠。

## 4. 区分送礼途径

送给外宾的礼品，大都可以由送礼人亲自当面交给受礼人，亦可专程派遣礼宾人员前往转交，或者通过外交渠道转送。如果有必要，礼品可以被提前送达受礼人的手中。礼品应附上一枚送礼人的名片。

# 本章小结

在现代社会中，要想成为在生活或工作中受人欢迎的人，必须具有一定的社交意识和懂得相应的社交礼仪。社交礼仪的原则可以帮助一个人从本质上理解社交礼仪的精神，从而更好地在实践中贯彻实行。了解和掌握国际社交惯例，可以使一个人在国际交往中少走弯路，较快地融入国际社交活动中。

日常交往礼仪是人们在社会生活中逐步形成的一套礼仪规范，由于人们的共同遵守，使每个人都得以生活在一个规范、融洽的社会环境中。交际应酬礼仪则是教导一个人如何在大型的社交应酬活动中，成为别人羡慕的绅士或淑女，充分地展现个人的风度和修养。

本章主要通过实训练习，力求理论与实践充分地结合，要求学生在日常的学习和生活中，严格按照礼仪要求，规范自己的行为，以养成良好的礼仪习惯。

习题

1. 怎样正确行握手礼？握手时应注意哪些礼节？
2. 正式介绍先后顺序是怎样规定的？其基本准则是什么？

3. 什么情况下使用致意礼仪？它有哪些具体形式？
4. 涉外宴请时应注意哪些方面的基本环节？
5. 男士邀舞应注意哪些礼仪？女士应如何礼貌地应邀或婉拒？
6. 什么是国际礼仪通则？具体包括哪些方面？
7. 在高规格的涉外接待中，如何确定迎送规格？

# 实训项目

### 实训项目一：日常交往礼仪练习

1. 学生分组练习不同场合下的握手、鞠躬及致意礼仪。练习时，各组学生相互观摩，指出表演方的优点与不足。

2. 学生分组练习介绍别人及自我介绍，并要求适当的穿插递送名片。练习过程，学生要注意介绍及递送和接收名片的礼仪要求，并观察别人在练习过程中，有哪些经常犯的错，以及有哪些做得不错的地方。

### 实训项目二：宴会礼仪练习

组织一次学生集体用餐。要求学生严格按照中餐礼仪的要求文明用餐，特别注意祝酒礼仪、餐巾的正确使用、文明的饮食习惯等。

有条件的学校，还可组织一次以培训西餐礼仪为主要内容的学生集体用餐，以了解学生对西餐礼仪的接受程度。

### 实训项目三：舞会礼仪练习

1. 找一间正规的舞厅或空旷的大教室，组织学生模拟一次舞会，其目的在于了解学生对男士邀舞礼仪、女士应邀或婉拒礼仪的接受程度。

2. 学生男女配对练习正确规范的舞姿。练习过程中，除老师作指导外，学生之间相互观摩，指出别人的优缺点，并纠正自己的不足之处。

### 实训项目四：涉外接待礼仪培训

1. 物质准备：准备涉外接待的不同场合所需的一些演示道具，如迎接外宾所需的小旗子，涉外宴请时需要的座次卡，馈赠外宾的礼品等。

2. 实训安排：假设涉外接待的不同场合，如迎送外宾、涉外宴请、文艺晚会、参观游览、礼品馈赠等。请部分学生遵循不同场合的礼仪要求对外宾开展接待服务，并请其他学生找出不合规范之处。

# 第八章 国际旅游礼仪——遵守惯例

【本章导读】

文明礼仪是一个国家和民族文明进程的缩影，这就好比一面镜子，举手投足之间，都能折射出一个人的修养和品位，更可以清晰地观察到一座城市、一个国家、一个民族的整体文明程度如何。国际旅游礼仪的内容既包括国际社会上约定俗成并且为大众所遵守的礼仪；也包括世界各国所固有的风俗习惯传承和延续。遵循国际旅游礼仪，可以有效地避免因为各自的文化、历史差异而产生的误解。

【教学重点】

在国际旅游(出境旅游)活动中，旅游者应遵循的基本礼仪规范，主要包括旅游交通礼仪，公共场所礼仪，博物馆、邮轮等专项旅游活动礼仪，以及我国主要客源国的风俗和礼仪。

【核心概念】

旅游文明素质　旅游交通礼仪　公共场所礼仪
西餐礼仪　客源国习俗

# 第一节　旅游与旅游文明素质

## 一、旅游概述

旅游(Tour)来源于拉丁语的"tornare"和希腊语的"tornos",其含义是:"车床或圆圈;围绕一个中心点或轴的运动。"这个含义在现代英语中演变为"顺序"。词根 tour 与后缀—ism 或—ist 连在一起,指按照圆形轨迹的移动,所以旅游(Tourism)指一种往复的行程,即指离开后再回到起点的活动。完成这个行程的人也就被称为旅游者(Tourist)。

### (一)旅游概念

#### 1. 艾斯特定义(1942 年,瑞士学者汉沃克尔和克拉普夫)

旅游是非定居者的旅行和暂时居留而引起的一种现象及关系的总和。这些人不会因而永久居留,并且主要不从事赚钱的活动。

#### 2. 世界旅游组织和联合国统计委员会推荐的技术性的统计定义

旅游指为了休闲、商务或其他目的离开他她们惯常环境,到某些地方并停留在那里,但连续不超过一年的活动。旅游目的包括六大类:休闲、娱乐、度假,探亲访友,商务、专业访问,健康医疗,宗教或朝拜,其他。

#### 3. 时间定义

1979 年,美国通用大西洋有限公司的马丁·普雷博士在中国讲学时,对旅游的定义为:旅游是为了消遣而在某一个国家逗留的时间至少超过 24 小时进行的旅行。

#### 4. 生活方式定义

我国经济学家于光远在 1985 年对旅游的定义为:旅游是现代社会中居民的一种短期性的特殊生活方式,这种生活方式的特点是异地性、业余性和享受性。

### (二)旅游的特征

#### 1. 异地性

即旅游是在异地的暂时性的生活方式,不能离开居住地到目的地永久居住。这样就可与平时在居住地方的日常生活区别开了。

#### 2. 闲暇性

即旅游活动发生在旅游者的闲暇时间,从主观目的上旅游者是想把以业务为目的的旅行、考察活动摒弃于旅游之外。如现实状况是利用开会、出差旅游的人很多。据统计,到北京来旅游的人,41%是会务旅游者。这些参加会议的人,既是为了某一专业目的而来的会务者，也是一个利用会议参加旅游活动的游览者。

### 3. 享受性

旅游是一种生活方式，是一种高级的精神享受方式，是在物质生活条件获得基本满足后出现的一种追享欲求方式。高速运转的生活工作频率，使现代人深感压力过大，迫切地需要在旅游活动中放松身心，让旅游带来心灵的释然。

### 4. 求知性

旅游景观是一种具有审美信息、空间形式和时间立体性的外在观赏实体(景物和景象)，是自然景观和人文景观(亦称文化景观)在一定区域范围内的综合表征。前者表现自然美，后者体现社会美与人文艺术美。在旅游过程中，旅游者在欣赏美和放松身心的同时，增长了见识，增进了对各地的了解，丰富了人文知识。

## (三)旅游活动类型

### 1. 按地理范围分类

按旅游者到达目的地的地理范围划分，旅游活动可以分为国际旅游和国内旅游。

国际旅游是指跨越国界的旅游活动，分为入境旅游和出境旅游。入境旅游是指他国公民到本国进行的旅游活动，出境旅游是指本国公民到他国的旅游活动。

国内旅游是指人民在居住国内进行的旅游活动，包括本国公民在国内的旅游活动，也指在一国长期居住，工作的外国人在该国内进行的旅游活动。

### 2. 按旅游性质和目的分类

按旅游性质和人们出游的目的划分，旅游活动可分为六大类：休闲，娱乐，度假类；探亲,访友类；商务,专业访问类；健康医疗类；宗教朝圣类；其他类，即上述五类没有包括的其他旅游活动,例如探险旅游等。

### 3. 按人数分类

按参加一次旅游活动的人数划分,旅游活动可分为团队旅游和散客旅游。

团队旅游(GIT)是有旅行社或旅游中介机构将购买同一旅游路线或旅游项目的 10 名以上(含 10 名)游客组成旅游团队进行集体活动的旅游形式。团队旅游一般以包价形式出现。

散客旅游(FIT)是由旅行社为游客(9 人以下)，提供一项或多项旅游服务,特点是预定期短，自由度高，但费用较高。

## 二、提升中国旅游文明素质

富裕起来的中国公民外出旅游，甚至出国旅游已成为一种时尚。但是，部分国民在旅游过程中所表现出来的一些不文明的行为，损坏了中国"礼仪之邦"的形象。引起了海内外舆论的关注和批评。

**1. 中国公民旅游期间不文明的表现**

（1）不善待公共空间。不文明行为表现在：随地吐痰、随丢垃圾、乱吐口香糖，破坏公共卫生环境；入厕不冲水，不讲卫生留脏迹；买票、乘车争抢拥挤且不排队，参观时插队加塞，排队等候时跨越黄线；乱刻乱画，损坏公共资源。如图8-1所示。

（2）藐视规则，言谈举止缺乏教养。

（3）不尊重当地民俗和宗教信仰。在教堂、寺庙等宗教场所嬉戏、玩笑，甚至说出不敬之语。不尊重当地居民风俗，如在在不打折扣的店铺讨价还价，另外还有一些游客因为不愿意支付小费与服务人员发生争执。强行拉外国人拍照、合影。

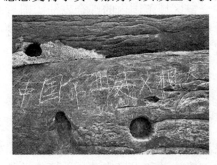 

图 8-1　大陆游客不文明行为

**2. 提升中国公民旅游文明素质行动**

古人云：人无礼则不立，事无礼则不成，国无礼则不宁。可见，文明礼仪"小事"不小。

2006年8月中央文明办、国家旅游局针对国人出行中"不修边幅、不讲卫生、不懂礼仪、不守秩序、不遵法规、不爱护环境和公共设施、喧哗吵闹"这七大不文明行为，制定《中国公民出境旅游行为指南》和《中国公民国内旅游行为公约》，开始实施提升中国公民旅游文明素质行动计划(图8-2)。

活动标识整体为草书的"文"字，表达提高公民文明素质；龙的形象象征了中国悠久的文化历史，具有亲切感，易于传播；动态的龙，表达了全民行动，投入到提高旅游文明素质行动计划中来；长城的造型，代表了中国丰富的旅游资源，表达了通过"提升中国公民旅游文明素质行动计划"的实施，达到保护我国旅游资源，增强公民文明意识。

图 8-2　提升中国公民旅游文明素质行动计划标识

1）中国公民出境旅游行为指南
中国公民，出境旅游；注重礼仪，保持尊严。

讲究卫生，爱护环境；衣着得体，请勿喧哗。
尊老爱幼，助人为乐；女士优先，礼貌谦让。
出行办事，遵守时间；排队有序，不越黄线。
文明住宿，不损用品；安静用餐，请勿浪费。
健康娱乐，有益身心；赌博色情，坚决拒绝。
参观游览，遵守规定；习俗禁忌，切勿冒犯。
遇有疑难，咨询领馆；文明出行，一路平安。

2) 中国公民国内旅游文明行为公约

维护环境卫生。不随地吐痰和口香糖，不乱扔废弃物，不在禁烟场所吸烟。

遵守公共秩序。不喧哗吵闹，排队遵守秩序，不并行挡道，不在公众场所高声交谈。

保护生态环境。不踩踏绿地，不摘折花木和果实，不追捉、投打、乱喂动物。

保护文物古迹。不在文物古迹上涂刻，不攀爬触摸文物，拍照摄像遵守规定。

爱惜公共设施。不污损客房用品，不损坏公用设施，不贪占小便宜，节约用水用电，用餐不浪费。

尊重别人权利。不强行和外宾合影，不对着别人打喷嚏，不长期占用公共设施，尊重服务人员的劳动，尊重各民族宗教习俗。

讲究以礼待人。衣着整洁得体，不在公共场所袒胸赤膊；礼让老幼病残，礼让女士；不讲粗话。

提倡健康娱乐。抵制封建迷信活动，拒绝黄、赌、毒。

## 【案例8-1】大陆游客在台湾旅游不文明行为引起公愤[①]

情景回放：据台湾 TVBS 报道，3月27日当天，有人在野柳地质公园看到大批大陆游客，随后就在陆桥旁的岩壁发现被刻上简体字样的留言——"中国常州赵根大"。台媒认为，这些缺乏公德心的行为实在该好好改进。岩壁上的刻字无法人工消除，只能随风化慢慢消失。对于发生大陆游客在岩石刻字等状况，台当局"观光局"业务组组长张锡聪表示，将与旅行社座谈，透过旅行社要求导游向旅客倡导。风景区管理处也会加强巡查，一旦发现旅客违规，将引用"观光发展条例"中破坏自然资源条文，当场对旅客开罚单，罚金新台币3000元至1.5万元。

又据台湾 TVBS 报道，近期又有陆客把游览车当活动晒衣场，T恤、毛巾等，甚至就连肉色的内衣和白色的棉质内裤等挂在窗边晒太阳兼吹冷气，占满了两面窗户，让路过的台湾民众觉得"实在有碍观瞻"。

案例点评：大陆游客在台湾旅游的种种不文明行为经媒体曝光后，消息不胫而走，在国内引起轩然大波，社会各界对"赵根大"等的谴责声不断，导致赴台游客很尴尬。走进大自然，饱赏自然和人文景观，陶冶情操，开阔视野，是人生乐事；热爱自然，爱护文物是一种美德，我们应该大力提倡。个别大陆游客在台湾的所作所为，令人汗颜。在圆明园文物归属等大是大非面前慷慨激昂的我们，难道不能对文物上乱涂乱画等的"小

---

① 资料来源：新浪网 2009/4/3/10:05

节"痛下改正的决心吗?须知,一屋不扫,何以扫天下?小事不小,从改变点滴陋习做起,我们的民族才能更加自豪地跻身于世界民族之林。

# 第二节 旅游交通礼仪

在旅游过程中,人们在步行参观的同时,还要乘坐各种车辆。有时,长途远行,我们还要搭乘飞机和火车。乘坐这些现代的交通工具,需要遵循必要的礼仪规范。

## 一、行走礼仪

在旅游过程中,总是离不开走路。道路是最基本的公众场所,走路不但要遵守交通规则和普遍通行的原则,在不同的条件下还要遵循各自不同的礼仪要求。

### (一)遵纪守法

**1. 遵守交通法规**

道路资源是属于所有行路者的,这就要求每个人在使用道路资源的时候,都应该自觉遵守相应的交通法规,这样才能保障道路的畅通和人们的安全出行。步行时要走人行道;过马路一定要走人行横道;要等绿灯亮时通过路口。

**2. 爱护道路环境**

在走路时更要注意爱护环境卫生,不要边走边吃东西。这既不卫生,又不雅观。如确实是肚子饿或口渴了,也可以停下来,在路边找个适当的地方,吃完后再赶路。

**3. 路上交谈不要妨碍交通**

走路时候遇到亲朋好友、同事故知,主动热情地打个招呼,可以招手致意,也可以点头致意,不能视而不见,或者把头扭向一边。如果在路上碰到好友要长久交谈,则应选择路边人少的地方,以免妨碍交通,甚至造成交通事故。

### (二)讲究仪态

**1. 保持正确的走姿**

男士要彬彬有礼,注意风度,不要摇来晃去、上蹿下跳;遇到不相识的女性,不要久久注视,甚至回头追视,显得缺少教养。女士要使自己的仪态端庄大方,不要左顾右盼,摇头晃脑。

正确的走姿是:挺胸抬头,保持身体正直;目光要自然前视,不左顾右盼、东张西望。

### 2. 相互礼让

马路上车水马龙，人来人往，比肩接踵，因此要提倡相互礼让。遇到老、弱、病、残、孕要照顾他们；在人群拥挤的地方，要秩序地通过；万一不小心碰到他人，要主动道歉；若是他人碰到了自己，应表现出良好的修养，切不可口出恶言，厉声责备，而应该宽容和气地说："慢一点，别着急。"

### 3. 礼貌问路

问路需要礼貌，也需要一种技巧。首先选择好对象和时机，然后根据对方身份使用尊称，当打扰对方时要说"劳驾"、"抱歉"，问路语言要简短清晰准确，获得答案应诚恳致谢，未获答案也需表达谢意。

### 4. 礼仪禁忌

在国外步行时，既要注意仪态，又要避免招惹是非导致误会的禁忌：如忌行走时与他人相距太近；忌行走时尾随他人之后；忌速度太快或太慢影响他人；忌边走边吃边喝或吸烟；忌与成年同性在行走时搂搂抱抱，勾肩搭背。

## 二、驾乘车礼仪

随着中国私家车的保有量增多，自驾车旅游成为一种时尚。自驾车能在最大限度上满足旅游者独立自主地自由行动，看什么、玩什么、吃什么，都由自己做主，其乐无穷。

### (一)自驾车礼仪

#### 1. 遵守交通法规

自觉遵守道路交通安全法规、交通信号和交通标志，文明驾车，驾驶员在驾车时须系安全带，不酒后驾车，疲劳驾车，和超速行车。

在行驶中禁止接打移动电话，必要时请使用耳机接听。不抢道、抢行，不斗气，不做猛拐、来回穿插、别车等危险动作。

#### 2. 礼貌驾车

遇行人、车队、非机动车时，主动礼让。当遇到新司机时应持有宽容和理解。过斑马线时要让行人先行；应该在斑马线外减速，最好停在1米之外。经过工厂、学校、机关大门或繁华街路时，应减速慢行，注意避让。雨天驾驶或趟过路面积水时，应缓慢行驶，防止把水溅到行人身上。路遇车祸或其他突发事件积极报警，不围观，以免加重交通堵塞。在允许或指定区域停放车辆，在特殊的管制路段要服从交警的指挥。

#### 3. 合理使用灯光和笛声

一定时间内频繁地按车喇叭，就像一个人大喊大叫一样，是很不礼貌的行为。在交通阻塞时按喇叭、晃大灯不仅无济于事，还会让人烦躁。夜间会车时，应主动转换成近光灯。

### 4. 车内礼仪

保持车身整洁，为保持车里新鲜的空气，司机必须带头不在车里吸烟。不向车窗外吐痰或抛掷杂物。同时司机要注意自身的着装，有些男性在天热的时候光着膀子、穿着拖鞋开车，这都是不雅的行为。

### 【案例8-2】值得称道的洛杉矶驾车人文明礼仪[①]

住在美国洛杉矶，没有汽车几乎寸步难行。洛杉矶作为美国第二大城市，拥有近1000万辆各类汽车。虽然交通高峰时在主要高速路及干道上也时常出现拥堵，但总体来说，洛杉矶的交通井然有序，绝大部分驾车人严守交规，注意文明礼让，驾风值得称道。

首先，在行人和汽车的关系上，永远是汽车礼让，行人至上。无论在马路上还是在停车场里，遇到行人横过马路或穿行，驾车人都能够立即停车，耐心地等待行人安全通过后再行驶。即使行人没有走规定的人行道或没有在允许行人通行的信号灯亮起时穿行，驾车人也照等不误，有人甚至要等到行人登上对面的人行道后，再走车。少数性急的驾车人有时会不等到行人完全通过就启动车辆，但绝不会影响行人的安全。有时碰上步履蹒跚的老年人过马路，或者大摇大摆慢慢腾腾过马路的行人，驾车人也会耐着性子等待，而决不会鸣笛催促。在通过学校区域时，车辆都能够按车速指示标牌减速慢行，如遇有家长带着学生过马路，也一定会停下来等待其安全通过后再行驶。

汽车和汽车之间也能够做到相互礼让。在没有信号灯的十字路口，所有汽车都会在停车线前停下来，按照先来后到和一个路口过一辆的规则，一辆一辆轮流通过，决不会随便抢行。在遇到堵车，汽车排起长龙的情况下，后面直行的车辆不会驶入转弯道或路肩挤到前面去"加塞儿"，而是规矩地排在后面，按顺序通过。在遇到警车、消防车、救护车等驶过时，所有正在行驶的车辆都会立即减速停车，或靠边回避，让这些公务车辆先行。

**案例点评**：以上情况其实大多是交通法规里的明确规定，但驾车人总能够自觉遵守，习惯于礼让，足以说明洛杉矶绝大多数驾车人具有很高的文明礼貌素质。这是中国自驾车旅游者应该学习的地方。

## (二) 车辆编队行驶的礼仪

当需要多辆车一同行驶时，编队车辆需要注意以下礼仪。

### 1. 禁止使用双闪指示灯

非经有关部门许可，一般情况下编队车辆不能使用双闪。双闪是车辆遇到紧急情况或发生故障时候使用的灯光。在正常情况下，编队车辆行驶中使用双闪是违反交通法规的。

---

① 资料来源：人民网驻洛杉矶记者李文云

### 2. 头车要控制好车速

车辆在编队行驶中，后车要跟上前车，一般规律是后面的车速逐个比前车车速要快。如果一个 10 辆车的编队，头车速度 60 公里/小时，尾车就要以最少 80 公里/小时的速度，才能跟上前车。所以，头车要随时留意路况，并尽量控制好车速。

### 3. 尾车要随时留意车队中的前车状况

编队行驶中，有可能发生很多小的意外，尾车有责任随时留意车队行驶状况，并及时通报头车，以保证编队车辆的完整。

### 4. 编队行驶不可影响其他车辆行驶

当有其他车辆穿插车队时候，不要挤、别、催、赶，尽量让他车先行。如果必须予以提醒，可以使用短笛声友好提示。

## 三、乘坐火车礼仪

火车以其舒适实惠，一直是中国旅游者出游的主要选择。国内火车旅游专列的开通从无到有，到如今的逐渐常态化。在国际旅旅游中，选择火车这一廉价迅捷、安全环保的出游方式正受到越来越多旅游者的青睐。

### (一)候车礼仪

#### 1. 有序候车

候车厅等候时，要爱护候车室的公共设施，不要大声喧哗，携带的物品要放在座位下方或前部，不抢占座位或多占座位，不要躺在座位上使他人无法休息。保持候车室内的卫生，不要随地吐痰，不要乱扔果皮纸屑等杂物。

#### 2. 排队上车

检票时要自觉排队，不要拥挤、插队。进入站台后，要站在安全线后面等候。要等火车停稳后，方可在指定车厢排队上车。

上车时，不要拥挤、插队，不应从车窗上车。有次序地进入车厢，并按要求放好行李，行李应放在行李架上，不应放在过道上或小桌上。

### (二)车上礼仪

#### 1. 车上就座须知

在火车上要对号入座，不要抢占认为好的座位。中途上车的话，要礼貌地征询他人，获得允许后就座。

当身边有空位时，尽量让给没有座位的人，切莫图自己的舒适多占座位，更不能对于他人的询问不理不睬、蒙蔽他人。若身边有老人、孩子、病人、孕妇、残疾人无座时，请尽量挤出地方让他们休息一下。

### 2. 车上休息及交谈

在座席车上休息，不要东倒西歪，卧倒于座席上、茶几上、行李架上或过道上。不要靠在他人身上，或把脚跷到对面的座席上。

在卧铺车厢上休息，可以躺在铺位上，但要注意着装，不能脱的太暴露。头部最好向着过道方向。上铺和中铺的旅客不要长时间占用下铺床位。需要坐时，要先询问对方，得到允许后，要道谢。上下床时，动作要轻。

邻座旅客之间可以进行交谈，但不要隔着座位说话，也不要前后座说话。注意谈话的声音不要过大。

## (三)下车礼仪

下车时，要提前做好准备，避免手忙脚乱，忘记物品。如果与他人一路聊了很多，下车时要与人道别。

应自觉排队等候，不要拥挤，或是踩在座椅背上强行从车窗下车。

出站要主动出示车票，以便查验。

# 四、乘坐公共交通礼仪

国际旅游中，特别是城市观光，乘坐出租车、地铁和公交车是重要的出行方式。在美国乘坐巴士旅游深受人们的喜爱。旅客只要买一张到达目的地的车票，途中任何一站都可以下车欣赏风景，欣赏完了再乘后班巴士继续观光(图 8-3)，而且费用是飞机票的40%，既实惠又方便。

图 8-3 美国的巴士旅游

## (一)乘坐公交车、地铁礼仪

### 1. 有序上、下车

要排队候车，候车时禁止越过黄色安全线或倚靠屏蔽门；按线排队候车，先下后上；车门或屏蔽门开、关过程中，禁止强行上下列车；车门或屏蔽门关闭后，禁止扒门；乘车时禁止手扶、挤靠车门；严禁在车厢连接处上下车。先下后上；让老人、孩子、妇女先上车。下车时，后下车的乘客主动为先下车的乘客让道。不要堵在门口，阻碍上下车的乘客。乘坐地铁扶梯时，请靠右侧站立，以方便他人在左侧通行。

### 2. 主动让座

上车后不抢座、占座，主动为老、弱、病、残、让座。遇到行动不便的老年人，征得其同意后再行搀扶，并注意他们的安全。在残疾人士需要帮助时，征得他们的同意后再提供适度的帮助。对孕妇应保持礼貌，适时提供帮助。

### 3. 注意仪态

要注意坐姿，不顾通道狭窄而伸腿、跷脚，脱鞋蹬上座位，或者在空座位上躺下，这都是十分不雅的行为。

### 4. 不制造噪音

不在车厢里面旁若无人，肆无忌惮地大声讲电话，交谈适量并放低声音。有小孩的乘客要看管好自己的孩子，使其不在车厢里追跑打闹或大声哭闹。

### 5. 爱护环境卫生

不要将携带的物品放在座位上或挡在过道上，不在车厢内吸烟、吃食物，随地吐痰，保持车厢卫生，爱护公共设施。

## (二)乘坐出租车

各国的出租汽车一般都有特殊的标志，如：车顶的中部有个牌子，上面写着 TAXI 或字母 I，有的城市出租汽车的车身涂有特殊的颜色，有的出租汽车上印有叫车的电话号码，以方便顾客乘坐。

### 1. 安全第一

要选择有正规牌照和行驶资质的出租车，特别要注意尽量不坐某些国家的"出租车"，比如越南的摩托，老挝的人力三轮车，印度的突突，菲律宾的吉普尼，东欧、中东和南美一些国家的"土的士"。

不要在道路中间拦车或在公交站台上随意拦车，应在路边招停，以不影响公共交通为宜。在欧洲，出租车通常集中在比较固定的地点：重要的交通枢纽，如机场、火车站、汽车总站、码头等；人流量较大的地方，如中心广场、大型购物中心、巨型超市等；著名景点周边，如巴黎香街、伦敦白金汉宫、纽约时代广场等；某些娱乐场所，如歌剧院、电影院、赌场、大型 CLUB 等。

小贴士

欧洲大部分出租车需要电话提前预约。英国的黑色老爷出租车虽然会停下来载客，但收费却是预约标准的 1.5 倍。

### 2. 注意地方风俗

在哥伦比亚乘出租车，坐在前席会受到司机的热情服务和关照，有时还能得到优惠。如果坐在后排一声不响的话，则被视为是件很失礼的事，驾车者会认为你把他当成低贱的车夫。巴黎人喜爱养狗而闻名，不少出租车前座为狗设有专席。司机认为，身边有只名犬是吉祥荣耀的象征，因此打车时需多加留神，切勿坐到狗席上，以免闹出笑话。在沙特阿拉伯的不少地区，笑被看作是最不友好的象征，因此在沙特打车，人人都板着面孔。在南美很多国家，出租车是"共享"，而且第一个乘车人有义务"收留"沿途等候上车的人，只要有人招呼就得随时停车，能上多少人就上多少人，于是七八个人挤满一辆车是司空见惯的事。

### 3. 诚信礼貌

按计价器付钱，不提无理要求。很多国家的出租车司机是不打表的，比如埃及，乘客上车前必须先同司机议好价，而且乘客最好把车费写在纸上标明，以免司机中途变卦。对出租车司机要谦和有礼，下车时，对司机说声"谢谢、再见"，会让司机感到温暖愉快。要保持车内卫生，不往车外吐痰、扔杂物。

## 五、乘坐飞机礼仪

乘坐飞机出行，已经成为现代社会国际旅游的首选出行方式。随着经济的发展，国人搭机出国旅游的频率也逐年增高。乘坐飞机除了要遵循相关的安全管理条例，还要保有良好的礼仪。

### (一)候机厅内礼仪

在候机大厅内，一个人只能坐一个位子，不要用行李占位子。而且，注意异性之间不要过于亲密。

候机厅内设有专门的吸烟区，在此之外都是严禁吸烟的。候机厅里面一般设有商店、书店等，如果等待的时间较长，可以在此浏览观看商品，但是要注意不能大声喧哗。

### (二)飞行过程中礼仪

#### 1. 登机礼仪

上下飞机时，均有空中小姐站立在机舱门口迎送乘客。她们会向每一位通过舱门的乘客热情问候。此时，作为乘客应有礼貌的点头致意或问好。找到自己的座位后，要将随身携带的物品放在座位头顶的行李箱内，较贵重的东西放在座位下面，自己管好，但不要在过道上停留太久。

#### 2. 飞行中礼仪

飞机起飞后，乘客可以看书看报。若邻座旅客之间进行交谈，不要隔着座位说话，也不要前后座说话，声音不要过大。不宜谈论有关劫机、撞机、坠机一类的不幸事件，以免增加他人的心理压力,制造恐慌。同机成人要看管自己的小孩,避免小孩在机上嬉戏喧闹。

飞机上的座椅可以小幅度调整靠背的角度,在调整时应考虑前后座的人,不要突然放下座椅靠背,或突然推回原位。更不能跷起二郎腿摇摆颤动,这会导致前排客人的不适。

用餐时要将座椅复原,方便后排客人就餐,同时,就餐要安静文明。在要饮料的时候,只能先要一种,喝完了再要,以免饮料洒落。座在外边的旅客还可以主动询问里面的旅客需要什么,并帮助乘务员递进去。

### 3. 下飞机礼仪

停机后,要等飞机完全停稳后,乘客再打开行李箱,带好随身物品,按次序下飞机。飞机未停妥前,不可起立走动或拿取行李,以免摔落伤人。此外,旅客不要把飞机上提供的非一次性用品带走,比如餐盘、耳机、毛毯等,做到文明出行。

# 第三节 公共场所礼仪

公共空间(即公共场所,英文:public space 或 public place)是一个不限于经济或社会条件,任何人都有权进入的地方。国务院颁布的《治安处罚条例》规定公共场所为:"车站、码头、民用航空站、市场、商场、公园、影剧院、娱乐场、运动场、展览馆或者其他公共场所"。

## 一、旅游参观中的礼仪

旅游活动所涉及的景区景点,或其他游览场所,基本上都属于公共场所。一般来说,在公共场所应该三让、三轻:让座、让路、让电梯(楼梯);走路轻、说话轻、动作轻。

### (一)排队礼仪

排队的方式养成排队人的心态,优良的排队机制能够更好地培养人们优良的文明素质。

排队的基本顺序是:先来后到、依次排列,依次而行。排队的时候,要保持耐心。不要起哄、拥挤、夹楔,或破坏排队。即使前面有你熟识的人,也不要去插队。

### (二)大厅礼仪

在公共场所的大厅,比如酒店的大堂、剧院的休息厅、车站的候车室等场所,应注意以下礼仪要求。

#### 1. 保持安静,切勿喧闹

公共场所的大厅,都不宜逗留过久,如果需要等人或者等车,也应该尽量保持安静,不能大声喧哗，嬉笑打闹。与人交谈，切记调低音量。

#### 2. 不要阻挡、妨碍他人通过

由于公共场所来往人员太多，不要做出毫无任何必要的动作，如猛然挥手、踢脚蹬腿等等，以免生事端。若是随身携带的包裹很多也不能随意乱放，最好摆放整齐，以免影响他人通过。

#### 3. 走廊、通道请靠右行走

在公共场所的通道或者走廊行走时，大家应该尽量靠右侧行走，将过道的左侧让出来，给有急事需要急行的人，这是国际通行的一种右侧行走的惯例。在公共场所的电动扶梯上，也是一样，靠右单行，不应多人并排行走。

#### 4. 房门的开关

进出大厅门是有很多礼仪细节需要注意的，首先要轻开、轻关，不能肘推、脚踢、臀拱、膝顶等；其次，房门的开关需要配合相应的手势，当房门的把手在右侧需要用左手开门，把手在左侧需要用右手开门；当你引领一位受尊重的人进出房门时，应该是：手拉门请对方先进，手推门自己先进，并做相应的指引手势，这样可以为对方扶住门，以免发生意外，也会显得彬彬有礼。

#### 5. 注意面部朝向和进出顺序

当房间里面有人时，进出房门，都应该正面朝向对方，用你亮丽的面容面对别人，而不是留下一个背影，让人"浮想联翩"。公共场所的房间，若是门很宽阔，一般情况，应请长者、女士、来宾先进入房门。若是需要开关房门，门又不是很宽，需要我们根据房门的开关方向来确定谁先行。若出入房门时遇到对面有人，应侧身礼让。

### (三)游览中的礼仪

#### 1. 衣着得当

在进行游览观光时，首先要穿着大方得体。按惯例，游览观光时宜着便装。即使是西装，也千万别系领带。总之，不论穿什么服装，都要干净整洁。有些地方对参观者的衣着有一定的要求，一定要认真遵守。

#### 2. 行为举止检点

不要在公共场所吸烟，随地吐痰和乱扔废物，不要采折花木、逗捕动物，不要乱涂、乱刻，不要乱爬、乱蹬，不要践踏草坪，不要乱摸乱拿。在要求肃静的场所，切勿大声喧哗。

#### 3. 摄影摄像严守规则

国外有不少风景、名胜往往禁止摄影、摄像。此类场所，一般都有明显的禁止摄影、摄像，或禁止使用闪光灯的标志。对此务必观察清楚，并严守规定。国外的私宅、军营与许多公共场所往往禁止外国人摄影、摄像。在未经同意的情况下拍摄他人，有时会惹是生非。一般应先征求他人意见，得到允许后拍摄。

**4. 礼貌购物**

在国外选购商品时，付款最好的方式是使用外币信用卡或外币支票簿，既安全又方便，而且受到商家的欢迎。同时，以下几条规则必须遵守：一是不要自以为是，肆意侮辱、刁难把你尊为"上帝"的商家；二是对于一些特别贵重的商品及某些易碎的玻璃制品，切忌随意触摸；三是不要随意开启未购买的商品的包装；四是未经商家允许，不要随意试用、试穿所售商品；五是要"入乡随俗"，遵守所在国法律，不得随意购买黄色书刊和音像制品。

**【案例8-3】金字塔下话文明礼仪**①

夏日的埃及酷热难耐，位于吉萨高地的金字塔前更是温度蹿高，游客们在似火骄阳的炙晒下，不一会儿就目眩神昏，汗流浃背了。

"××的这叫什么天气呀，简直热死人了，这鬼地方，不就是一堆破石头，破坟墓吗，有什么可看的，早知道，打死我也不来了！"说话的，是一位约莫30岁左右的男子，膀大腰圆的身材使他中气十足，声音洪亮，老远都让人听得清清楚楚。

"他为什么这么大声音？是不是生气了？为什么生气？"摊主哈米德不解地看着我问。我支支吾吾，但在他的坚持追问下还是说出了实情。"天气热？没错，可埃及每年夏天都是这样啊，为什么不事先了解了解呢？怕热，可以秋天、冬天来啊。"哈米德说，"破石头？破坟墓？是这样，可他不觉得，正因为破旧，才体现了人类古老的文明，才更有游览和凭吊的价值吗？"

我被问得无言以对，低头筛选纪念品，听着摊主带有不满的唠叨。这时，几个中国人来到了与我相隔两个摊位的另一个工艺纪念品摊前，他们很兴奋，你一句我一语地吆喝着，相互交流着对纪念品质量和价位的看法。其中的一位女子看中了镶有埃及古代大美女纳菲尔蒂蒂的银饰项链，谈了半天价，终于把要价100埃镑的东西砍到了20埃镑。摊主无奈地耸耸肩，表示成交，可当他把项链用盒子精心装好准备递到对方手里时，那女子却变卦不要了，而且态度十分坚决地一走了之。

这下，摊主很生气，冲着渐行渐远的几个人背影直嚷嚷。连我所在摊位的摊主也看不下去了，他说，怎么会这样呢？说话一点不算数，都讲好的事，还出尔反尔，太不像话了。

**案例点评：** 以上是记者在金字塔前亲眼目睹的一幕。说实在的，那位男子及几位游客大热天来埃及，真是挺不容易的。不过，他们好像没有计划好时间，如果弄清楚埃及的夏天简直没法出门，可能就不会贸然选择在大暑天游埃及；或者，来了之后也有思想准备，不至于怨天尤人。好像事先也没有了解金字塔的历史文化，所以才发出"破石头破坟墓不值一游"之类的慨叹。如果临行前了解了埃及古文化的真谛，尽可能多地看一

---

① 资料来源：人民网驻埃及记者黄培昭

些相关的书，旅游的感觉和效果会完全两样。在看那位女士的行为，在埃及摊主卖东西时要价会有很大的水分，你完全可以压价，然而一旦谈妥价格，双方就得信守承诺，否则会失信于人，会被人鄙视。

### (四)观看演出的礼仪

在观看各种类型的演出、比赛的时候，要掌握必要的礼仪，否则，你可能会影响或干扰他人的观看，严重的可能导致演出或者比赛的停止。

#### 1. 着装得体

在观看正式的演出时要着正装，对于着装的基本要求是：干净、整洁、端庄、文明、大方。绝对不准穿背心、短裤、拖鞋，更不能打赤裸身体。

具体而言，由于演出的内容不同，在观看不同内容的演出时，要求又有所不同。根据观众礼仪的规范，一般对于观看歌剧、戏剧、舞蹈、音乐或综合性文艺晚会时的着装要求较高，一般应该自觉地穿正装，不要着浅色衣服出席。在观看体育比赛中，象台球、网球、高尔夫球等项目时的要求较高。

在国外，这种场合穿的礼服是有一定规格的。男士着黑色燕尾服、白色冀领衬衫，配同色的蝴蝶结与腰封，穿黑色系带皮鞋；女士须着晚礼服，配面纱、长袖手套，穿长筒丝袜和高跟皮鞋。对这种规矩应当了解，但不必照搬。

在我国，男士应穿深色的中山装或西装，配深色的袜子与黑色皮鞋；若打领带，则宜选黑色，并着白衬衫。女士应着单色的旗袍、连衣裙、西服套裙或礼服等；下装尽量不要穿长裤。

#### 2. 提前入场

一般提早 15 分钟进场，对号就座；若有引位员主动提供服务时，可随行于其后。找到座位后，别忘了谢谢对方。若多人一起行进，且演出厅地过道较窄的话，则宜单列而行。

如果迟到，应先就近入座，或在外厅等候，等到幕间休息时再入场；如果入座时打扰了他人，应轻言一声"抱歉"，并且面向对方，侧身缓步而行。如果戴着帽子应摘下，以免影响后排观众。

许多高档的演出场所为了方便观众，都设有专门的衣帽厅。在寄存衣帽时，应遵守有关的规定。若与他人一同寄存衣帽，则职位低者、主人、晚辈、年轻者、男士、未婚者，要主动协助与自己相约而来的职位高者、客人、长辈、年长者、女士、已婚者。在演出结束，领取衣帽时，也是如此。

#### 3. 保持安静

观看演出时，不大声说话或交头接耳，不随便走动，将手机关闭或调成静音状态，不吃食物，不吸烟。不允许在观看演出时乱喊乱叫，乱鼓掌乱跺脚，乱扔东西，乱往台上跑，乱对演员或节目加以评论。

如果有话要谈，可在演出开始前、中场休息时或是再演出结束后进行。在观赏演出时，"观棋不语真君子"，不可向他人解说剧情、猜测结局或是发表观感。因为在观看演出时观众所说的任何一句话都会妨碍别人。

夫妻或情侣一道观看演出时，举止言谈均要得体，不要忘了这里是公共场合而当众忘乎所以地进行自我表演。

在观看演出时，一般不宜主动跟陌生人攀谈，更不要在这里目不转睛地打量不认识的异性，或者对其评头品足。

### 4. 适时鼓掌

在表演中，主角入场后应鼓掌欢迎直到他们示意观众。在每次落幕的时候需要鼓掌。结尾的时候观众如果希望表演者继续表演的话可以延长他们的掌声。但是在别人停止之后还大声地鼓掌却是不礼貌的；在歌剧演出中，人们可以在每次咏叹调和每一剧结束之后鼓掌。在芭蕾舞剧演出中，作曲家在入场时受到热烈欢迎，并且在结束时受到鼓掌致意。在音乐会上：作曲家站在指挥台前时受到人们的鼓掌欢迎，但在独奏和演奏部分曲目时不鼓掌，直到全部完成，在整个节目的最后，作曲家再次受到鼓掌致意。演出结束后，请起立鼓掌。

### 5. 不侵权

未经准许，不准拍照、摄像。那么做的话，不但会影响其他人的观看，而且还有可能会侵犯演出方的专利。

即便演出场地允许拍照，拍照的观众也要注意分寸，尽量在幕间或演出告一段落时，抓住时机拍摄。请演员签名、合影，首先要尊重对方的意愿，不要勉强、为难对方。

### 6. 尊重演员和选手

在观看演出时，观众要以实际行动对全体演职员的辛勤劳动表示应有的尊重。每逢一个节目终了或一幕结束，按照惯例，应当热烈鼓掌，以示对演员的支持。在观看演出时，我们不能只为自己喜欢的演员或节目鼓掌，对待其他演员的表演或其他节目要同样表示欢迎并鼓掌祝贺。看球赛时，应自觉当文明球迷，为双方运动员的精彩表演鼓掌；当客队占优势或取胜时，不应喝倒彩或起哄。

对演员的表演和节目或选手的比赛有意见，可在演出结束之后通过适当的途径进行反映，不允许当场有过激的表示或举动，如摔打座椅、站立吼叫、向台上乱掷废弃物，或是中途退场。即使是对此低声议论，发发牢骚，也是非常不礼貌的行为。

有时候在观看节目或赛事的过程中，因特殊事故中断了，这时应坐在座位上耐心等候，不要大喊大叫或敲打椅子。这些都是缺乏修养礼仪的行为。

### 【案例8-4】台球赛场上的闪光灯[①]

2005年4月在北京举行的中国台球公开赛上，比赛过程中来自观众席上的不和谐的声音让我们记忆犹新。18岁的丁俊晖的精准球技让亨得利无可奈何，更让亨得利无奈的是海淀体育场不断跳跃的闪光灯。每当球手准备击球的时候，观众席上就会闪起刺眼的

---

① 礼仪培训师赵鸿渐的新浪博客礼仪培训师·鸿渐儒雅斋 http://blog.sina.com.cn/zhonghualiyi

强光。在中国斯诺克公开赛比赛现场,尽管主持人和工作人员一直在提醒,要求观众在拍照时关闭闪光灯,但实际上一直有相机闪光在观众席上刺眼地闪烁,甚至延续到比赛结束。"COMEAWAY, GO(请离开)!"、"PLEASENOPHONE(请不要打电话)!"这是在此次公开赛上裁判不断对观众发出的禁令。可是还没隔上几分钟,还是会有观众在场边频繁地走动、接电话。

**案例点评:** 斯诺克台球是一项绅士运动,对选手和观众的礼仪都有严格的规定,对手之间衣冠楚楚、彬彬有礼;观众更要遵守相应的观看礼仪和规则。或许观众的初衷仅仅是想将精彩镜头捕捉下来,但这种行为不仅影响了运动员的发挥,更严重侵犯了台球这项绅士运动的规则。中国的观众将规则、礼仪忘得一干二净,这种的行为不仅干扰比赛的正常进行,还会给观众自己带来遗憾。

#### 7. 有序退场

未到演出结束,不得起立,更不能坐在座位的扶手上、椅背上,或垫高座位,从而影响他人的观看。一般不应中途退场。演出全部结束,起立鼓掌;若演员出场谢幕,应再次鼓掌,充分尊重演员的劳动;谢幕结束后顺序退场,如遇嘉宾上台接见演员,应在接见仪式结束再退场。退场时请自觉带走垃圾。

## 二、入住酒店礼仪

酒店为游客提供住宿和餐饮服务,酒店也是众多客人共同使用的住宿设施,要遵守一定的礼仪规范。

### (一)大厅礼仪

#### 1. 办理手续

入住酒店时会有导游及地陪安排登记,不要争先恐后,更不要在酒店大堂内大声喧哗。一般三星级以上的酒店会有服务生把行李送至房间,除了表示感谢外,还应给小费。一般可给1美元或折合成等值的当地货币。

#### 2. 进出电梯

轻按按钮,不随意扒门,更不能在电梯内乱蹦乱跳,不要大声喧哗;严禁吸烟,吃东西、喝饮料也是不雅的行为,爱美的女士也不要在电梯内整理仪容电梯内人数很多时,所有人都要依次"面门而立";依次进出,不要抢行。

#### 3. 保持环境安静

饭店是专供住宿者进行休息的处所,因此,保持肃静被视为饭店的基本规矩。在饭店内部的公共场所,一定要注意调低自己说话的音量,走路轻手轻脚。

### 4. 讲究文明礼貌

在饭店里住宿,对于自己所遇到的一切人,都应当以礼相待。在通过走廊、也入电梯,或是接受饭店里所提供的各项服务时,要懂得礼让他人。对于为自己服务的各类饭店工作人员,要充分地予以尊重和体谅。

在英语国家,人们每天用得最多的词有三个:Thankyou(谢谢)、Sorry(对不起)、Excuseme(请原谅)。例如在饭店,当服务员上菜或做其他服务时,要说谢谢。在国外走路有时不小心碰上别人,对方往往首先说"对不起"。

## (二)客房礼仪

### 1. 控制音量

在客房内应当保持安静,不制造与周围环境不和谐的噪音,不可大声喧哗,或高声歌唱,客房内电视音量也不可太大,以免影响他人。有的中国旅客因此被人敲墙壁以示抗议,甚或到酒店管理部门投诉。

### 2. 节约资源

讲究绿色环保,被单、拖鞋等不必要求一日一换。盥洗用品不要浪费。国外酒店一般不提供"六小件",比如牙膏牙刷等,客人需自己准备。

### 3. 注重仪表

不要在客房内身着内衣,或者裸露身体,如有客人拜访或服务人前来服务,会有失体面。在洗浴之后,不要光着上身,仅围一条浴巾而在走道内来回串门。更不能穿着鞋在床上睡觉,或拿枕巾床单来拭擦皮鞋。

### 4. 注意公共卫生

在饭店之内,包括在本人住宿的客房之内,最好不要吸烟。不要在本人住宿的客房之内开火做饭,或是任意点火焚毁个人物品。

不要在本人住宿的客房之内洗涤、晾晒个人衣服,尤其是不要将其悬挂在公用的走廊里,或是临街窗户之外,阳台之上。不要在本人住宿的客房之内乱丢扔私人物品,或是将废弃之物扔到地上和窗外。

### 5. 严守住宿规定

国外的饭店,尤其是高档的星级饭店,通常都有下列规定:其一,不允许两名已经成年的同性共居于一室之内;其二,不允许住客在自己住宿的客房之内,随意留宿其他外来之人;其三,不提倡住客在自己住宿的客房之内会晤来访的人士,特别是异性访客;其四,不提倡互不相识的住店客人相互登门拜访;其五,不允许住店客人身着"卧室装"在饭店内部的公共场所活动。

## (三)餐厅礼仪

酒店一般都设有中式、西式餐厅，很多酒店的房费中包括免费早餐，早餐多采用自助餐的形式。团队客人一般也会在酒店用晚餐。

### 1. 自助餐礼仪

在入住酒店后，经常会遇到吃自助餐，一般多用于早餐和午餐。要排队按顺序取食物，注意取菜的顺序：冷餐(包括蔬菜、色拉、香肠等)——汤——主菜(肉、鱼、鸡等)甜品——咖啡/茶。面包一般是预先放在旁边的盘子里。每次取菜时，不必堆成满满一盘，最好分若干次去取；每次取食要量"力"而行，不要剩下为好；不要拿吃完的空盘再去取菜。

### 2. 西餐礼俗

西餐泛指按西方国家饮食习惯烹制出来的菜点，大致可以分为以英、法、德、意等国为代表"西欧式"和以俄罗斯为代表的"东欧式"，其就餐礼仪基本相同。西餐既重礼仪，又讲规矩，只有认真掌握好，才能在就餐时表现得温文尔雅，颇具风度。

1) 西餐菜品及上菜顺序

正式的全套西餐上菜顺序是：前菜和汤、鱼、肉类、乳酪、甜点和咖啡，还有餐前酒和餐酒。没有必要全部都点，前菜、主菜(鱼或肉择其一)加甜点是最恰当的组合。点菜并不是由前菜开始点，而是先选一样最想吃的主菜，再配上适合主菜的汤。

**小贴士**

西餐中，只有食草动物类的肉及海产品可以火候少点，或生吃，杂食类动物及河鲜必须全熟食用。西餐比较讲究吃半熟或生食，rare/R 表示三成熟(装盘后血水渗出)或一成熟带血；medium rare/MR 表示四成熟(装盘后不见血水渗出，但后断面有血流下)或三成熟带；medium/M 表示五成熟(切开不见血)；medium well-done/MW 表示六成熟(中间呈茶色，略见粉红色)或七成熟；well-done/W 表示七成熟(中间全部为茶色)或全熟。

2) 进食礼仪

(1) 餐具的使用。广义的西餐餐具包括刀、叉、匙、盘、杯、餐巾等。西方人进餐时的主要工具是刀、叉、匙三大件。刀、叉等银器类皆称为 Cut-lery。吃每道菜都有相应的餐具(见图 8-4 所示)。

西餐餐具多为纯银、镀银和不锈钢材质，除了飞机上餐具或儿童餐具，一般不用塑料餐具。就餐前，不要用餐巾或纸巾拭擦餐具，这是对主人或餐馆的不尊敬。吃西餐时，每个人都有自己的餐具，忌讳用自己的餐具为他人来布菜；使用刀叉时，尽量不使其碰撞，以免发出大的声音。刀叉是从外侧向里侧按顺序使用。一般左手使用叉，右手用刀或匙。右手持刀，食指压刀背，以刀切割，左手持叉，叉齿向下，食指压叉背，用叉送食(见图 8-5 所示)。

图 8-4　西餐餐具摆放图(午宴、晚宴均适用)

注：① butter plate and knife 奶油碟子和奶油刀。②dessert spoon 甜点匙。③glass 饮料杯。④salad plate 沙拉盘。⑤ napkin 餐巾。⑥main course fork 主菜叉子。⑦salad fork 沙拉叉子。⑧main plate 主菜盘。⑨ main course knife 主菜刀子。⑩soup spoon 汤匙。⑪cup, saucer, and teaspoon 茶(咖啡)杯、碟和茶匙。

**【经典小故事】**

在第二次世界大战以前，某国元首举行宴会。一位赴宴的旧中国使节在入席后，用餐巾去揩试刀叉。这是一种不礼貌的行为，因为这仿佛是嫌主人准备的刀叉不干净。主人见此情况，便命侍者将席上的餐具全部重新换过，使那位中国使节感到十分窘迫难堪。

图 8-5　西餐刀叉的使用方法

(2) 喝汤。西餐中，汤用汤盆或汤盅盛放。喝汤用汤匙，不可端盘喝汤，除非两侧有耳的杯盅才可端起来喝，汤匙由身边从内向外舀。如汤菜过热，可待稍凉后再吃，不要任意搅和热汤或用嘴吹。喝汤时也不要啜，不要舔嘴唇或咂嘴发出声音。喝完汤后，汤匙应放汤盘(盅)上，匙把指向自己。除喝汤外，不用匙取食其他食物。

(3) 吃面包。面包则一律手取，注意取自己左手前面的，不可取错。取面包时，左手拿取，右手撕开，再把奶油涂上去，一小块一小块撕着吃，不可一整块咬着吃，用底盘接碎屑。面包刀即黄油刀，是供抹奶油、果酱用，而不是用来切面包。不可将面包浸入汤中吃。吃面包可蘸调味汁，用叉子叉住已撕成小片的面包，再蘸一点调味汁来吃，是雅观的作法。吃到连调味汁都不剩，是对厨师的礼貌。

(4) 吃鱼。鱼片用叉,全鱼先切去头尾、鳍,吃完上层肉,用刀叉剔除鱼骨头,吃下层,不可把鱼翻身。鱼刺或骨不要直接外吐,可用餐巾捂嘴轻轻吐在叉上放入盘内。附送的柠檬片用刀叉挤去汁去腥备用。

(5) 饮酒。吃西餐喝酒有讲究。红葡萄酒配深色肉类调味厚重的菜肴。白葡萄酒和玫瑰葡萄酒配鱼、海鲜、浅色肉类及调味清淡的菜肴。香槟配甜食或任何肉类。上菜之前,不妨来杯香槟、雪利酒或吉尔酒等较淡的酒作为餐前酒。

不要动手去拿酒杯,而应把放在桌上由侍者去倒酒。正确的握杯姿势是用手指握杯脚。为避免手的温度使酒温增高,应用大拇指、中指和食指握住杯脚,小指放在杯子的底台固定。喝酒时是倾斜酒杯,像是将酒放在舌头上似的喝。轻轻摇动酒杯让酒与空气接触以增加酒味的醇香,但不要猛烈摇晃杯子。

不要把酒杯斟得太满,也不要和别人劝酒。干杯时,即使不喝,也应该将杯口在唇上碰一碰,以示敬意。当别人为你斟酒时,如不需要,可简单地说一声"不,谢谢!",或以手稍盖酒杯,表示谢绝。此外,如一饮而尽、边喝边透过酒杯看人、拿着酒杯边说话边喝酒、吃东西时喝酒、口红印在酒杯沿上等,这都是失礼的行为。

(6) 喝咖啡。饮咖啡一般要加糖和淡奶油。添加后要用小勺搅拌均匀,将小勺放在咖啡杯的垫碟上。用匙调咖啡,用完后放咖啡碟上。喝咖啡时不端碟,应用拇指和食指粘住杯把端起来直接用嘴喝,不要用小勺一勺一勺地舀着喝。

**【经典小故事】**

清朝大臣李鸿章出使德国时,应俾斯麦之邀赴宴。由于不懂西餐的礼仪,竟误将吃水果后洗手用的一碗水端起来喝了。俾斯麦为了不使李鸿章丢丑,便也将自己的洗手水一饮而尽。参加宴会的其他文武官员见此情况,也只得忍笑奉陪。

## (四)就餐礼仪

### 1. 坐姿

最得体的入座方式是从左侧入座。男士应该帮助女士入座,帮右边的女士把椅子挪出挪进。坐姿要正,身体要直,脊背不可紧靠椅背,一般坐于座椅的四分之三即可。不可伸腿,不能跷起二郎腿,也不要将胳臂肘放到桌面上,腹部和桌子保持约一个拳头的距离。餐台上已摆好的餐具不要随意摆弄。将餐巾对折轻轻放在膝上。

### 2. 餐前祷告

许多基督教或天主教家庭饭前要由家中一员带领祷告(say a prayer or blessing),您即使不信教,也请跟着低头,以示礼貌和尊重。

### 3. 仪态

就餐时不可狼吞虎咽,不要端盘子吃东西,要闭嘴咀嚼,不能发出声音。用餐时打嗝是最大的禁忌,应立即向周围的人道歉。进餐过程中,不要解开纽扣或当众脱衣。在国际礼仪上是不适宜用牙签的,不过在亚洲很多国家是可以接受的,但记住使用的时候一定要侧身遮住嘴。不要在餐桌上吸烟,或在餐桌边化妆、梳理头发。

### 4. 交谈

在餐厅吃饭时就要享受美食和社交的乐趣，进餐时应择时与左右客人交谈，但应避免高声谈笑，音量要小心保持对方能听见的程度，别影响到邻桌。不要只同几个熟人交谈，左右客人如不认识，可先自我介绍。别人讲话不可搭嘴插话。同时，在咀嚼食物时不要说话，更不可主动与人谈话。

### 5. 侍者代劳

在一流餐厅里，客人除了吃以外，诸如倒酒、整理餐具、捡起掉在地上的刀叉等事，都应让侍者去做。侍者会经常注意客人的需要。若需要服务，可用眼神向他示意或微微把手抬高，侍者会马上过来。取食时不要站立起来，坐着拿不到的食物 应请别人传递。

### 6. 中途离席

不可在进餐时中途退席。如有事确需离开，最好在上菜的空档，应向同桌的人小声打声招呼，把餐巾放在椅子上再走，不要打乱了整个就餐的程序和气氛。

### 7. 餐毕表示法

如在西餐中，每吃完一道菜，将刀叉合拢并排置于碟中，刀口向外叉齿向上，或汤匙横放在汤盆中，匙心向上，表示此道菜已用完，服务员便会主动上前撤去这套餐具。如尚未用完或暂时停顿，应将刀叉呈八字形左右分架或交叉摆在餐碟上，刀刃向内，叉齿向下，意思是告诉服务员，我还没吃完，请不要把餐具拿走。

### 8. 小费

在国外，进餐时侍者会来问："How is everything?" 如果没有问题，可用"Good"来表达满意。如果对服务满意，想付小费时，可用签账卡支付，即在账单上写下含小费在内的总额再签名。在西方国家旅游时，按照大约 10%～15%的比例给服务人员小费是一种礼仪。最后别忘记口头致谢。

# 本章小结

本章从工作实际出发，力求体现"工学结合"的高等职业教育理念。突出旅游职业岗位对服务人员个人礼仪以及岗位工作过程礼仪的具体要求。本章主要介绍了旅游与旅游文明素质，旅游交通礼仪以及公共场所礼仪等各方面的内容，通过本章的学习，学生将较为全面的掌握礼仪知识，塑造职业人士形象。

# 习题

1. 结合案例，请你谈谈对提升中国公民旅游文明素质行动的看法。
2. 在国外，步行应注意哪些具体的礼仪？
3. 自驾车旅游应注意哪些具体的礼仪？
4. 参加国外的巴士旅游应注意哪些具体的礼仪？
5. 国际旅游中，在公共场所应注意哪些礼仪规范？
6. 入住酒店应遵循哪些礼仪？
7. 观看演出或赛事应该如何正确地鼓掌？
8. 西餐的就餐礼仪有哪些？

## 实训项目

### 实训项目一：旅游交通礼仪

1. 学生分组外出，在公共场所步行，并乘坐几站公共汽车，各组学生相互观摩，指出不足，并在实践中加以规范。
2. 组织学生乘坐火车短途旅行，一言一行规范自己的行为，并拍摄影像资料供学生课堂观摩和讨论。

### 实训项目二：公共场所礼仪

1. 请同学们在食堂排队就餐时，练习正确的排队礼仪，并始终保持在公共场所的礼仪行为举止。
2. 组织学生到酒店参观，演示在酒店公共场所的礼仪，如果有条件，可让学生在西餐厅模拟西餐的进餐和就餐礼仪。

# 第九章 宗教礼仪——尊重信仰

【本章导读】

世界上各国各地区和各民族中,信奉各种宗教的人数约占世界总人口的75%。我国宪法明确规定:"中华人民共和国公民,有宗教信仰的自由"、"国家保护正常的宗教活动。" 宗教礼仪是宗教活动的重要组成部分,是宗教教徒在长期活动中形成的体现宗教内容的行为规范和习俗。在旅游服务工作中,要接待来自国内外的形形色色的客人,许多客人有不同的宗教信仰。作为旅游从业人员,了解宗教的基础知识、一般礼仪和主要禁忌,是为了在服务工作中对客人做到尊重和友好,从而使服务工作顺利进行的必不可少的条件。

【教学重点】

本章主要介绍3个教徒最多的宗教的礼仪教义、禁忌以及主要节庆风俗,在理解知识点的过程中,把握好对不同宗教信仰的游客的接待,是旅游从业人员应该做到得一个基本方面。

【核心概念】

佛教　佛教教徒禁忌　伊斯兰教礼仪　基督教禁忌

# 第一节　佛教礼仪

佛教是与基督教、伊斯兰教并称的世界三大宗教之一。长期以来广泛流传于亚洲许多国家和地区，特别集中流传于东亚和南亚，十九世纪末才开始传入欧美、非洲和大洋洲。据有关资料统计，现在世界上的佛教徒约有 3 亿人。佛教经过两千多年的流传和发展，佛教文化和礼仪已和社会生活的文化现象紧密相连。

## 一、佛教的基本知识

### 1. 佛教的称谓

在与佛教徒交往时应注意使用尊称，僧尼出家后一律姓释，由师父赐予法名，受戒时，由戒师赐予戒名，因此，问僧尼名字时，可问："法师法号"，而不使用"师父尊姓大名"。

1) 一般教徒的称谓

一般佛门弟子依受戒律等级的不同，可分为出家五众和在家两众。出家五众是指沙弥、沙弥尼、式叉摩那、比丘、比丘尼。在家两众是指优婆塞和优婆夷。出家的佛教徒俗称"和尚"(僧)和"尼姑"(尼)，亦可尊称"师父"、"师太"。不出家而遵守一定戒律的佛教徒称"居士"。藏传佛教中能转世的最高级别僧尼，称为"活佛"或"女活佛"，一般高级别的僧人喇嘛，对一般僧人应尊称为"喇嘛阿卡"。小乘佛教(傣族地区)的高级别僧人，称为"佛爷"。

2) 以修行水平相称的称谓

对于修行较高的僧人，则根据具体情况称为"法师"(通晓佛法的僧人)、"经师"(通晓经藏或善于诵读经文的僧人)、"论师"(精通论藏的僧人)、"律师"(通晓律藏的僧人)、"三藏法师"(精通经、律、论三藏的僧人)，对有高超造诣、崇高地位的著名僧人则称为"大师"，对德行高的僧人尊称为"高僧"。

3) 以佛寺中职务相称的称谓

寺院的主僧称为"方丈"、"长老"或"住持"。负责处理寺院内部事务的称为"监院"，监院 分正、副职。负责寺院对外联系的称为"知客"。

### 2. 佛教的一般礼仪

1) 布萨

布萨意即"清净戒住、常增功德"。教规要求教徒在每月 1 日、15 日以及这两日后的八日共举行四次布萨仪式，仪式中教徒应去寺院参拜，检查戒律的执行情况，遵守八戒。

2) 四威仪

四威仪指佛教徒的举止行动处处要端庄严肃，不允许有丝毫轻浮，对佛教徒的行、站、坐、卧都有一定的要求，即：行如风、站如松、坐如钟、卧如弓。

3) 合十

合十亦称"合掌",指十指并拢,两掌对合放在胸前,稍稍低头,佛教徒以"合十"表示对对方的敬意。一般是掌位越高,尊敬程度越深,但不可高过双眼,还礼时要"合十"回敬。如参拜佛祖或拜见高僧时要行跪合十礼,行礼时,右腿跪地,双手合掌于两眉中间。

4) 绕佛

绕佛是指围绕佛按顺时针方向行走,一圈、三圈或百圈、千圈,表示对佛的尊敬。

5) 顶礼

顶礼俗称"五体投地",是佛教徒拜佛、菩萨最尊敬的礼节。行顶礼时双膝跪下,两肘、两膝和头着地,而后两手掌翻上承尊者之足。出家的教徒对佛像必须行顶礼,是表示恭敬至诚。

6) 功课

在寺庙里,僧尼每日早晚按时诵经念佛为做功课,又称早晚功课。一般寺庙早4时起床,僧尼盥洗完毕,齐集大雄宝殿,恭敬礼佛,念诵忏文称为早课。晚课在下午4时左右念诵忏悔文等。因寺庙在做早晚功课时要撞钟敲鼓,由此产生"晨钟暮鼓"的说法。

## 二、佛教的禁忌

**1. 饮食禁忌**

1) 过午不食

按照佛教教制,比丘每日仅进一餐,后来,也有进二餐的,但必须在午前用毕,过午就不能进食。这是佛教中对僧尼的一个戒条,叫"过午不食戒"。在东南亚一带,僧尼和信徒一日二餐,过了中午不能吃东西。午后只能喝白开水,连牛奶、椰子汁都不可喝。我国汉族地区因需要在田里耕作,体力消耗较大,晚上非吃东西不可,所以在少数寺庙里开了"过午不食戒",但晚上所进的食称为药食。

2) 不吃荤腥

荤食和腥食在佛门中是两个不同的概念。荤专指那些气味浓烈、刺激性强的食品,如葱、蒜、辣椒等,吃了这些东西不利于修行,所以为佛门所禁。腥则指鱼、肉类食品。东南亚国家僧人多信仰小乘佛教,或者到别人家托钵乞食,或是由附近人家轮流送饭,无法挑食,所以无论素食、肉食,只能有什么吃什么。我国大乘佛教的经典中有反对食肉的条文。而汉族僧人是信奉大乘佛教的,所以汉族僧人乃至很多在家居士都不吃肉。无论食肉与否,大小乘教派都禁忌荤食。

3) 不饮酒

对佛教徒来讲有不饮酒的戒律,因为酒会乱性,不利于修行,故严格禁止。

**2. 行为禁忌**

1) 戒律

(1) 居士。在家修行的男女应终身遵守五戒,即:不杀生、不偷盗、不邪淫、不饮酒、不妄语。并在一定时期受八戒,即不眠坐高广华丽大床、不服饰打扮及视听歌舞、不食非时食(过午不食)等。但八戒不需要像五戒那样终身受持,而是临时奉行,多则几天、几周,少则一昼夜。

(2) 僧众。十戒是指沙弥、沙弥尼所受的十条戒律。沙弥、沙弥尼除了五戒之外,还应遵守不装饰打扮、不视听歌舞、不坐高广大床、不食非时食、不蓄金银财宝。当沙弥年满20岁时,再举行仪式,授予"具足戒"。具足戒又叫"比丘戒"、"大戒"。它是在十戒的基础上扩充为比丘的250条戒、比丘尼的348条戒。

2) 忌以怨报怨

佛教徒忌以怨报怨。在他们看来,以怨报怨,怨恨非但不能冰消瓦解,反而越结越深。

3) 忌摸头

佛教徒最忌讳别人摸他们的头。同时还忌讳当着佛祖的面说轻率的话。佛教徒购买佛饰时忌说"购买",只能用"求租"或"尊请"之类的词,否则被视为对佛祖的不敬,会招来灾祸。

### 3. 交往禁忌

(1) 佛寺被佛教徒视为清净的圣地道场,非佛教徒不能使用任何交通工具进入山门。进入寺庙烧香拜佛参观必须衣冠整洁,不能干扰宗教仪式或程序。

(2) 在寺庙内要肃静,不得喧哗吵闹、吐痰、吸烟,不能用手指指、戳佛像或摸弄佛像、法器,也不能在佛灯上取火。不可随便进入僧人寮房或其他未开放坛口。

(3) 尊重佛教徒的宗教信仰和风俗习惯,严禁将一切荤腥及其制品带入寺院,以保持寺庙清净。为了尊重佛教徒不杀生的宗教信仰,不得在寺庙附近宰杀生灵。

(4) 与佛教徒见面时,不能触摸佛教徒的头顶;不要主动与僧众握手,以合十礼为宜。交接物品时禁单用左手递拿东西,尤其是食品;与佛教徒交往不要随意评说宗教问题。

## 三、佛教的主要节庆

### 1. 佛诞节

佛诞节又称花节、泼水节、浴佛节,是纪念佛教创始人释迦牟尼诞生的节日。佛教根据佛生时"龙喷香雨浴佛身"的神话传说,在这一天一般要举行法会,以香水灌洗佛像,施舍僧侣或者举行拜佛祭祖、赛龙舟以及互相泼水祝福等活动。因为对佛陀的生日说法不一,所以世界各国佛诞节的时间也不相同,我国汉族地区的佛教徒以农历四月初八为佛诞日;傣族佛教徒则在清明后10天举行泼水节。藏族佛教徒以农历4月15日为"萨噶达瓦节"(佛诞节)。

### 2. 成道节

成道节是纪念释迦牟尼成佛的节日。相传释迦牟尼在成佛前,曾修行苦行多年,饿得骨瘦如柴,幸遇一牧羊女送他乳糜得免于死。此后,他坐在菩提树下沉思,在12月8日悟道成佛,这一天即为佛成道节。后世佛教取意牧女献乳糜供佛的传说,每逢佛成道日，煮粥供佛。我国汉族地区，每逢农历十二月初八(腊八)要以大米及果物煮粥，称为"腊八粥"供佛，并逐渐演化为腊月初八吃"腊八粥"的民俗。世界各国佛寺及僧众每逢此日都要举行以诵经为中心的纪念活动。

### 3. 涅槃节

涅槃节是纪念释迦牟尼逝世之日。相传释迦牟尼 80 岁时在拘尸那迦城，结束最后一次传法逝世。由于南北佛教对释迦牟尼逝世年月的说法不一，所以过节的具体日期不尽相同。中国、朝鲜、日本等国的大乘佛教，一般以每年农历 2 月 15 日为涅槃节。每年此日，各佛教寺院都要悬挂佛祖图像，举行涅槃法会，诵《遗教经》等。

### 4. 盂兰盆会

传说释迦牟尼的弟子目连之母生前不愿向僧尼施舍，死后沦为饿鬼，目连求佛拯救，佛要他在 7 月 15 日僧众安居结束时供养僧众，使母得救。据此佛教有盂兰盆会，届时寺院举办水陆道场和施放焰火，意在对水陆鬼魂特别是饿鬼施食超度。

### 5. 世界佛陀日

世界佛陀日即"哈舍会节"，又称"维莎迦节"。1954 年"世界佛教徒联谊会"规定，每年公历 5 月间的月圆日为"世界佛陀日"，即把佛的诞辰、成道、涅槃合并在一起的节日。每到这时，一些佛教盛行的国家举行全国性的大规模庆祝活动。

## 第二节　基督教礼仪

基督教是与佛教、伊斯兰教并称为世界三大宗教。基督教目前在全世界约有信徒十亿人左右，分布在一百五十多个国家和地区。在历史上，基督教曾经对西方文化的演变和发展产生了极其深远的影响；直到今天，它也依然构成了西方文化的一个重要的精神支柱。

## 一、基督教的礼仪

### 1. 基督教的称谓

1) 崇拜对象

(1) 上帝。按照基督教的教义，上帝是由上帝、圣灵和耶稣构成。这三者是不可分的。这就是"三位一体"的概念，也叫"三一律"。

(2) 基督。用来指代耶稣的神性，他是上帝的独生子，是在耶稣复活升天后的称呼，在使徒行传中开始使用，此前耶稣的门徒都称他为主，为夫子即老师的意思。

(3) 圣母和天使。在基督教里认为："耶稣基督的生身母亲，名叫玛利亚，是耶稣的亲人中第一个认定耶稣是天主(上帝)圣子的人，也是全世界第一个恳请耶稣基督首次施行神迹的人；在耶稣基督钉十字架时在场，被耶稣托付给了使徒若望照看；耶稣基督复活后，圣母是第一批赶赴空坟墓的人之一。"天使是侍奉神的灵。神差遣它们来帮助需要拯救的人，传达神的意旨，是神在地上的代言人。代表圣洁、良善、上帝的使者、服役的灵，是受差遣服侍信奉上帝的信徒。如图9-1所示。

图9-1 天使

2) 神职人员

(1) 天主教。①教宗(教皇)：要从主教的最高级别中推举出来，是耶稣的十二宗徒的继承者。②主教：要经过教宗的祝圣册封，也是耶稣的十二宗徒的继承者。③神父：要由主教册封，是十二宗徒助手的继承者。此三者皆可以执行神权的资格，主持弥撒及七件圣事。④执事：是在神父主持弥撒时，协助神父的助手，非神职人员，由在俗的教友充任。⑤修生与修女：属于修道院修道士，修生可以通过修道学习升为执事、神父和主教，值得注意的是，修女并不能担任神职。

(2) 基督教。①牧师：拉丁文原意为"牧羊人"，因耶稣自称"牧人"，用"羊群"比喻信徒，故基督教大多教派称具有圣职的教牧人员为"牧师"。负责牧灵工作，管理教会事务，只起"引导"作用，牧师是宗教职业者。②长老：负责管理教会事务的人。现有两种：一种是行政长老，专管教会行政事务；另一种是"按手"长老，专事辅佐牧师牧养信徒。③执事：原意为"仆役"，是由信徒推选出来帮助办理教会事务的信徒。执事非终身任职，注重服务和关怀工作。④传教士：我国称为"教士"，其主要任务是辅佐牧师传道，管理堂点，牧养教导信徒。也有称教士为布道员、传道员、传教师、传导员等。

义工传道员：受过一定的神学教育或培训的传道人员，可以讲道及牧养信徒。

(3) 东正教。东正教神职人员分为独身、结婚两个系统。其中结婚在家者可成为诵经士、副辅祭、辅祭、大辅祭、司祭、大祭司。独身出家修行者，可成为修士、修士辅祭、修士大辅祭、修士司祭、修士大司祭、主教、大主教、督主教、都主教、牧首。

3) 信众
① 信徒：一般是指经过牧师正式"领洗"的基督教教徒。
② 慕道友：未经牧师"领洗"的信教群众。
③ 同工：基督教教牧人员之间的互相称呼。
④ 同道：基督教信徒之间的互相称呼。
⑤ 兄弟：基督教男信徒之间的互相称呼。
⑥ 姊妹：基督教女信徒之间的互相称呼。

**2. 基督教的一般礼仪**

1) 七圣事

基督教的某些重要礼仪被称为圣事(天主教、东正教)或圣礼(新教)，被认为是耶稣亲自订立。共有七项：其一圣洗(洗礼)，为教徒的入教仪式，象征着进入信仰，一般教会一年安排一到两次，分浸水洗礼和点水洗礼；二为坚振(坚信礼)，指教徒对其信仰的确认，象征着信仰上的成熟；三是告解(忏悔礼)即教徒把自己的"罪行"、"罪感"和内心的各种秘密向神职人员祷告，表示悔改，并渴望求得帮助；四是圣体(圣餐礼)，即弥撒中的领圣体部分，有与基督结合，蒙受神恩，以及与圣徒相通和教会统一之意；五是终傅(沐膏礼)，乃教徒临终前由神职人员祝祷、赦罪之举；六是神品(神父受职礼)。领受神职时举行的祝圣仪式；七是婚配(婚礼)。教徒在教堂由神父主持，按照教会规定缔结婚约的仪式，有为"上帝所配合"并对结婚双方祝福之意。

2) 礼拜

基督教最普遍的崇拜仪式，是在每周星期日举行主日礼拜。主日礼拜一般都在教堂举行，由神职人员主持，内容主要有唱赞美诗、祈祷、诵读《圣经》选段、讲道、祝福等。在礼拜时教堂内常置有奉献箱，或传递收捐袋，信徒可将钱放入其内，作为对上帝的奉献。除每周一次的主日礼拜外，还有圣餐礼拜、追思礼拜、结婚礼拜、安葬礼拜、感恩礼拜等。

3) 守斋

天主教规定在耶稣复活节前40天为封斋期，教徒在此期内的特定日期守大斋和小斋。大斋日为耶稣受难节和圣诞节前一天，只能吃一顿饱饭，其余两顿要吃半饱或更少。小斋为每星期五，不食肉类。

4) 唱诗

唱诗即领唱或合唱赞颂、祈求、感谢上帝的赞美诗。这些赞美上帝的诗歌，大多有高音、中音、次中音、低音四部，可供四部合唱之用。

5) 祈祷

祈祷亦称祷告。指向上帝和基督耶稣求告，其内容可以是认罪、感谢、祈求和赞美等。以各人的信仰习惯，有出声的口祷和不出声的默祷两种。个人单独进行的叫私祷；由主礼人主领的叫公祷。祈祷完毕，颂称"阿门"，意为"真诚"，表示"唯愿如此，允获所求"。

## 二、基督教的禁忌

### 1. 饮食禁忌

禁食动物血液等。基督教认为血代表上帝的生命，因此不吃一切动物的血，安息会的圣徒还不食猪肉。周五和圣诞节前夕只食素菜和鱼类，不食其他肉类。平日通常不食蛇、鳝。禁止酗酒，但可以适度饮酒。基督徒餐前往往要祈祷，应待祈祷完毕后再拿起餐具。

### 2. 行为禁忌

(1) 唯一崇拜上帝，忌拜别的神，忌造别的偶像，忌妄称上帝的名字。
(2) 忌杀人、奸淫、盗窃、出假证明陷害他人；忌对别人的妻子与财物有不轨行为。
(3) 基督教徒忌讳数字"13"和星期五，因为耶稣受难在一个13日的星期五。
(4) 相传耶稣开始传教前在旷野守斋祈祷40昼夜。为纪念这一事件，基督教把复活节前40天规定为斋戒节。守斋一般于星期五守大斋(禁食)、小斋(禁食肉)。禁食时忌讳脸上带着愁容，忌讳举行婚礼和参加非宗教的娱乐活动。

### 3. 交往禁忌

在基督教教徒的礼仪规范中，非教徒与教徒之间存在着一些值得注意的交往禁忌。

1) 教堂礼仪

基督教的教堂允许非教徒参观，但首先应当尊重对方的意愿，征得同意。非教徒进入教堂后，应当脱帽，并且不能大声喧哗，不得妨碍正当的宗教活动。非教徒要注意在教徒唱诗或祈祷时不可出声、全体起立时应跟随起立。非教徒要尊重其宗教信仰自由，不可对其尊崇的上帝基督，以及圣事和教义妄加评论。

2) 生活礼仪

非教徒向基督教徒赠送的礼品，不应有其他宗教信仰崇拜的偶像。不是基督教徒，最好不要乱戴乱用基督教的标志十字架。非教徒要注意在耶稣受难节那一周，不要请基督徒参加私人喜庆活动。在守斋时，基督教徒不吃肉食、不饮酒，因此设宴招待，应避开斋期，同时在安排菜肴时注意尊重基督教的饮食禁忌。

## 三、基督教的主要节庆

### 1. 圣诞节

基督教纪念耶稣诞生的重要节日，亦称耶稣圣诞瞻礼、主降生节等。耶稣诞生的日期《圣经》中并无记载。336年罗马教会开始在每年的12月25日守此节。随着基督教的广泛传播，圣诞节已成为各教派基督徒，甚至广大非基督教徒群众的一个重要节日。

随着社会的进步和世界的融合，圣诞节已经成为全球普遍参与庆祝的日子。圣诞习俗众多，庆祝方式略有不同。大部分人熟悉的圣诞符号及活动，如圣诞树，圣诞火腿，圣诞柴，冬青，槲寄生以及互赠礼物，都是基督教传教士从早期 Asatru 异教的冬至假日 Yule 里吸收而来。西方人以红、绿、白三色为圣诞色，圣诞节来临时家家户户都要用圣诞色来装饰。圣诞树由柏一类呈塔形的常青树装饰而成，上面悬挂着五颜六色的彩灯、礼物和纸花，还点燃着圣诞蜡烛。圣诞老人是圣诞节活动中最受欢迎的人物。西方儿童在圣诞夜临睡之前，要在壁炉前或枕头旁放上一只袜子，等候圣诞老人在他们入睡后把礼物放在袜子内。

### 2. 复活节

复活节又称"主复活节"或"耶稣复活瞻礼"，是基督教为纪念"耶稣复活"而规定的仅次于圣诞节的重大节日。根据《圣经·新约》记载，耶稣被钉死在十字架后第三天"复活"。基督教徒认为该日为星期日(称"主日")。公元 325 年尼西亚会议(基督教第一次主教会议)规定，每年春分月圆后的第一个星期日为"复活节"。

复活节的庆祝方式各个国家和地区有所不同，最普遍的是人们互赠复活彩蛋。鸡蛋在西方古代象征多子多孙，后来基督徒们赋予鸡蛋新的意义，象征耶稣复活的坟墓；把鸡蛋染成红颜色，象征生活幸福。

**小贴士**

东正教和一些东方教会由于历法不同，复活节的具体日期与天主教、新教常相差一二个星期。

### 3. 圣灵降临节

圣灵降临节亦称"圣神降临节"或"降灵节"，是基督教纪念所谓"耶稣门徒领受圣灵"的节日。据《圣经·使徒行传》记载，耶稣"复活"后第 40 日"升天"，第 50 日差遣"圣灵"降临，门徒领受圣灵后开始传教。由此，基督教会规定，每年复活节后第 50 天为圣灵降临节，又称五旬节。

### 4. 受难节

基督教为纪念耶稣受难而规定的节日。按《圣经·新约全书》记载，耶稣基督是被犹太当局拘捕，送交罗马驻犹太地区总督彼拉多，钉死在十字架上的，基督徒谓之耶稣受难。《圣经》中对此并无明确日期，后来基督教徒声称，耶稣受难的日子是在犹太人"安息日"的前一天，并以此规定每年复活节前的星期五为受难节。

### 5. 感恩节

感恩节为美国基督教的习俗节日，起源于 1621 年，初为迁居美洲的清教徒庆祝丰收的活动，后经美国总统华盛顿、林肯等定此节为全国性节日。具体日期多经更改，1941 年起定为 11 月第四个星期四举行，教堂在这一天举行感恩礼拜，家庭也举行聚会，通常共食火鸡等。中国基督教部分教派守此节，并举行感恩礼拜。

# 第三节　伊斯兰教礼仪

伊斯兰教是三大宗教之一，其信徒数量和遍布范围目前仅次于基督教。作为一种宗教文化，伊斯兰教在当前的国际事务中也发挥着重要的作用。

## 一、伊斯兰教的礼仪

### (一)伊斯兰教的称谓

真神安拉：安拉(Allāh)是伊斯兰教经典《古兰经》中宇宙最高的独一实在、应受崇拜的主宰名称。音译：安拉胡(俗称：安拉)。通用中文的穆斯林，因唯一真实的主宰而称为真主，早期经文翻译以"至仁主"最常用。通用突厥语，波斯语和乌尔都语的穆斯林称为胡达(自有者)。真主是全世界穆斯林崇拜的唯一主宰。

(1) 管寺乡老：对管理事务和办经学教育的穆斯林，称"管寺乡老"、"社头"、"学董"。

(2) 阿林：对德高望重、有学识、有地位的穆斯林长者的尊称，亦可称为"握力"、"巴巴"或"筛海"。

(3) 阿訇：对宗教职业者和具有伊斯兰专业知识者，尊称为"阿訇"("阿訇"是波斯文的音译)。在我国，新疆地区，称阿訇为"毛拉"(是阿拉伯语的音译)。

(4) 伊玛目：即"教长"，指在清真寺任教职，并主持清真寺教务的阿訇。

(5) 师娘：即阿訇、教长的夫人、主持清真女寺教务或教学的妇女。

(6) 穆斯林：伊斯兰教信徒称"穆斯林"，其阿拉伯原文的意思为"顺服者"，特指顺服真主旨意的人。

(7) 哈吉：到麦加朝觐过的穆斯林，都在姓名前冠以"哈吉"的称号，享有较高的威望。

(8) 乡老：在清真寺做礼拜的穆斯林的统称。

(9) 满拉(海里发)：指在清真寺求学的学生。

(10) 多斯提：伊斯兰教信徒之间，无论在什么地方，不分职位高低都互称兄弟，或称多斯提。对知己朋友称"哈毕布"(阿拉伯语的"知心人"、"心爱者")。

### (二)伊斯兰教的一般礼仪

**1. 净礼**

净礼是穆斯林在礼拜或斋戒前必须遵守的规定，具体指"大净"、"小净"和"土净"。伊斯兰教规定，成年的男女穆斯林，在封斋前必须做"大净"，就是要用净水洗涤全身，要求处处都要认真洗到，如有一根毛发没有洗到，这次"大净"便被认为无效。穆斯林在礼拜或为功修、诵读《古兰经》时，必须做"小净"，即用净水洗涤部分肢体和某些器官。"土净"即在无水或因病不能用水的情况下，以"土净"代"水净"，即用双手拍打净土、净沙或净石一次，然后摸脸，再拍土而后用左手摸右手至胳肘，再重复拍土换右手摸左手，即完成"土净"仪式。

### 2. 问候

穆斯林之间彼此表达亲近友好，可用"色俩目"作相互祝福和问候的话语，例如"安色俩目阿来枯姆"意思是"主的安宁在你身上"，"吾阿来枯姆色俩目"意思是"主的安宁也在你身上"。这种问候，正式而郑重。按照伊斯兰教的习俗，致色俩目时，年少者先说于年长者，行进者先说于伫停者，站立者先说于已坐者，进门者先说于门内者，少数人先说于多数人，男子先说于女子。

### 3. 拿手

拿手是男性穆斯林之间的握手礼。方法是：双方单腿弓步，双手相握，右手拇指交叉在里，左手辅握在外，两人右肩头紧靠，同时，诵念真主嘉惠彼此及眷属。拿手礼的适用范围较广，如表示互助、互勉，团结友爱，表示不计前嫌、彼此谅解，表示敬老爱幼、敬师爱徒。开斋节会礼后，穆斯林之间拿手，表示共贺同庆、恭敬本教等。

### 4. 婚礼

伊斯兰教认为青年男女依法结婚是一种"善功"，是"当然"的"义务"。穆斯林认为"婚礼"是神圣和庄严的大事。伊斯兰教婚礼必须具备一定条件，如双方必须是穆斯林，如有一方不是穆斯林则必须改宗(无论男女)等。在结婚仪式上，由教长或阿訇证婚，并诵念经文。在征得新郎和新娘及新娘家长的同意后，教长或阿訇写出结婚证书，名曰"依扎布"，对婚姻予以确认。

### 5. 葬仪

按伊斯兰教义，穆斯林逝世后要实行土葬，并为亡人举行葬礼。这一葬制可以概括3个字："土"、"速"、"俭"。人亡后要速葬，亡体停放一般不超过3天。土葬时不用棺木，而是将尸体用水洗净、包裹白布(俗称"可凡布")后直接埋入坟穴中，尸位南北向，面朝西。还要俭葬或曰薄葬，即坟穴内不得有任何陪葬品。

## 二、伊斯兰教的禁忌

### 1. 饮食禁忌

伊斯兰教徒在饮食上有严格的禁食制度，禁食猪肉、自死动物及动物血液；禁食无鳞鱼(如鳗鱼、鳝鱼、甲鱼等)；禁食勒死、捶死、跌死等动物的肉；禁食驴、马、狗、虎、狼、豹、鹰、蛇等动物肉。酒是严格禁止饮用的。

### 2. 行为禁忌

（1）根据"认主独一"的信条，伊斯兰教徒忌任何偶像崇拜，只信安拉。禁模制、塑造、绘制任何生物图像，包括人的形象也在禁忌之列。忌用猪的形象作为装饰图案。

（2）在《古兰经》以及《圣训》里都有规定，作为伊斯兰教徒不能顺从私欲，不能骄傲自大，不能饮酒和赌博，不能淫乱，不能虐待妇女。禁止高利盘剥，不能撒谎作假见证，不能杀人，不能偷盗等。教徒在朝觐期间戒修饰、戒房事、戒争吵、戒流血、戒狩猎和损伤树木等。

（3）穆斯林穿着提倡简朴，禁止男性穿绸缎。崇尚白色，忌红色和异教徒的黄色。伊斯兰教认为，男子从肚脐至膝盖，妇女从头至脚都是羞体，外人禁止观看别人羞体，违者犯禁。因此，穆斯林妇女除了穿不露羞体的衣服外，还必须带盖头和面纱。

（4）禁止近亲与血亲之间的通婚，忌与宗教信仰不同者通婚。

（5）伊斯兰教徒每天要做五次祈祷，在祈祷期间，忌外来人表示不耐烦或干扰祈祷。同时，他们在做礼拜时，必须净身；饮食时只能用右手，忌用左手。

> **小贴士**
>
> 不戴面纱的妇女忌进入清真寺，忌男女当众拥抱，妇女在陌生人面前忌不戴面纱。

**【案例9-1】主人为何色变**

王小姐是一家酒店的销售主管，为配合酒店的"东南亚美食节"的推广活动，特与同事前往东南亚某国一国际公司驻该市办事处洽谈合作业务。抵达办事处后，主人对合作事宜非常感兴趣，并亲自为王小姐及其同事递上一杯从国内带来的特产饮料。当主人向王小姐递送饮料时，一直是"左撇子"的王小姐不假思索，自然而然地抬起自己的左手去接饮料。见此情景，主人神色骤变，此后的洽谈也未能进行下去，因为主人找理由推托掉了。

**案例点评**：为什么主人的态度由开始的"非常感兴趣"转而"找理由推托"呢？原来，王小姐伸出左手去接主人递送过来的饮料的做法，按照东南亚某国人的习俗来看，是一种对主人的"大不敬"的严重"犯规"行为。该国几乎人人信仰伊斯兰教，按照伊斯兰教的禁忌规定，在正式场合下，左手被视为"不洁之手"，仅可用于沐浴或"方便"。用左手递接物品，或是与人接触、施礼，在该国被人们公认为是一种蓄意的侮辱他人的行为。可见王小姐当时用左手去接主人递送的饮料，主人该是多么的不高兴，这也难怪"此后的洽谈也未能进行下去"。

### 3. 交往禁忌

（1）进入清真寺忌穿短裙短裤；非经批准，不准进入礼拜大殿、不准拍照；做礼拜时忌喊叫礼拜者、在其面前走动、出声、吃东西。非伊斯兰教徒不能随便进入清真寺，更不能进入礼拜大殿，不得在清真寺内抽烟、喧哗、歌舞，不得将伊斯兰教禁忌的食物或任何人与动物的偶像带进寺。

(2) 与伊斯兰教徒交往时，忌言"猪、杀、死"等字词、忌送有动物形象的东西、也不应将雕塑、画像之类的物品相赠，也不要送洋娃娃给他们的孩子。伊斯兰教规视左手为不洁，切忌用左手给他们拿吃的东西或食具。与伊斯兰教徒交谈，切忌用他们禁忌的东西打比喻，也切勿谈论他们憎恶的东西。

(3) 非伊斯兰教徒到伊斯兰教朋友家做客时，不主动与妇女或少女握手、注目，或向女主人赠送礼品。当着信仰伊斯兰教的妇女，自己在着装方面应避免袒胸露臂，穿短裙或短裤。着装一定要注意整洁。不能携带禁食的物品。按伊斯兰教规禁止饮酒，所以同他们交往，不能以酒相待，也应避免在他们面前饮酒。

**【经典小故事】**

画报缘何被拒绝入境

20 世纪 80 年代，中国的女排三连冠。一家对外的画报用女排姑娘的照片作封面，照片上的女排姑娘都穿着运动短裤。该报社在其阿拉伯文版画报中也用了女排姑娘们的照片，结果有些阿拉伯国家不许该画报入境。

# 三、伊斯兰教的主要节庆

## 1. 开斋节

开斋节是穆斯林的一个重大节日，始于伊斯兰教纪元第 2 年，在伊斯兰教历 9 月 29 日或 10 月 1 日。斋戒结束的一天要寻看新月，见月的次日开斋；如未见月，开斋顺延，但一般不超过 3 天。节日期间，穆斯林前往清真寺参加会礼，听伊玛目宣讲教义；会礼之后，人们走亲访友，互送自己做的节日食品油香、馓子。教法还规定，在节日进行下列七件事是可嘉行为：拂晓即吃食物以示开斋，刷牙，沐浴，点香，穿洁美服装，会礼前交开斋施舍，低声诵念赞真主。中国新疆地区称开斋节为"肉孜节"。

## 2. 古尔邦节

古尔邦节又称宰牲节、忠孝节，是伊斯兰教盛大节日。在伊斯兰教历 12 月 10 日这天，穆斯林举行会礼，宰牲献主。这一节日是为了纪念易卜拉欣父子为安拉牺牲的精神。古尔邦节亦是伊斯兰教朝觐仪式之一。伊斯兰教规定：凡是有条件的穆斯林男女，一生必须去沙特阿拉伯麦加城内的"克尔白"朝觐一次，对于没条件的人在每年教历的 12 月 10 日这天，在本地区集体礼拜，拜后宰牲，也算是完成了这项功课。节日清晨，穆斯林沐浴完毕后，要在清真寺"伊玛目"的带领下，一边诵赞词，一边步入礼拜大殿，举行节日会礼，互相拜会，并宰杀牛、羊、骆驼，互相馈赠以示纪念。

## 3. 圣纪节

圣纪节是纪念穆罕默德诞辰，日期是教历 3 月 12 日，相传穆罕默德也于 3 月 12 日去世，因此该日又称为"圣忌日"。圣纪活动具有纪念穆罕默德诞生与逝世的双重意义，中国新疆地区则称之为牟噜德节。庆祝活动一般在清真寺举行，由阿訇诵经、赞圣，讲述穆罕默德的生平业绩等。有的穆斯林炸油香、熬肉粥、邀请亲朋好友聚餐纪念。

**4. 登霄节**

传说穆罕默德 52 岁时，在教历 7 月 17 日的夜晚，由天使哲布勒伊来陪同，从麦加到耶路撒冷，又从那里"登霄"，遨游七重天，见到了古代先知和天国、火狱等，黎明时返回麦加。从此，耶路撒冷与麦加、麦地那一起成为伊斯兰教三大圣地。穆斯林在登霄节的夜晚举行礼拜、祈祷、以示纪念。

**5. 盖德尔夜**

也称"平安之夜"，教历 9 月 27 日夜。传说安拉于该夜通过哲布勒伊来天使开始颁降《古兰经》，据《古兰经》载：该夜作一件善功胜过平时一千个月的善功。穆斯林对盖德尔夜非常重视，许多穆斯林于该夜礼拜祈祷，出散"乜贴"、捐赠财物等。有的家庭还制作美食佳肴，馈赠亲友。很多穆斯林彻夜不眠，因此也称"坐夜"。

# 本章小结

作为旅游从业人员，在服务过程中，应充分地留意有宗教信仰的客人，尊重他们的宗教礼仪和习俗，不得违反其宗教禁忌，涉外旅游服务亦应如此。本章重点阐述了佛教、基督教和伊斯兰教的礼仪和禁忌，并总结了三大宗教的主要节庆。

需要进一步说明的是，学习本章内容时，应当坚持辩证唯物主义和历史唯物主义的观点。宗教是历史发展过程中的产物，在目前社会发展阶段中，宗教意识仍然存在，并且影响着人们社会生活和经济生活，我们在从事旅游服务的工作中，对此应有正确的认识。

# 习题

1. 举例说明了解宗教礼仪知识在旅游接待与交际活动中有什么重要意义？
2. 佛教的基本教义有哪些？各自应如何理解？
3. 基督教有哪七项圣事？这七项圣事分别有什么含义？
4. 简述伊斯兰教规定的穆斯林必修的五项功课。
5. 世界三大宗教的各自经典是什么？
6. 佛教、基督教、伊斯兰教分别有哪些主要禁忌？他们的禁忌有何异、同点。
7. 旅游从业人员在接待不信奉同宗教信仰的客人时，应注意些什么？

# 实训项目

## 实训项目一：佛教寺院、基督教教堂、伊斯兰教清真寺实地考察

(1) 考察安排：在教师指导下，将全班学生分为三个小组，并指定好小组负责人。每组学生在小组负责人带领下，用一天时间，分别选择本地区就近的佛教寺院、基督教教堂和伊斯兰教清真寺进行实地考察。

(2) 考察准备：考察前，要求各小组学生对需要考察的项目做相关的宗教知识的准备，特别是复习各宗教的礼仪和禁忌的资料，以便在具体考察宗教寺院时做到对该宗教的礼仪的尊重和禁忌的遵守。此外，还要求准备需随身携带的纸、笔等。

(3) 操作规范：考察中，可参观该寺院的建筑风格和关注其宗教文化标识；此外，可找机会与该寺院工作人员或入寺教徒进行交谈，了解更多的宗教知识。

(4) 注意要点：严格遵守入寺礼仪，充分尊重宗教信仰，不得干扰宗教活动。未经许可，在寺院内不得私自摄影或照相，非经同意，更不得随意进入寺院内教徒的私人住所。

(5) 练后讨论：考察结束后，教师在课堂上用一学时的时间，供三个小组的学生进行相互交流，包括资料交流和心得体会交流，最后由教师进行总结。

## 实训项目二：为某一宗教信仰客人提供酒店服务模拟实训

(1) 物质准备：准备信仰佛教、伊斯兰教、基督教的教徒穿着的特殊服装或饰物，如僧服、头巾、佛珠、十字架等。

(2) 角色扮演：请个别学生穿上相应的服装并佩戴代表该宗教的饰物，扮演三大宗教的信徒；再请一些学生扮演酒店内不同岗位的服务人员，如门厅应接员、前台接待员、餐厅服务员等。

(3) 实训安排：假设某一宗教信徒(佛教、伊斯兰教、基督教均可)到某酒店住宿、用餐、娱乐等，请扮演酒店不同岗位的服务员为他提供相应的服务，并请其他同学观摩评议，教师最后进行总结。

# 专题四　旅游礼宾礼仪

# 第十章 饭店接待礼仪——舒适完美

【本章导读】

所谓饭店接待礼仪,是指在饭店接待服务过程中,对客方人员表示尊重和友好的一系列行为规范,是在饭店接待活动中对礼仪的具体操作和运用。饭店是社会交往和国际交往的舞台。接待礼仪是饭店服务"软件"的重要组成部分,贯穿于饭店服务接待工作的全过程。饭店员工必须了解在涉外活动中得到普遍认可的礼节规范,必须掌握本岗位的接待礼仪规范,并付诸于实施。"最佳的饭店是客人享受礼貌、礼仪及快速敏捷服务的理想场所。服务员一定要训练有素,一流的服务员才能构成一流的饭店"(里兹·卡尔顿)。

【教学重点】

本章以饭店行业自身所具备的特点为基础。要求学生掌握饭店前厅、客房、餐厅、康乐等部门的服务礼仪及相应的接待规范和礼仪要点。

【核心概念】

饭店接待礼仪　前厅服务　客房服务　餐饮服务　康乐服务

# 第一节 前厅服务礼仪

饭店前厅，又称为总服务台，或称为总台、前台等。它通常设在饭店的大堂，负责组织接待工作、业务调度的一个综合性服务部门。前厅在饭店管理中具有全面性、综合性和协调性的作用，是饭店的神经中枢"nerve centre"和饭店的门面"shop window"，集中反映着饭店的档次和风格，是宾客最先抵达和最后离开饭店的"第一印象区"和"最后印象区"。

## 一、前厅迎宾服务礼仪

饭店迎宾人员主要包括：礼仪小姐、门童和行李员，有时保安员也会承担起迎宾的职责。通常，这些员工身着旗袍或西式制服，色彩醒目，装饰华丽，代表饭店在大门口和门厅接待客人。

**1. 大门迎宾**

（1）迎宾人员仪容整洁，仪态端庄，面带微笑，精神饱满地站立在饭店正门前，恭候宾客的光临。上岗期间不倚靠门墙、靠窗蹲坐或离岗、串岗，应坚守工作岗位。

图 10-1　迎宾服务礼仪

（2）当宾客乘坐的车辆抵达时，门童要主动上前热情相迎。车辆停稳后，应为客人开启车门并为客人护顶。对于老弱病残幼的宾客应多加注意，拉开车门后应主动助臂，或采取应急措施，照料其上下车。

开启车门的正确方法：一手拉开车门，一手遮在车门框的上檐，示意客人上下车时应低下头，以防止磕碰。如果宾客是佛教界人士和信仰伊斯兰教的客人，则不能为其护顶，以尊重他们的信仰。

(3) 不应以貌取人，而要一视同仁。应主动上前亲切问候，表示对宾客到来热情地欢迎，并配以15度的鞠躬礼。对常客、贵宾、VIP客人，主动称呼姓名或职衔，表示问候，服务语言亲切、热情、规范。遇到有的宾客先致意时，应及时还礼。

(4) 雨雪天时要撑伞迎送，以防宾客被雨淋湿。

(5) 客人带有行李时，行李员应主动上前为客人拿或用行李车运送行李，但不要过分热情地去强行要求提供帮助，客人的贵重物品及女士随身带的皮包等，不应替宾客代劳。搬运行李时必须小心，不可用力过大。

(6) 门童(门迎、门卫，Doorman)用手示意客人进入酒店大厅，如非自动门或旋转门，要为客人拉开酒店正门，并致欢迎与问候语。

### 2. 进店服务

(1) 陪同客人到总服务台办理手续时，应手背后侍立在宾客身后两三步处等候，以便随时服务宾客。注意照看好客人的行李，眼睛注视总台接待员。

(2) 引领客人时，应走在客人的左前方一二步处，随着客人的步子徐徐前进。遇转弯处，要面带微笑向客人示意，并提请客人注意照明和安全。可在引领过程中向客人简要介绍饭店服务概况，言语要适当和适度。

(3) 与宾客同乘电梯时，应按住电钮，礼让宾客先入电梯，并启动楼层按钮。在电梯内，行李员应尽量靠边侧站立，并将行李尽量靠边放置，以免碰撞客人或妨碍客人通行。到达楼层时，应示意客人先步出电梯，不要抢先或与客人并肩挤出电梯。

(4) 开锁前先敲门，然后开灯环视房间整理情况，发现问题，立即与客房部服务中心联系，迅速处理问题，并向客人致歉。

(5) 陪同宾客到达客房后，将行李放在行李架上，并当面向客人简要说明室内设施极其操作方法和其他注意事项。然后征询客人有无其他要求，有则妥善处理，没有则微笑告别。不要借故逗留与客人聊天，不准暗示或硬性向客人索取小费。

告别动作要领：面对客人，后退一、二步，自然转身退出房间，将房门轻轻关上。

### 3. 离店服务

(1) 行李员去搬运客人行李时，进房前无论房门是关或是开着，均要按门铃或用手指节敲门通报。对宾客的各种行李物品要轻拿轻放，对团队行李要集中摆放，以免丢失或错拿。

(2) 行李员放好行李后，不要立即转身离去，要清点行李件数并应向宾客作好物品交代，然后躬身施礼感谢宾客的光顾，同时致告别语："祝您一路平安，欢迎下次再来！"

(3) 行李员轻轻关上车门，注意不要让宾客的衣裙被车门夹住。关车门时，不能用力太重而惊吓到客人。

(4) 车辆启动时，面带笑容，挥手告别，目送客人离去。

### 【经典案例10-1】背后鞠躬的深意

一日，一位在日本留学的我国留学生来到了日航大阪饭店的前厅。那时，正是日本国内旅游旺季，大厅里宾客进进出出，络绎不绝。一位手提皮箱的客人走进大厅，行李员立即微笑地迎上前去,鞠躬问候,并跟在客人身后问客人是否要帮助提皮箱。这位客人也许有急事吧,嘴里说了声:"不用,谢谢!"头也没回径直朝电梯走去,那位行李员朝着匆匆离去的背影深深地鞠了一躬,嘴里还不断地说:"欢迎,欢迎!"这位留学生看到这情景困惑不解,便问身旁的日本经理:"当面给客人鞠躬是为了礼貌服务,可那位行李员朝客人的后背深鞠躬又是为什么呢?""既为了这位客人,也为了其他客人。"经理说,"如果此时那位客人突然回头,他会对我们的热情欢迎留下印象。同时,这也是给大堂里的其他客人看的,他们会想,当我转过身去,饭店的员工肯定对我一样礼貌。"①

**案例点评:**这个例子说明日本饭店业的服务人员有着良好的公关意识,并且深刻地意识到了树立良好的服务形象,给客人留下尊贵的心理印象的重要意义。日本的饭店很少接到客人的投诉,并非饭店的服务尽善尽美,无懈可击,而是由于饭店细致周到的礼貌待客,使客人的自尊心得到了最大限度地满足,对于服务方面的小瑕疵往往很能包容。因此,把礼仪做到完美,让客人感觉到倍受尊重,对提升饭店的服务形象有着极其重要的作用。

## 二、前台接待服务礼仪

饭店总服务台也称为总台或前台,负责处理住客的接待服务工作,包括接待、入住登记、问询、收银等功能,同时在协调各部门的对客中起着关键性的作用。

**1. 接待问讯**

(1) 总台后站立服务,薄施粉黛,着装整洁,姿态端庄,精神饱满,目视前方,面带微笑随时恭候宾客。切忌不要和同事闲聊,吃东西或喝水,不要把手叉到衣兜里。

(2) 笑脸相迎,主动招呼,热情问候。要有问必答,再问不厌,口齿清楚,用词得当。对饭店设施、各部门服务时间、具体位置等情况应详细回答清楚。不轻易说"不知道",不能说"也许"、"大概"之类没有把握或含糊不清的话。对一些宾客提出的要求无法满足时,应向客人深表歉意,请求其谅解与合作。

(3) 接受来电查询,应热情帮助解决,件件要有结果、有回音。如不能马上回答,对来电客人应讲明等候时间,以免对方久等而引起误会。

(4) 在任何情况下都不得讥笑、讽刺客人,不得与客人争辩,决不允许言语粗俗,举止鲁莽。在宾客因误解、不满而投诉时,要以诚恳的态度耐心听取宾客的意见,不要中途打断,更不能回避,置之不理。

**2. 接待住宿**

(1) 热情主动问候客人,"您好,小姐(先生),需要住房吗?""您好,请问有预订吗?"并礼貌地注视宾客的眼睛,眼神应传达出热情、友好、尊重,诚恳的信息。

(2) 宾客较多时,要按先后顺序依次办理住宿手续,做到"接一答二照顾三",并向每位客人点头致意。

(3) 推销房间时,先推销标准间或中等价格的房间,然后再根据客人的反应或要求

---

① 张永宁. 饭店服务教学案例. 北京:中国旅游出版社,1999.

推销高档或低档房间。应多使用短句，口齿清晰，语速适中，层次分明，专业术语通俗化。

(4) 客人犹豫不决，拿不定主意时，可以通过察言观色等适时介入，热心为客人提供信息，当好参谋。但要注意热情适度，只能当参谋，不要参与决策，更不要干涉客人私生活。

(5) 听清宾客的要求后，尽量按客人的需要为其安排房间，确认房间种类、房价、付款方式、离店日期，用信用卡先印卡。同时，当知道客人姓氏后，要尽早称呼，以示对客人的重视与尊重。

(6) 如遇客房已满，应耐心向未能住到房间的宾客致歉，同时热情地向其推荐其他饭店，并感谢客人的光临，希望下次再见到这次未能入住的宾客来饭店入住。

(7) 按照有关规定，在接待宾客住宿时，应仔细验看宾客的有关证件。当确认无误后，应有礼貌地迅速将证件还给宾客，并予以致谢，不能将证件一声不吭地扔给宾客或是放在柜台上。

(8) 住房通知单、"迎宾卡"填好后，连同房卡双手递交客人，并轻声告诉客人楼层和房间号，并致祝愿语，微笑目送客人离去。

### 3. 离店结账

(1) 宾客来结账时，要热情、周到、迅速、准确地处理客人退房事宜。收款数目要当面结清，不能有丝毫含糊，避免客人有被多收费的猜疑。

(2) 结账完毕，应向客人鞠躬道谢，并致以祝福，欢迎客人再次光临。

## 三、电话总机礼仪

电话总机是饭店的内外信息沟通联络的枢纽和形象窗口。电话接待是在通话双方不露面、看不见表情、看不见手势的情况下进行的，总机的声音和通话方式是服务礼仪的重要表现方式。

### 1. 亲切问候

(1) 电话铃响，立即接听。一般让电话铃不超过三声。
(2) 致以亲切问候，自报饭店名。
对店外打进来的电话，一般先用英语问候并报饭店名称，然后用汉语问候并报饭店名称；对于饭店内部电话，一般情况下是先用英语问候，再用汉语报总机。
(3) 在通话中应使用敬语和其他礼貌用语，并注意使用带着微笑的声音，通过友好的声音来传递饭店对客人诚挚欢迎。

### 2. 认真倾听

(1) 要认真倾听对方的来电事由，按要求逐条回答客人或转接。
(2) 对于客人讲话听得不清楚或不明白，应委婉地请客人再重复一遍。不能不耐烦，更不能置之不理，或者将错就错，把电话随意拨转出去。
(3) 当客人有急事，而恰逢分机占线不能接通时，更要耐心解释清楚。对于拨错号的客人，同样应以礼相待。

(4) 客人有留言，应记下有关事由、时间、地点和姓名，并向客人保证及时转达。对于来电话查询的客人，应热情相待，在可能的情况下，尽自己的努力去办。

(5) 接受客人的电话投诉，要高度重视，认真听取顾客的抱怨，了解实质性的原因。站在顾客立场上将心比心，诚心诚意地去表示理解和同情。哪怕是客户因自身愿望和要求得不到满足的心理平衡，或素质修养及个性原因产生的不合理抱怨，也要正确理解和表示谅解。同时，快速行动，把客户投诉的及时向相关部门反映，并将处理结果和相关信息及时反馈客人。

**3. 致谢语和告别语**

无论客人因为何种原因打进电话，结束通话后，应礼貌地向客人致谢，并致以祝福。

**4. 叫早(醒)服务**

为客人提供叫醒(Morning call)、请勿打扰(D0 Not Disturb)等电话服务时，话务员就应该认真做好记录，并复述一遍，将时间和房号录入电脑，或做好记录，按时通过电话叫醒客人。若是贵宾、重要客人，则派专人叫醒或提前5分钟电话催请叫醒。

# 第二节　客房服务礼仪

客房是饭店的基本设施和向客人提供住宿的物质承担者，是饭店构成的主体。客房服务涉及的服务区域大、项目多、参与服务的人员广，客房服务质量构成复杂。主要包括楼层客房区域服务、饭店公共区域服务、客房中心服务、布草房及洗衣房服务。

表 10-1　客房部管理的范围和岗位职责

| 管理范围 | 岗位职责 |
| --- | --- |
| 楼层客房 | 楼层服务班次编排和各班工作任务的安排；客房的整理和清洁；房间的检查；客房设施的维护和保养；客房钥匙的管理；客房酒水的管理；客房布草的管理；客房安全的管理及提供擦洗鞋、送洗衣服等各项客房服务 |
| 饭店公共 | 包括饭店庭园、大堂、公共通道、餐厅、电梯、商场、公共卫生间等区域的卫生管理；饭店内外的绿化美化工作及公共区域各种设施的保养 |
| 客房中心 | 负责联络调度对住房的服务，提供借用物品，处理客人遗留物品及各类客房用品的领取、保管、发放等工作 |
| 布草房 | 负责饭店客房、餐厅布草的收发分类；楼层、餐厅布草的定期盘点；员工制服的贮存和交换；定期配备、更新布草和员工制服；与洗衣房协调，搞好制服和布草的送洗和清点验收工作 |
| 洗衣房 | 担负洗涤饭店布草、员工制服和客衣洗熨服务等工作 |

## 一、客房日常服务

### (一)迎宾送客

**1. 迎宾**

接到来客通知后,客房服务人员应该在楼梯口以合乎礼仪的站立服务,恭候宾客的到来。

宾客抵达时,面带微笑,表示热情欢迎,并施以十五度的鞠躬礼。若逢节假日,应对每一位客人特别给予节日的问候,如:"新年好!"、"圣诞快乐!"等,使客人产生"宾至如归"的亲切感。

**2. 引领**

对客人手中的行李要主动帮助提携,对老、幼、病、残的宾客要及时给予最大限度的照顾和帮助。

引领客人到房间应走在客人的前方一至两步远,到客房后用中指节或食指节轻轻敲门三次,每次三下,间隔2~3秒,然后再开启房门。开门后侧身一旁,敬请客人进入。简单介绍客房的主要设备、饭店服务项目、服务时间。询问客人:"还有什么我能为您服务的吗?"然后告别,祝客人住宿愉快,轻手将门关上。

**3. 送客服务礼仪**

提供帮助。了解客人离店的需求并尽力提供帮助,检查客人委托代办事项是否已经办妥。

礼送宾客。宾客离店时,楼梯送客,要诚恳、真挚地向客人告别,祝旅客一路平安,欢迎下次光临。并配以鞠躬礼。

### (二)客房清洁服务

**1. 日常清洁**

(1) 每天的清扫整理,应在客人没在房间时进行。每次进入客房时都必须轻轻敲门三下,若无回音,过五秒钟再敲三下,第二次敲后了无回音,缓缓地把门推开,把"正在清洁"牌挂在门上。若敲门时,听到房间内有客人的问话声,应立即自报身份"Housekeepers, May I come in?"进入房间后应说明来意,征得客人同意后方能做房间清扫。打扫房间时应将门打开,直至结束,将进入时间写在工作单上。

(2) 如客人作了"请勿打扰"的提示时,客房服务员不能敲门进房。若至14:00,客房仍然如此状态时,表示客人没有离开房间,服务员可打电话到该房间,注意礼貌用语,如说:"您好,我是服务员,请问可以进房搞卫生吗?"客人同意后方可进入。

(3) 整理房间时动作要轻及迅速。在撤换床上用品时,要注意客人放在床上的钱包、手包、金银饰品等,防止整理时不小心摔坏或裹走。清洁桌面时,书报、文件、化妆品等只稍作整理即可，不要弄乱，更不许翻动。桌上的纸条、旧报纸等没有客人的吩咐，切勿随便扔掉。

**2. 特殊服务**

观察客人的嗜好忌讳，注意客人身体变化，掌握客人的特殊要求，为宾客及时提供各种周到细微的服务，并最大限度地满足客人提出的一切正当要求。如逢宾客生日时，应送上祝福；如遇客人身体不适，应主动询问是否需要诊治。

## 二、客房接待服务

### (一) 客房接待服务的要求

客房接待服务时饭店服务的重要组成部分，客房接待服务的要求可以概括为：真诚、礼貌、主动、耐心、准确、有效、安全。

**1. 真诚**

服务员应全心全意、真心真意地为客人服务。要做到这一点，关键在于认识和态度。首先服务员必须对自己的角色、对客人、对服务工作有充分地认识；其次，在服务工作中，要注意情感服务，避免任务式的服务，让客人感受到真情实意。

**2. 礼貌**

服务员在与客人的接触中，必须时刻注意礼貌待客，让客人时时处处感受到礼遇和尊重。讲究礼貌不仅可以使客人满意和高兴，而且可以提高服务人员良好的自身素质，树立饭店的良好形象，并以此获得尊重和合作。

**3. 主动**

服务人员在服务工作中要主动为客人提供关心、帮助和应有的便利，及时满足客人的各种合理要求，做到"眼勤、嘴勤、手勤、腿勤"。主动来源于细心，要细心观察、善于思考，及时了解和掌握客人的需求，把工作做在客人开口之前。

**4. 耐心**

在服务工作中，服务人员要始终如一地贯彻有关标准和要求。客人来自世界各地，情况复杂多变。因此，服务员要能正确对待各种各样的人和事，还要能够经得起委屈、责备和刁难。耐心来源于意志上得坚强，而这些又取决于良好得个人修养和高尚得职业道德。

**5. 准确**

准确包含3个方面的含义：一是对客人的需求要了解分析得准确；二是对客人得吩咐要理解得准确；三是工作要做得准确。总之，在服务过程中不能出现差错。

### 6. 有效

有效是指服务工作要讲究效率，具有实实在在的意义。讲究效率，要求工作必须快捷，具有实在意义。这就要求通过服务，能够真正解决客人的实际问题，满足客人的实际需要，不能流于形式。

### 7. 安全

客人离家在外，更会时刻关注自己的安全问题。服务员在服务工作中必须把安全放在首位。

如果在服务工作中，切实做到以上几点，并有设施设备和实物产品做保障，就能够使客人获得宾至如归感、舒适感和安全感，从而使客房乃至整个饭店具有较高的吸引力。

## (二) 客房礼仪禁忌

### 1. 客房内服务禁忌

(1) 服务员不得擅自随意进入客人的房间。客人在时，必须征得客人同意后才能进房。

(2) 服务员工作时间不得与其他人员闲聊，不能随便接电话和使用客房电话，不得动用、翻阅客人的物品。

(3) 服务员工作时客人叫坐也不能坐，与客人交流时要轻声细语，不要与客人长谈，不得在房内大声喧闹、唱歌，影响客人休息。

(4) 不得主动先伸手与客人握手，与客人不能过分亲热，与宾客交谈时"谢"不离口，一定要彬彬有礼。

### 2. 交往礼仪禁忌

(1) 服务员行进在楼层走廊时，服务员之间不能搭肩搂腰。路遇宾客时，一定要向客人微笑点头示意问候，切忌视而不见，不予理睬。如有急事需超越走在前面的客人时，应向客人表示歉意，并说声"对不起"。

(2) 避免与客人发生口角。如果遇到个别客人失礼言行和过分举动，服务员应保持冷静，有礼有节，不卑不亢。

# 第三节　餐厅服务礼仪

餐厅是餐饮部的前台部门，在这里餐厅服务人员直接与客接触，且对客服务贯穿客人用餐的全过程。因此，要求餐厅服务人员不仅具备高超的服务技能，自始至终还需要给客人提供热情、真诚、周到的礼仪服务，保证宾客有一次愉快的用餐体验。

# 一、餐厅服务

## (一) 迎宾入座

### 1. 迎宾

(1) 餐厅门口迎宾。要求站姿优美、规范，服饰整洁美观，精神饱满，面带微笑。

(2) 当宾客走向餐厅约1.5米处时，应面带笑容，拉门迎宾，热情问候。同时用靠门一边的手平伸出厅门，请宾客入厅。见到年老体弱的宾客，要主动上前搀扶，悉心照料。

(3) 如果是男女宾客一起进来，要先问候女宾，然后再问候男宾。常用问候语包括："您好，欢迎光临！"；"女士(先生)，晚上好。请问后面还有人吗？"，以便迎候指引；"您好，请问，您预订过吗？"。

(4) 如遇雨天，要主动收放客人的雨具。假如宾客戴着帽子或穿有外套，应在他们抵达门口处，协助拿衣帽，并予以妥善保管。

(5) 对已预订的宾客，要迅速查阅预订单或预订记录，将客人引到其所订的餐桌。如果客人没有预订，应根据客人到达的人数、客人喜好、年龄及身份等选择座位，特别要注意靠近厨房出入口的位置往往不受人欢迎。如果宾客要求到一个指定的位置，应尽量满足其要求，如被占用，领台员应做解释和致歉。

### 2. 引领入座

(1) 牢记迎客走在前、送客走在后、客过要让路、同走不抢道。引座时，应对宾客招呼"请跟我来"，同时伴之以手势。切忌用一个手指指指点点，显得很不庄重。引座员领宾客时，应在宾客左前方1米左右的距离行走，并不时回头示意宾客。

(2) 宾客走近餐桌时，领台员应以轻捷的动作，用双手拉开座椅，招呼宾客就座。推椅动作要适度，双手将椅子拉出，右腿在前，膝盖顶住椅子后部，待宾客屈腿入座的同时，顺势将椅子推向前方。不必要的餐具及多余的椅子应及时撤走。

入座顺序应先主宾后主人，先女宾后男宾。在团体中，则应先为年长的女士服务，然后再为其他女士入座服务。可能的话，把女士的座位安置在面对餐厅的内侧而避免面对墙壁。

(3) 客人入座后，先送毛巾，后端茶。毛巾、茶都要用托盘端送，递送时要从主宾开始从右向左依次进行。递送香巾时要招呼客人："先生(女士)，请！"。送茶时切忌手指接触杯口，动作要轻缓。

## (二) 点菜服务

### 1. 递送菜单

(1) 客人坐稳后，值台员把菜单递给宾客，菜单要从宾客的左边递上。对于夫妇，应先送给女士；如果是团体，先递给主宾。

(2) 递送的菜单要干净、无污迹，递送时要态度谦恭，不可随意把菜单往宾客手中一塞或往桌上一扔，这是极不礼貌的行为。

**2. 推荐菜品**

(1) 值台员应对菜单上每一道菜的特点予以准确的答复和描述。

(2) 推荐本餐厅的特色菜、时令菜、创新菜等时要讲究说话方式和语气，察言观色，充分考虑宾客的心理反应，不要勉强或硬性推荐，以免引起宾客反感。

(3) 向客人推荐绿色食品和饮料，点菜做到经济实惠、营养合理、避免浪费。餐后为客人提供"打包"和代为保管剩余酒水等服务。

(4) 不要催促宾客点菜，或是以动作(如敲敲打打等)来显示不耐烦，要耐心等候，站立姿势要端正，距离要适度，让宾客有充分的时间考虑决定。

(5) 如宾客点出的菜已无货供应，值台员应致歉，求得宾客的谅解，并婉转地建议宾客点其他的菜。如客人点的菜菜单上没有列出，不可一口回绝，而应尽量满足其要求。可以礼貌地说："请允许我马上和厨师长商量一下，尽量满足您的要求。"

**3. 记录点菜**

(1) 记录客人点菜时，值台员应站在客人的左侧，身体不能紧靠餐桌，手不能按在餐桌上，始终保持面带笑容，上身略微前倾，精神集中地聆听，客人点的每道菜和饮料等，都要认真记录。

(2) 当主人表示客人各自点菜时，服务员应先从坐在主人右侧的宾主开始记录，并站在客人的左侧按逆时针方向依次接受客人点菜。

(3) 要注意菜式单位：例盘、中盘(=两个例盘)、大盘(三个例盘)、斤两、只、打、碗等，菜单一般是例盘和半只的价格，加大分量要征询客人意见。

(4) 写菜单(落单)一式三联，第一交收款员，第二由收款员盖章后，由跑菜员交厨房作为取菜的凭据，第三留存，由后台跑菜员划单用，客人点的菜谱上没有的和特殊要求要注明，客人分开两台上同样的菜注明"双上"。

## (三)餐间服务

**1. 摆台**

(1) 中餐台面摆放格局讲究造型，注意礼貌，尊敬主宾，方便食用。一般台面要保持"一中心，二平放，三三角，四四放，五梅花，上六角"的形状。

(2) 西餐宴会摆台：原则一底盘、二餐具、三酒具、四调料用具、五艺术摆设的程序，要横竖交叉成线，图案方向一致。

(3) 大型宴会，需要分桌，餐桌的主次以距离主桌远近而定，右高左低，以客人职位高低定桌号顺序。主桌的主位应安排于能够纵观全厅的位置，各桌的主人位置相同，朝同一方向，或第一桌主人与其他主人位置相对。

(4) 客人入座后，取出餐布放在客人的腿部或压放在骨碟下，如是中餐，对不习惯用筷子的外宾，应及时换上刀、义等餐具。

**2. 上菜与分菜**

（1）上菜要从宾客的左边上，最好在陪同或翻译之间进行，不要在主人和主宾之间进行，以免影响来宾用餐。

（2）摆菜要讲究造型艺术，酒席中的头菜，其看面要对正主位，其他菜的看面要朝向四周。比较高档的菜肴或有特殊风味的菜，要先摆在主宾位置上，在上下一道菜后顺势撤摆在其他地方。

（3）上菜要核对，认真把关，并讲究效率，客人点菜以后10分钟内凉菜要摆上台，热菜不超过20分钟。每上一道菜都要报菜名，并简单扼要地介绍其特色。

（4）掌握好上菜时机，并根据宾客的要求和进餐的快慢灵活掌握。冷盘吃到一半，上热炒菜，第一道菜吃完宾主祝词，最后一道菜告诉第二主人"菜已上完"。主人或客人祝酒或发表讲话时，应停止上菜，但要及时斟酒。

（5）分菜时，高级宴会按照先男主宾、后女主宾，再主人和一般来宾的顺序远次分派。两名服务员，分别从主宾位和副主宾位开始，按顺时针进行。

（6）分菜要注意把优质部分分给主宾或其他宾客，同时，要掌握好均匀。添菜时应征求客人的意见，如客人谢绝，则不必勉强。

（7）撤换餐具时，要注意客人是否吃完，如无把握，应轻声询问，切不可在客人正在吃时撤餐具。撤换餐具要轻拿轻放，动作要优雅利索。西餐每吃一道菜更换一副餐具，客人未离开餐桌前，酒杯和水杯不能撤，中餐撤盘不撤筷子。

**3. 斟酒**

（1）宴会斟酒时，应由宾客选择用哪一种酒，值台员不得自作主张。打开酒瓶盖或饮料应当面进行，名贵的酒品要示酒。

（2）斟酒的顺序是先斟给主人右边的主宾，再按顺时针方向绕桌斟酒，主人的酒最后斟。斟酒时从客人右侧进行，注意不可站在同一位置为两位客人同时斟酒。

（3）斟酒时先斟烈性酒，然后斟果酒、啤酒、饮料等。斟酒时，瓶口不要碰到杯口，也不要拿得太高，使酒水溅出。

（4）斟香槟酒或其他冰镇酒类，要用餐巾包好酒瓶，以免水洒落在宾客身上。如有酒水溅洒在宾客身上，要及时递送毛巾或餐巾协助擦拭，但如果对方是女宾，男值台员不要直接动手帮助。

（5）斟酒的浅满程度，要根据各类酒的风格和要求来决定。中餐常斟满杯以示对客人的尊重。西餐的佐餐酒为葡萄酒，斟酒的分量为红葡萄酒杯的1/3杯，白葡萄酒杯1/2杯。

（6）因操作不慎将酒杯碰翻或碰碎时，应立即向客人致歉，立即调换酒具，并迅速铺上干净餐巾，将溢出的酒水吸干。

**4. 值台**

（1）值台时，应坚守岗位，站姿规范，不依墙靠台，不搔头摸耳，不串岗闲聊。服务时，应做到"三轻"：即走路轻、说话轻、操作轻。整个餐厅的清扫工作，应在所有客人离去后进行。

(2) 服务员的眼睛应始终注意到餐厅的每一位客人，应通过宾客在需要帮助时表现出来的种种迹象(手势、表情、姿势等)，服务员应主动上前询问给予帮助。当客人要求帮助而服务员正在给其他桌上的宾客服务时，应对客人打手势或点头微笑，表示自己已经知道，马上就能前去服务，使宾客放心。对有醉意的客人要特别关照。

(3) 如有找宾客的电话，要走到客人旁边，轻声告知，不要在远处高声呼喊。宾客的物品如果不慎落在地上，服务员应立即帮忙拾起，双手奉上，不可视而不见。

### (四)结账送客

#### 1. 结账与收银

服务员一定要等宾客吃完甜点，或宾客要求结账时方可呈递账单，不可在进餐中把账单递给客人。如果是住店客人签单，服务员要立即送上笔。把账单正面朝下放在小托盘上，从左边递给客人。当客人付款后，要表示感谢。

#### 2. 店门送客

宾客起身离座时，应主动上前为其拉椅，方便客人行走，并注意观察提醒其不遗忘随身物品。主动征求客人意见和反映，了解宾客对饭菜与服务是否满意。客人若有不满意之处，应向客人解释并表示歉意。宾客离座后迎送至餐厅门口，对将离店的客人道谢，并欢迎下次光临。

## 二、外宾餐饮习俗

#### 1. 日本

日本人常以米饭为主食，副食多鱼类、喝酱汤，日式泡菜几乎每餐必备，饭前喝清茶。日本人口味清淡，喜酸甜、微辣、麻香，很少食动物"下水"。日本的传统饭菜有生鱼片、寿司、天麸罗、鸡素烧，还有各式各样的鱼饼、海菜制品等。每逢节日或生日，日本人多吃红豆饭以示吉利。除夕之夜要吃空心面条，祝来年健康长寿。

#### 2. 韩国

韩国的饮食风格介于中国和日本之间．多数人用餐使用筷子。菜料以高蛋白食物为主，辅以蔬菜。喜食汤和饭(牛肉汤、撑骨汤等合在饭中同食)、火锅、汤面、冷面、生鱼片、生牛肉、什锦饭等。

#### 3. 泰国

泰国人用餐时食品量少而辣，主食为鞠嚏饭。副食以鱼虾和蔬菜为主。常食面条、汤和鸡粥，不食海参、牛肉。

### 4. 法国

法国人喜食猪、牛、羊肉以及蜗牛、牡蛎等，喜欢水果和酥食点心。不喜吃辣的食品，一般不吃无鳞的鱼。人们在餐前一般喝威士忌、罗姆酒等度数较高的开胃酒，席间喝各种葡萄酒，餐毕要喝白兰地之类的烈性酒以助消化。法国人还特别追求吃饭时的情调，将宴餐之事视为联络感情、广交朋友的高雅及享受乐趣。法国人尤其喜欢喝咖啡。

### 5. 德国

德国人主食为黑麦、小麦及土豆制品，爱吃香肠、猪蹄、酸菜、奶酪、生菜沙拉等，不喜欢羊肉，也不喜欢海味。口味比较清淡，偏酸甜，不喜欢油腻、辛辣。啤酒被视为"液体面包"，深受德国人喜爱，德国被称为"啤酒之国"。啤酒杯很大，一般不碰杯，若碰杯则应一饮而尽。爱吃水果和甜点，但忌食核桃。在外聚餐，一般各自付款。

### 6. 英国

英国人爱吃烤面包，爱喝清汤，爱喝牛奶，喜欢喝啤酒，尤其是苦啤酒或黑啤酒。英国人喜欢喝茶，形成一种优雅自在的下午茶文化。下午茶演变成招待友人欢聚的社交茶会，进而衍生出各种礼节。在斋戒日和星期五，为纪念耶稣受难，正餐一律吃炸鱼，不食肉。

### 7. 俄罗斯

俄罗斯人讲究量大实惠，油大味厚。他们喜欢酸、辣、咸味，偏爱炸、煎、烤、炒的食物，尤其爱吃冷菜。俄罗斯人喜爱烈性酒(如伏特加)、啤酒等，饮料有格瓦斯。最喜欢的热饮是红茶。"祝您胃口好！"是俄国人用餐时最常用的一句问候语。

### 8. 美国

美国人对菜的要求是量少、质高、清淡不腻、咸中带甜、不吃蒜和酸味的食品，不爱吃肥肉，一般不吃清蒸和红烧食品，忌食各种动物的内脏，不喜欢蛇一类的异常食物。美国人爱喝鸡尾酒、啤酒、苏打水、咖啡、可乐、果汁。喝饮料时大都喜欢加冰块。

### 9. 埃及

埃及人的主食有米饭、面包、鱼、羊肉和火鸡，还有一种特有的调味品：由芝麻、油、大蒜和柠檬制成的酱，配菜有土豆、酸乳酪和黄瓜。埃及有许多直接用手抓的食物。由于宗教原因，他们一般用右手抓食。在他们的传统观念中，左手是不洁的，只能用来辅佐右手撕扯食物。

### 10. 澳大利亚

澳大利亚由于种族多样，饮食风格也多样化。晚饭通常是澳大利亚人最为看重的，喜欢啤酒、葡萄酒、加牛奶和糖的咖啡与茶。特别喜欢红茶和香片花茶。喜爱新鲜水果，尤其喜欢荔枝、苹果。

# 第四节　康乐服务礼仪

康乐部是酒店专门为客人提供休闲康体服务的场合，是酒店重要的业务部门和利润来源。在能为客人提供康乐服务，特别是有温泉或高尔夫服务的酒店，注重员工的服务礼仪，能为客人带来更高品质的消费体验。

## 一、温泉服务礼仪

温泉养生是中国养生文化的一部分。进入二十一世纪，中国出现了越来越多的，以感受温泉文化为主题，把养生、保健、休闲、度假、美食、运动等有机地结合在一起的温泉度假酒店，并以其优质周到的服务受到人们的青睐。

**1. 入泉**

客人准备入泉时，服务人员应站在客人身后一步的位置，随时准备接过客人从身上取下的浴巾。客人入水时，服务人员就轻声提醒客人注意安全，并在客人完全下水后将客人的拖鞋放好，并将客人的浴巾整齐地放在恰当的位置。

**2. 泡泉**

客人在泡温泉的过程中，服务人员应该时刻关注着客人的需要，为客人提供细心体贴的服务。

没有客人需要服务的时候，服务人员应在离浴泉较远的位置守候，以给需要安静的客人一个不被打扰的空间，同时准备在客人有服务需要的第一时间为客人提供贴心的服务。

客人从泉中上岸时，服务人员应备好浴巾等候一旁，并在客人需要帮助时给予恰当的协助，客人出浴泉后再为客人轻轻的披上浴巾以防感冒。

**3. 休息服务**

温泉泡池周围都设有休息区，为泡泉过程中需要休息的客人提供烟酒、小吃等服务。

（1）送饮料。服务人员应用托盘将客人需要的饮料传递到客人休息的地方，走到客人面前时，右手放到背后，上身倾斜成 10 度，双眼目视客人，对客人说："对不起，让您久等了，为您送饮品"。同时，用右手的拇指、食指、中指握住瓶装饮料的底部或杯子的杯把将饮料端离托盘。拿稳后放在茶几上，用食指、中指顶住底部，轻轻推到客人面前，之后右手背后，上身微倾对客人说："您请慢用，有事请吩咐"，再后退一步，转身离去。

（2）斟饮料服务。服务人员应用右手三指环握瓶身，饮料的商标朝外，杯口与瓶口或罐口不相接触，慢慢的将饮料斟入杯中，到达规定容量时将瓶子或罐子旋转 90 度，收到胸前，让最后一滴液体回流，再将饮料放到客人身前说："您请慢用，有事请吩咐。"

当休息区的桌椅较矮时，服务人员对客应采用半跪式服务。即左腿向左前方迈半步整个身体成半跪式，保持挺胸抬头的姿势，面带微笑，双眼平视客人，左手将托盘自然放在胸前，右小腿与地面成 90 度角，右膝跪于地面，右脚跟与臀部相贴。

**【经典案例10-2】珠海御温泉的御式服务**

御温泉的汤好，但最能拨动人们心底最温柔的那丝心弦的，还是御温泉无处不在而又不落痕迹的"御"式服务。在御温泉每一处，服务员发自内心的问候、微笑与鞠躬，让您温馨如归。如果你叫免费食品饮品，送过来的服务员必定是半跪式服务。每一次你从池中上来时必会有人小跑着上前将温热干爽的浴巾披到你的身上，为您摆正拖鞋、送上一杯热茶、撑上一把雨伞，御温泉，真正给您至尊的享受！

**案例点评：** 当传统温泉还停留在"温泉疗养"的概念上更衣、泡汤时，珠海御温泉独创太医五体和御式服务，率先以全面个性的温泉养生内容，引领温泉养生文化新体验。

## 二、高尔夫服务礼仪

体育作为一种文化，集健身、益智、娱乐、消遣、审美、激励于一身，日益成为人们休闲的一项重要内容，两者的有机结合就诞生了以休闲健身为目的酒店。

### (一)前台接待礼仪

高尔夫运动是一项讲文明重礼貌的运动，也是一项对参与此项运动的球员和服务人员文化素质和礼仪修养要求较高的运动。

**1. 仪容**

高尔夫酒店的前台人员要彬彬有礼，热情周到。保持整洁清爽的仪容仪表，工作时间必须按球场规定穿着制服并佩戴好名牌，对客服务时保持礼节性微笑。

**2. 工作礼仪**

接待员应礼貌而高效地为客人进行开球登记，并向客人确认打球的人数。根据客人的要求安排球童及球车，并当客人的面在消费本上填写好球童费、球车费及租杆费等费用。高效准确地为客人提供结账服务。客人离开时，真诚的感谢客人并欢迎他再次光临。

### (二)球童礼仪

球童是高尔夫运动中一个非常重要的组成部分，是一个专门的职业。对于打球者来说，球童不仅仅是一个"随从"，更是伙伴以及"智囊"。从情感上，球童和球手分享成功的喜悦。从技术上，球童也会给球手极大的技术支持和周到的服务。

球童在服务过程中应时刻保持面带微笑，不要把个人的不良情绪带到工作当中。客人到时应向客人问好；服务对应尊呼客人为"您"；客人打出好球后应喝彩，如"好球！"；客人打完球后，应向客人说"您辛苦了！"客人离开时应向客人示意"再见"。不论是客人情绪上的问题还是球童服务上的问题，当有人指责球童时，球童不能与客人发生冲突，不要顶撞客人，有问题可事后向主管汇报。

【经典小故事】

球童的诞生

根据圣安德鲁斯的记载，"球童"一词背后有着非常有趣的一段故事：16世纪末，苏格兰的玛丽女王非常热衷于高尔夫运动，经常往返苏格兰和法国两地的她，常与当地皇室一起打球，而在法国的皇室里，贵族们喜欢让军队里的军校生"Cadet"来为他们背球包，所以当玛丽女王返回苏格兰的时候，就把这个词一起带回了故乡。大约在1610年的时候，这个词开始流传到英国，之后就被简化成了球童(Caddie)。

**1. 准备**

(1) 出发前：按规定着装并佩戴好名牌，保持清爽精神的仪表。当在出发室领到出发单后，应马上安排球童，当客人坐车过来后，刚才安排好的球童要马上过去拿包，然后确认客人，找好对应的客人后，把客人的球包装上球童车，帮助客人检查球杆数，并向客人确认，然后才可出发。(注：球童一定要带好球道中所需的沙袋、湿布和马克)

(2) 发球台上：首先告诉客人本洞为几杆洞，距离多远，有什么障碍，应向哪个方向打，一一向客人介绍清楚，然后询问客人用几号杆开球，把球杆帮客人拿到发球台上。

**2. 球赛中**

客人发球时，球童应站在客人的左后侧三米左右处，要安静，不要咳嗽或说话，因为你的一切行为可能影响到客人的打球及情绪。客人打完球后一定要帮客人看清楚球的落点，以便找球，并将开完球的客人的球杆收好。

在球道中，首先，要跟紧客人不能远离客人。当客人随时有任何需要的时候，都能马上找到你，其次是帮客人找球。如有一部分客人的球打得好，一些打得不好，往往一些打的不好的客人开球会将球打到长草或树林中。如本组有一名客人，球童应下发球台后马上去帮客人找球，如本组有两名以上客人，此时球童之间应互相配合，可一、两球童推车，其他球童去帮忙找球。当客人在球道打球时，球童一定要提醒客人注意安全，按球的远近顺序打球，以免发生危险。当客人在球道中询问果岭还有多远时，球童可根据球道两侧50、100、150、200码的距离标桩，测定大概距离，然后告诉客人。当客人要打球时，要用的球杆，应马上从球包中拿出递给客人。

部分客人在球道中打完球后，会打起草皮，留下球痕，这时应马上拿回打出的草皮放回球痕上，然后用沙袋里的沙子倒在草皮上，并用脚轻踩两下，整理好后马上拉上球车跟上客人。

在果岭上，当客人的球打上果岭后，球童就用马克(Mark)按在球的正后方，作好标记后拿起，帮助客人把球擦干净，然后放回把马克(Mark)拿起。如客人有需要，可把球交给客人。在果岭上如要节省时间，球童间也可互相配合，帮客人拿好推杆，一两个球童可先拉球车到下一球道发球台．其他球童服务客人。在客人准备推杆时，如球离洞较近，球童可直接将旗杆拔起，如要推杆的客人离球洞很远，则球童应把旗杆拔起后，旗杆底部要靠在对着要推之球方向球洞正后方，球童一定要站直单臂握旗杆，手臂与地面平行，当客人把球推出后，方可拿起旗杆。当客人推球时，果岭上球童不可出场或走动影响客人。客人推杆完后，应重新插好旗杆，然后帮客人接过推杆，放回球包(当客人的球上果岭后，球童应注意自己在果岭上走动路线，避免踩到客人的球线)。请注意，有太阳时，客人推杆，球童一定要注意自己站的位置，因为你的影子有可能会影响到客人推杆的视线和感觉。当后面有一组人压着时，本组客人推完后插旗杆的球童应插完旗杆后，原地单手置臂举过头顶，点头示意。

赛后，应重新帮客人清点球杆并向客人确认，清点球杆后帮客人整理好球包，把球包放上车后，礼貌地与客人道别，并欢迎客人的再次光临，整个服务才算完毕。

# 本章小结

本章主要对饭店前厅、客房、餐厅、康乐等部门服务礼仪进行了介绍，重点介绍了旅游饭店服务人员的基本素质，为前厅部、客房部、餐饮部、康乐部员工对客服务礼仪提供了可靠的参考。本章节还突出了饭店岗位礼仪的重要性，力图强调"细节决定成败"在饭店服务礼仪中的特殊意义，以期从崭新的视角提升饭店形象。

习题

**1. 复习思考题**

① 前厅总台服务礼仪有哪些规范？
② 前厅迎宾礼仪有哪些规范？
③ 点菜服务应遵循哪些礼仪规范？
④ 值台时服务员应注意哪些问题？
⑤ 客房服务员进入客房应注意哪些礼仪规范？
⑥ 电话总机服务员要注意的服务礼仪有哪些？
⑦ 在温泉及高尔夫提供服务的人员应注意哪些礼仪？

**2. 实训练习题**

实训项目一：前厅服务礼仪练习

将全班同学分为若干组，在老师的指导下结合前厅各岗位的服务礼仪要求，进行相应的服务礼仪模拟训练。

① 由学生分别扮演前厅迎宾人员及入店客人,演示迎宾、问候、引宾和送宾服务礼仪。

② 由学生分别扮演前台接待人员及住店客人,演示客人入住登记、问询、兑换外币、结账等时的服务礼仪。

③ 由学生分别扮演总机接线员及打电话预订客房的客人,演示接听电话及处理预订的服务礼仪。

**实训项目二:客房服务礼仪练习**

由学生分别扮演客房清卫人员及住店客人,演示客房服务人员进房及完成日清洁所需的服务礼仪。

**实训项目三:餐厅服务礼仪练习**

由学生分别扮演餐厅服务人员及用餐客人,演示迎宾、问候、引座、接受点菜、餐间服务、结账及送客服务礼仪。

**实训项目四:球童服务礼仪练习**

请2~4个会打球的同学扮作客人,让球童3~4个人一组,进行服务,一组人走两、三条道。这样虚拟服务一周至两周后,考试一次,分出服务好和较好的两类球童最后分为A、B两级。

# 第十一章　旅行社服务礼仪
## ——热情大方

【本章导读】

在旅游活动中，旅行社既是旅游产品的销售者，又是旅游者所需要的旅游全程综合服务的提供者。旅行社带给旅游者的服务感受影响着旅游者对全部行程的整体感受。旅行社主要由销售部、计调部和接待部等业务部门组成。其中，销售接待和导游接待是旅行社直接对客服务，是了解旅游者旅游需求的重要部门，是保证旅游活动圆满成功的重要环节。

【教学重点】

本章重点掌握旅行社门市的接待礼仪，旅行社导游的接待程序和礼仪规范，以及旅行社商务活动礼仪。

【核心概念】

旅游社　导游接待服务　全程陪同导游人员
地方陪同导游人员　景区讲解员

第十一章　旅行社服务礼仪——热情大方

# 第一节　旅行社门市接待服务礼仪

旅游门市是旅行社销售产品与服务的主要场所，是联结旅游业与公众关系的枢纽，是塑造旅行社形象，体现旅行社管理水平和精神面貌的窗口。整洁有序的接待环境不仅能使旅游者产生良好的印象，而且有利于旅游产品的销售；同时能提高旅游销售接待的效率。

## 一、旅行社门市布置礼仪

门市是旅行社的"脸面"，应通过内部与外部的精心设计，创造一种典雅、舒适、幽静的环境气氛，留给来访者良好的"第一印象"。

### (一)外部设计

旅行社门市是旅行社实现旅游产品销售的主要部门，也是旅行社面向旅游者的经营场所。旅游者通过门市了解旅行社的主要产品，并在门市工作人员的帮助下完成旅游产品的选择和购买。通常，旅行社门市选址的便利性，对旅行社经营业绩有着非常重大的影响，要求门市的选址要尽量接近有效消费市场。

门市应处于人流量大的社区或商业区，有良好的交通通达性，营业面积根据需要选择不用太大。门市外部应醒目且有一眼能及的招牌，同一旅行社的门市招牌的大小、样式应统一，以给旅游者形成一致的企业形象。门市临街道的橱窗可张贴旅游产品海报，并定期更新，方便感兴趣的行人了解旅行社的产品动态，刺激人们的旅游需求。

### (二)内部设计

针对旅游者的门店内部设计通常有柜台式设计和休闲式设计两种。如休闲式设计包括店内零散安放几处小圆桌及配套的靠椅，能同时满足为多位旅游者提供服务的区域，且服务形式更为亲近随意。门市内应配备完善的办公设施设备，同时尽量增加顾客服务区域，通过科学的管理实现最佳的工作效率。

**小贴士**

旅行社门市采用5S管理既可以减少工作效率的浪费，又可以减少资源成本的浪费，从而提高员工士气，提升企业形象。

"5S管理"起源于日本，是5个管理方法的日语罗马拼音首字母的缩写，它适用于各类现场管理。包括：

整理(Seiri)——坚决清理不必要的东西，腾出有效使用空间，防治工作是误用或掩盖需要物件。

整顿(Seiton)——合理放置必要物品。

清扫(Seiso)——彻底清洁工作场所内物品，防止污染源(污迹、废物、噪声)，达到4

无(无废物、无污迹、无灰尘、无死角)。

清洁(Seiketsu)——制度化、规范化，并监督检查。

素养(Shitsuke)——养成员工良好的职业习惯及积极向上的工作态度和状态。从小事做起，养成良好的习惯，从而创造一个干净、整洁、舒适、合理的工资场所和空间环境。

### (三)办公室设计

旅行社门市的办公室是门市管理人员的办公场所，同时用于接待 VIP 客人及团队客户代表。办公室设计首先应创造一种典雅、舒适、幽静的环境气氛，留给来访者以良好的"第一印象"。办公室内或旁边应附设接待室，室内应配备必要的通讯和音响设备、宣传资料、接待用品等。接待室通常有中式、西式两种风格。中式接待室一般采用自然光，突出洁净、朴实、方便以及传统文化等风格；西式接待室一般不采用自然光，多用灯光，应注意光线和色彩的谐调，营造柔和、深沉、高雅、豪华的格调。无论中式还是西式接待室，都要注意保持空气清新，维持适宜的室温及相对湿度，为来访者创造舒适的环境。

## 二、旅行社接待服务礼仪

### (一)前台接待礼仪

(1) 对前来造访者，门市工作人员应起身站立起来迎接，并使用"您好"、"请进"、"请坐"、"欢迎光临"等用礼貌语言热情招呼，之后奉上茶水、饮料等表示欢迎。

(2) 对熟客应适当寒暄，询问一些有关生活、工作等近况，以融洽气氛，拉近感情。

(3) 对初次来访的客人，要善于使用一定的接待技巧，弄清对方的单位、身份、来意。对涉及重大问题的接待，更要慎重验看对方证件。

(4) 客人陈述问题要作必要的记录。对来访者的愿望和要求，要尽快给予明确答复。不便马上答复的，应向客人说明原委，并承诺回复的具体时间。

(5) 应请示或安排领导接见解决的问题，要事先和主管领导商议，予以妥善安排。

(6) 客人告辞时应热情送行，并请求对方留下联系方式，方便回复及再次联络，同时将门市的联络方式留给客人，欢迎客人再来。

### (二)展会展示区服务礼仪

旅行社经常会组织门市参加不同地区、不同等级的旅游交易会，旅游交易会是旅游企业集中展示并销售旅游服务产品的阵地，也是树立良好企业形象的重要场所，因此，对参加展会的工作人员有较高的礼仪要求。

(1) 展示区工作人员应以合乎礼仪的站立姿势，做好为客人服务的准备，不能把手叉到衣兜里，或坐在展位上，显得漫不经心、缺乏热情。

(2) 坚持微笑服务，精神饱满，保持服饰整洁美观。

(3) 保持优美仪态，不要和同事闲聊，坐在展位吃东西、喝水，或在展台附近走来走去。

(4) 注重展台美观整洁，不要把所有参展资料摆放出来，那样会使展台显得凌乱不堪。

(5) 应该主动向前来咨询的客人问好，用规范的仪态引领来访者入座，并简单介绍自己。不要用"需要我帮忙吗？"来向客人打招呼，因为他们一般都会回答："不用"。

(6) 在第一时间判断客人类型，引导客人并认真倾听他们的谈话，鼓励顾客回忆旅游经历，尽可能的了解客人的旅游信息及服务需求。

(7) 善于引导客人在我们提供的多个旅游产品方案中选择。谈话时多使用短句，口齿清晰，语速适中，专业术语的使用通俗化，既方便客人理解，同时又显示我们的专业性。

### (三) 国外客户接待礼仪[①]

接待外国客户除了一般的礼仪规范，实做接待也是很有技巧的。细节上多注意下会给客人留下非常好的印象，为之后的合作添加多一份成功的把握。

**1. coffee or tea**

客人来到公司的时候，我们带他到会议室或者展厅里面就座的时候，不妨询问下：Can I bring you something to drink? (您想喝点什么？)或者简单点: coffee or tea?(咖啡还是茶？)一般来说，很多客人在中国的时间安排的比较紧，早餐都吃的比较仓促，有的餐厅早上没有咖啡供应，对于他们来说是很难受的。如果在正式谈生意之前可以给他们来上杯咖啡的话，不但有助提神，而且他们会觉得心情变地很好。如果是水的话，瓶装矿泉水是最好的。

**2. 会议室的小糖果**

会议室里与其放水果，不如放点小糖果(薄荷糖或者咖啡糖，小巧包装的巧克力也不错)。外国人基本上没有不喜欢甜食的。在中国的饮食不习惯也导致他们比较容易有饥饿感。这个时候，小糖果就起了大作用了。

**3. 下午的小甜点**

如果客人来到的时间是下午3~4点，那么没有什么比提供精致的小蛋糕更好的了。举个例子，有次在展会，我陪国外客人在一个展位洽谈了很长时间，这个时候他们中的一个女孩子打包了一盒隔壁酒店做的巧克力慕丝蛋糕过来。这时我看到他们的脸刹那间就"亮了"起来，补充了"弹药"以后，剩下的生意在愉快的气氛中谈完了。不能说蛋糕有绝对的作用，但是它所给客人带来的好心情和对公司的好印象是绝对功不可没的。

### (四) 旅行社电话接待礼仪

(1) 电话铃响应立即接通，最好不要让铃声超过三遍。为了做好电话接待，接待人员要特别注意熟悉记住常用的通讯电话号码。

---

① 谭小芳. 国际客户的接待礼仪. 文礼仪培训网

(2) 拿起话筒要用礼貌谦和的语言问候:"您好,这里是某旅行社,请问您有什么需要帮助的?"注意不要问:"你要哪儿?你找谁?"对方很可能会觉得你不懂礼貌而挂断电话。

(3) 注意倾听对方讲话,既不要贸然打断,又不可沉默不语,要根据交谈内容不断随以"是"、"对"、"嗯"的应声。

(4) 做好电话记录。对重要的电话内容要认真做好记录,内容要周全,特别是涉及时间、地点、款项、人员等问题务必准确。

(5) 通话过程中,接待人员讲话清晰、简练,语调亲切,音量适中,忌矫揉造作。

(6) 通话结束时,要致以感谢,并在打电话一方先挂电话后再挂电话。

(7) 若受话当事人不在,可礼貌地说:"对不起,XXX 不在,有什么事我能代为转达吗?"若允许代转电话,就做好记录;若不需代转,可告知 XXX 可能会在办公室的时间,请客人再打电话来联系。

## 三、旅行社商务洽谈礼仪

旅行社的商务洽谈活动是双向的。若对方来访,应该热情真诚地接待。有时,为了抓住商机,旅行社也需要主动到相关单位拜访,争取业务合作。旅行社商务拜访同样要注重礼貌礼仪,给对方留下一个好印象。

### (一)旅行社商务接待礼仪

**1. 注重微笑与行礼**

微笑是顾客的阳光,微笑是最好的服务。作为旅行社的商务接洽人员,要时时保持饱满的精神和面带微笑,并持关心对方的态度。行礼则是诚心的表现,商务洽谈最讲究真诚信用,所谓美丽优雅的行礼,不但是指在外形上要有规矩,而且还要有诚心诚意的内涵。对客人存有感谢并亲切的招呼的心态,对客人的行礼自然地就能表现得得体合宜。

**2. 问候、说话要谦和亲切**

对于来访的同行或业务伙伴,应该像招呼老朋友一样热情亲切地问候,让其感到对他们的重视。但是这种热情也要把握住分寸,过分的热情只会取得适得其反的效果,让客户产生一种高度戒备的心理。因此,对待不同的客户,要视具体情况不同而方式或程度也不同。

**3. 要认真细致地做好准备工作**

当接洽人员确知旅行社将有客户来临,首先要去会客室检查一下应该准备的事情是否有所遗漏。在客人约定的时刻之前把一切准备工作做妥。

**4. 平等待客,慎重洽谈**

接待来旅行社的客人应该平等对待,因为有差别地对待客人是很不礼貌的行为。客人未离开时不要谈论该客人的事。旅行社不应排除有些来访者的真正目的不在于进行商务洽谈，而在于打听情报或商业机密。因此，对于客人的询问要慎重处理。接待客人时，说话要谨慎，在会谈中有来客，要用字条代替传话，一来避免打断会场气氛，二来可保守机密。

**5. 随时等待客人**

进行商务洽谈活动，如果不方便在旅行社接待，可以约客人到合适的场所会晤。必须注意的是，约客人见面，应该提早到达约定的场所。宁可等候客人也不可让客人等主人。"出迎三步，身送七步"是迎送客人的最基本的礼仪。每一次的见面结束，都要以"再次见面"的心情恭送对方离社。

**6. 用握手表示真诚**

以诚感人，笑脸迎客，能得到来访者的好感，而且会使来客感到亲切。如果再加上很有礼貌的握手，更能增添彼此间的亲密感。诚意是人际关系的基本要求，能表现出诚意的礼仪才是真正的礼仪。在握手的时候应注意：握手姿势要端正，并正视对方的眼睛。不要一边握手一边行礼鞠躬。如果对方是长辈应由对方先伸手；如果对方是女性，则是否握手应尊重对方的选择。

**7. 姿态要优雅、规矩**

一个人的言行举止就是其人格的表现。优雅的坐姿、规矩的站姿、稳健的步伐是完善人格的基本表现。

## (二)旅行社商务拜访礼仪

**1. 拜访应先预约，尽量避免失约**

上门拜访及商讨相互关系的事宜，是日常工作中常遇到的。应该注意访问前要先去信或去电联络，并且事先约定的时间及地点，而且去拜访时，应提前5分钟到达。，因为许多人都以是否守时作为判断对方可否信任的初始标准。失约、迟到将失去别人的信赖。预知约定有变更时要尽早联络。

**2. 举止端庄、称呼得体**

在进行面谈时，要随时注意自己的举止和称呼。一个人的外在举止行动，可直接表明其态度，如果一个人在洽谈时双手抱胸或颓然躺在椅子上，显然他对洽谈的内容是漠不关心甚至反感的。相反，如果一个人事先做了很好的准备，洽谈前先整理一下自己的仪表，然后用舒畅清爽的心情与人交流，则说明他对洽谈非常重视，这也是面谈的基本礼貌。

在拜访客户时，如果不知道对方的姓名或职务，应到服务台先作自我介绍并说明采意，礼貌地询问需要拜访的客户的姓名及职务。见面时，待确定对方身份后，主动打招呼，称呼其姓氏加上职位；若是拜访熟人，见面时应该面带微笑热情地招呼对方，另外，适当的寒暄也是必不可少的。

### 3. 注意喝茶时的礼节

客人到本公司后，接待人员请客人就座后，便请客人喝茶，这是一种普通的礼仪。如果去拜访别人，怎样喝茶，不但事关礼仪礼貌，而且也是一门艺术。对方恭恭敬敬地奉上茶水时，不要忘记说声"谢谢"，并浅尝一下。主人特意奉上的东西一点都不沾口这也很失礼。喝茶时不要把茶垫一起捧上来，而要一边注意茶垫，一边用单手端起茶杯喝茶。喝茶时要心平气和，所谓"做事要积极，议事要和气"就是这个道理。

### 4. 用真诚的态度打动客户

不论商务活动或交际，最要紧的是要取得对方的信赖。凡事都肯为对方代劳的服务态度，则是取得信赖的先决条件。因此真诚的服务态度才是打动客户的法则。旅行社的商务拜访人员要体现对客户诚心诚意的服务态度，就是要站在客户的立场，处处考虑并设法满足客户的需要。

### 5. 利人利己，尊人尊己

俗语说：利人则利己、尊人则尊己。在现实的生活工作中，要尊重对方，关心对方的心情，做好礼让对方的礼仪，相信对你的工作会带来方便。旅行社的商务拜访往往是为了某个目的，而这个目的往往是想获取经济利益，同样，对方与旅行社洽谈也希望从双方的业务合作中获取一定的经济利益，所以旅行社的商务拜访活动也要为对方提供方便和有利可图的空间。

## 第二节 旅行社导游服务礼仪

导游(也称陪同)，是取得导游证，接受旅行社委派，为旅游者提供向导、讲解及相关旅游服务的人员的总称。导游按照业务范围分为全程陪同、地方陪同、定点陪同、领队。导游是旅行社从业人员中与旅游者接触最多的人，是旅游者的"指南针"和领导者，良好的服务礼仪是优质的导游服务的重要内容。

**小贴士**

**导游的分类**

(1) 海外领队(tour escort/ tour leader/ tour manager)是指经国家旅游行政主管部门批准可以经营出境旅游业务的旅行社的委派，全权代表该旅行社带领旅游团从事旅游活动的工作人员。

(2) 全程陪同导游员(national guide)简称全陪，是指受组团旅行社委派，作为组团社的代表，在领队和地方陪同导游员的配合下实施接待计划，为旅游团(者)提供全程陪同服务的工作人员。

(3) 地方陪同导游员(local guide)简称地陪，是指受接待旅行社委派，代表接待社实施接待计划，为旅游团(者)提供当地旅游活动安排、讲解、翻译等服务的工作人员。

(4) 景区(点)导游员(resort representative)也称讲解员，是指在旅游景区(点)，如博物馆、自然保护区等为旅游者进行导游讲解的工作人员

## 一、导游人员职责

### 1. 导游员的基本职责

根据旅行社与旅游者签订的合同或约定，按照接待计划安排和组织旅游者参观、游览；负责为旅游者导游、讲解，介绍中国(地方)文化和旅游资源；配合和督促有关单位安排旅游者的交通、食宿等，保护旅游者的人身和财物安全；耐心解答旅游者的问询，协助处理旅途中遇到的问题；反映旅游者的意见和要求，协助安排旅游者会见、座谈等活动。

### 2. 海外领队的职责

介绍情况、全程陪同；落实旅游合同；联络工作；组织和团结工作。

### 3. 地方陪同导游员的职责

安排旅游活动；做好接待工作；负责导游讲解；维护安全；处理问题。

### 4. 全程陪同导游员的职责

实施旅游接待计划；联络协调工作；维护安全、处理问题；宣传、调研

### 5. 景区(点)导游员的职责

导游讲解；安全提示；宣讲环境保护及人文环境保护。

## 二、导游接待礼仪

### 1. 仪表

(1) 导游员要按规定着装上岗，男女着装要有明显差别。导游员是否统一着装，衣着都要整洁、美观、大方、得体，强调行动方便，而且应与所处的场合、情境相协调，还要符合自己的气质。

(2) 女士不穿超短裙上团；男士不穿和尚衫、无领衫上团；男士、女士均不能袒胸露背、不可赤脚穿凉鞋。

(3) 导游员要给人洒脱高雅的感觉，女士化淡妆，不浓妆艳抹，佩戴饰物要得体，不佩戴手链、脚链等饰物上团；男士不留女士发型和大鬓角。

(4) 导游要按规定佩戴导游胸卡、导游证。

### 2. 仪态

(1) 导游说话、办事要稳重、干练，快而不乱；不装腔作势、故作姿态，举手投足自然得体，不过于拘谨有良好的风度，给客人以亲切、热情感。

(2) 学会用微笑和眼睛说话。落落大方,真诚待人。
(3) 提高思维能力和应变能力,提高自制能力,保持良好地心态、自信和风度。

图 11-1　导游着装与仪态

### 3. 导游人员的行为规范

导游人员的行为规范,即导游员必须遵守的纪律和守则,以约束导游员的行为。

(1) 忠于祖国,坚持"内外有别"原则

导游员要严守国家机密和企业商业秘密,时时、事事以国家、集体利益为重,在带团旅游期间,不随身携带内部文件,不向旅游者谈及旅行社的内部事要和旅游费用等事项。

(2) 严格按规章制度办事,执行请示汇报制度

导游员应严格按照旅行社确定的接待计划,安排旅行、游览活动,不得擅自增加、减少旅游项目或者终止导游服务;在旅行、游览过程中,遇有可能危及拼游者人身财产安全的紧急情形时,经征得多数旅游者的同意,可以调整或者变更接待计划,但应立即报告旅行社。

在旅行、游览中,对可能发生的危及旅游者人身、财物安全的情况,导游质要向旅游者作出真实说明和明确警示,并按照旅行社的要求采取防止危害发生的措施。

(3) 自觉遵纪守法

导游员要严禁嫖娼、赌博、吸毒,也不得索要、接受反动或黄色书刊画报及音像制品。导游员不得套汇、炒汇,也不得以任何形式向海外旅游者兑换、索取外汇。导游员不得向旅游者兜售物品或者购买旅游者的物品,更不得偷盗旅游者的财物。导游员不能欺骗、胁迫旅游者消费或者与经营者串通欺骗、胁迫旅游者消费。导游员不得以明示或暗示的方式向旅游者索要小费和表扬信,也不得因旅游者不给小费而拒绝提供服务。导游员不得私自收受向旅游者销售商品或提供服务的经营者的财物。导游员不得营私舞弊、假公济私、大吃大喝。导游员不得克扣客人餐费。

(4) 自尊、自爱,不失人格、国格

导游员不要和旅游者开庸俗的或政治性的玩笑。导游员不得暗示旅游者邀请出国、进修或留学。导游员不得游而不导,不许擅离职守,不可懒散松懈。导游员不要介入旅游团内部的矛盾和纠纷,不在旅游者之间搬弄是非。导游员不要与旅游者过分亲近,对待旅游者要一视同仁,不厚此薄彼。导游员要关心旅游者,不要态度冷漠,不得敷衍了事,不可在紧要关头临阵脱逃。导游员有权拒绝旅游者提出的侮辱其人格尊严或者违反

其职业道德的不合理要求。导游员不得迎合个别旅游者的低级趣味,在讲解、介绍中掺杂庸俗下流的内容。

(5) 注意小节

导游员不得随便去旅游者的房间,更不得单独去异性旅游者的房间。导游员不得携带自己的亲友随团参观游览、品尝风味、观看文娱节目、参加舞会。导游员不得与外国旅游团领队同住一室。导游员上团饮酒不要超过自己平时酒量的 1/3。导游员不经上级批准,不能让他人替自己接团。

## 三、团队接待礼仪

### 1. 接站服务礼仪

(1) 遵守时间是最重要的礼节。导游要佩戴导游胸卡、打社旗和持接站牌,至少提前 10 分钟抵达机场、车站、码头迎接客人。

(2) 接待大型团队,部门经理应亲临机场或码头,并安排乐队迎接团队。

(3) 客人抵达后,导游要扶助客人上车,客人落座后,要认真清点客人人数,但不宜用手指点。

(4) 行车时致欢迎辞,包括自我介绍,介绍全陪、司机等,并祝愿游客身体健康、心情愉快。欢迎要热情,用词要适当,不可过于拘谨,特别是上外宾团队的时候。也不可夸夸其谈,给人以不信任感。导游人员讲话时音调轻柔甜美,音量适中,手势简练,举止文明大方。

**小贴士**

欢迎辞是导游与游行团第一次见面时,为表达欢迎的祝愿以及自我介绍时的简短演说。专业水平的欢迎辞,一般需包括下面几个要素:①首先问候客人,并代表单位表示热烈欢迎之意。②自我介绍,介绍全陪、司机等。③简单介绍当地风土人情和游览目的地的基本情况以及接团后的大致安排。④表示自己工作的态度,即愿努力工作并解答大家的问题。⑤祝愿客人旅行愉快,并希望得到客人的合作和谅解。

### 2. 饭店入住服务礼仪

(1) 旅游团进入酒店后,导游要帮助客人办理住房登记手续,提醒客人携带好随身物品。

(2) 地陪要向客人介绍饭店内的就餐形式、地点、时间及餐饮的有关规定。客人到餐厅用第一餐时,地陪应主动引进。要尊重旅游者的宗教信仰、风俗习惯,特别注意他们的宗教习惯和禁忌。

(3) 客人进餐时,导游要了解客人对餐饮的反映和其供应情况。如发现有饭菜不洁、变质等情况,要主动与餐厅主管进行交涉,要求其按标准重新提供,并向客人赔礼道歉。

### 3. 带客游览服务礼仪

(1) 遵守时间是最重要的礼节。导游必须及时把每天的活动时间安排清楚地告诉每个旅游者,并且随时提醒。导游必须按照规定的时间提前到达出发地点,按约定的时间与客人会面，如有特殊情况，必须耐心地向客人解释，以取得谅解。

(2) 服务严谨，态度和蔼，一视同仁，决不以貌取人、厚此薄彼。既要尽到自己的职业责任，彬彬有礼，又要做到尊重老人和女士，对小孩多加关照。对残疾人要进行特殊服务，表现出热情、体贴而不是怜悯。对重点客人接待服务要有分寸，不卑不亢。要讲究与司机、酒店、交通部门和商店的服务人员通力合作。对旅游团的领队要尊重，做到有事商量，主动听取意见，以礼待人，力求协调，通力合作。

(3) 接待中热情待客，谦恭有礼并不意味着要奴颜婢膝，低声下气。不失人格、国格。导游员不要和旅游者开庸俗的或政治性的玩笑。

曾经有西方游客在游览河北承德时，有人问"承德以前是蒙古人住的地方，因为它在长城以外，对吗？"导游员答："是的，现在有些村落还是蒙古名称。"又问："那么，是不是可以说，现在汉人侵略了蒙古人的地盘呢？"

导游答："不应该这么说，应该叫民族融合。中国的北方有汉人，同样南方也有蒙古人。就像法国的阿拉伯人一样，是由于历史的原因形成的，并不是侵略。现在的中国不是哪一个民族的国家，而是一个统一的多民族国家。客人听了都连连点头。

(4) 讲解时要运用不同导游手法，导游艺术，通过穿插历史典故、传说等形式增加客人兴趣。讲解介绍内容要准确，特别是数字、事实准确无误，条理要清楚，脉络清楚，紧扣中心语言要生动、幽默，手法要灵活，因人而异，因时而异，因地而异。

**【经典案例11-1】善意的"谎言"**[①]

某一年夏天，北京某地接社的导游小廖带着一行10人的加拿大旅游团在北京城游览。当旅游车行驶到长安街时，一位客人指着街道上方悬挂的彩旗询问，那些彩旗是欢迎何人的？小廖因不知道那天有哪国的贵宾来访，此前也没有经过悬挂来访国国旗的地方，随即灵机一动说："今天有一个加拿大来的旅游团访问北京，这些彩旗是专门欢迎他们的。"大家先是一愣，然后恍然大悟，开怀大笑，纷纷鼓掌。

在前往颐和园的途中，一位游客嫌车速太慢，要求司机加速超车。小廖连忙提示大家看窗外的警察说："那可不行，要是让警察看到了，不但要吊销司机的驾驶证，还要把他作为责任人带走。那么谁来给大家开车啊！"听完，那位客人连连点头。

当旅游团在公园附近一家酒店吃晚饭时，司机提醒小廖，最近那里治安不好，曾有旅游团放在车人的物品被盗，所以请客人下车时把自己的相机带上。小廖想到直接告诉大家容易引起紧张情绪，而且有损我们首都的形象。于是他对客人说："今天我们要在一个景致优美的公园旁边用餐，用完餐后司机师傅还要去加点汽油，大家可以利用这段时间拍拍照。"听他这么一说，大家连忙拿起了原本准备留在车上的相机。

**案例点评：** 本案例中的导游小廖通过很好地揣摩游客心理，在处理不同类型的问题时，运用善意的"谎言"，机敏巧妙地解决了问题。使用善意的"谎言"不是为了欺骗客人，就像不能直接告诉重病人真实病情一样，是为了减轻客人的心理负担及不必要的纠纷。当遇到客人的某些要求不能满足，同时又不便说明原因时，采用这种方式，并注意使用技巧，最好还能加上一些幽默风趣的语言转移大家的注意力，不失为一种极佳的

---

[①] 李娌. 导游服务案例精选解析. 旅游教育出版社. 2007

处理方法。

(5) 在参观旅游景点时,导游对游览点特色、旅游者心理变化、行车路线和速度及日程安排作出统一考虑,选择最佳讲解时机,有序讲解。翻译时要尊重主人的原意,听不懂主人或客人的话时,可请求其重复一次,尽量做到"信、达、雅"。导游员不得迎合个别旅游者的低级趣味,在讲解、介绍中掺杂庸俗的内容。

(6) 对旅游者在旅游过程中的特殊要求尽量满足,根据有关规定不允许办理的事情应有礼貌地婉言拒绝。对旅游过程中发生的各种差错和事故,导游要冷静、耐心、礼貌地积极协助有关部门解决。导游人员应谢绝小费。

(7) 客人购物时,可陪同客人介绍商品,协助服务人员做好翻译工作。如遇小贩强拉强卖,导游有责任提醒客人不要上当受骗。导游本人不得强迫客人购物,不向客人直接销售商品,不要求客人为自己选购商品,不从购物商店私拿回扣或变相索取小费。

(8) 导游员不得携带自己的亲友随团参观游览、品尝风味、观看文娱节目、参加舞会。在游客邀请品尝风味小吃时,导游作为客人参加,切勿主宾颠倒,要注重进餐时的礼仪,饮酒不要超过自己平时酒量的1/3。

### 4. 送客服务礼仪

(1) 欢送客人时要致欢送辞,表达友好的惜别和祝福,以加深与旅游者之间的感情。主动征求意见,对服务欠缺要向客人表示歉意。致欢送辞时语气应真挚、富有感情。

🌴 小贴士

一篇饱含感情的欢送词能给旅游者以心灵上的震撼,给他们留下永久的记忆,有时甚至可以激发他们"故地重游"的愿望。欢送辞的内容应包括:①回顾旅游活动,感谢大家的合作;②表达友谊和惜别之情;③诚恳征求旅游者对接待工作的意见和建议;④若旅游活动中有不顺利或旅游服务有不尽如人意之处,导游人员可借此机会再次向旅游者赔礼道歉;⑤表达美好的祝愿。

(2) 主动与旅游者一一握手告别。对于外宾千万别说"Goodbye",它是"告辞"之意,要说"再见(See you again)"。

(3) 在火车起动后,导游方可离站。在机场,客人乘坐的航班有可能因故变化推迟时,应主动关心客人,必要时须留下与领队共同处理有关事宜。

### 【经典案例11-2】精彩的欢送词

重庆一位导游员在送别一个日本东京汉诗研究团队时,所致的欢送辞:"两天来,由于各位的盛情和通力合作,我们在重庆的游览就要结束了。在此,谨向各位表示深深的谢意!重庆和东京相距几千公里,但只不过是一水之隔。'我在长江头,君在长江尾',我们两国是一衣带水的友好邻邦。我唯一的遗憾是不能按照你们日本古老的风俗,给你们一束彩色的纸带,一头在你们手里,一头在我们手里,船开了,纸带一分两半,但却留下不尽的思念。虽然没有这种有形的纸带,但却有一条无形的彩带,那就是友谊的纽带。虽然看不见,摸不着,我却感受得到它已经存在两千多年了。当年唐代诗人李白从这里去三峡的时候，有感于亲友不能登舟随行，写下了'仍怜故乡水，万里送行舟'的诗句。我也不能登舟随各位远行，就让我的故乡水——长江水，送各位去三峡，经武汉、上海，回东京好了。中国有句古话说，'物唯求新，人唯求旧'，东西是新的好，朋友还是老的好。这次我们是新知，下次各位有机会再来重庆，我们就是故交了。祝各位百事如意，健康幸福，一路顺风！谢谢大家！"

**案例点评**：一篇饱含感情的欢送辞能给旅游者以心灵上的震撼，给他们留下永久的记忆，有时甚至可以激发他们"故地重游"的愿望。

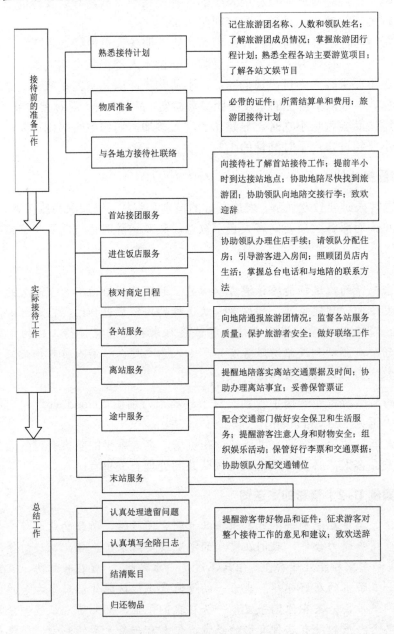

图 11-2　全陪导游工作流程图

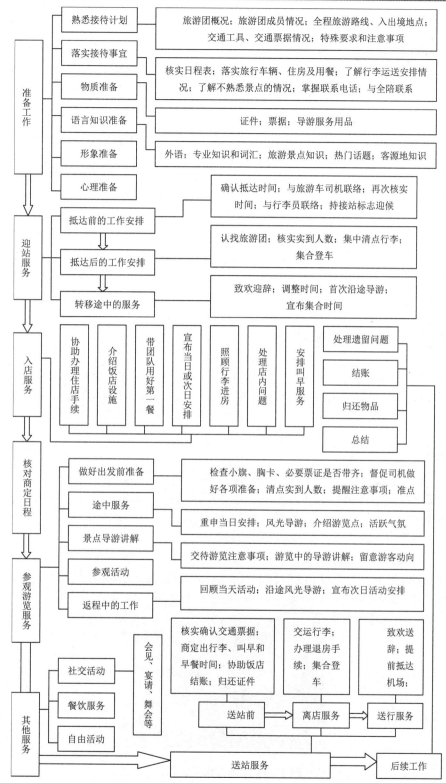

图 11-3 地陪导游的工作流程

**【经典案例 11-3】导游忌讳"口头语"**[1]

"尊敬的各位团友,大家好!我是会通旅行社的导游员,我叫许峰。请大家记住。嗯,在这辆旅游车上一同为大家服务的还有王师傅。王师傅是位老司机了,驾车经验是非常的丰富。嗯,这样,请大家给王师傅一些掌声(大家鼓掌)。嗯,下面我为大家介绍一下……"没等他介绍完,车上的游客就开始窃窃私语了,有人干脆对许峰说:"导游,你的口头语太多了,听着有点烦,让我们清静一下吧!"这句话说完,车厢里的空气似乎凝固了,大家没有了动静。许峰放下手中的话筒,回到导游座位上,心里像打翻了的五味瓶。尽管如此,由于许峰对待游客的态度非常认真,事后游客并没有提出更换导游。可许峰心里一直不好受。

**案例点评:** 导游的讲解应该力求精练简洁、言简意赅、干净利落。过多的口头语会成为游客心烦疲劳的因素,像是在导游的语言外壳上蒙上一层尘雾,使原本丰富而有意义的导游讲解失去应有的光彩。同时,过多的口头语还会让客人产生导游讲解随意、缺乏礼貌的印象。因此,专业、流畅的语言不仅体现着导游高超的业务水平,还体现着导游良好的礼仪素养。

## 四、景区讲解员服务礼仪

景区讲解员又称定点陪同导游人员(简称"点陪"),是指受旅行社或景区委派,在一个景区内为游客提供导游及解说服务的人员。对于景区讲解员的服务礼仪有特殊的要求。

### 1. 仪容仪表

(1) 景区讲解员在重大或正式的讲解接待活动中,应对自身的仪容仪表有严格的要求。着正装,包括工作制服、西服套装、民族服饰等;化淡妆,忌浓妆艳抹,也忌素面朝天,应给来宾留下亲切、自然、精神抖擞的印象。

(2) 在平常的讲解接待工作中,景区讲解员可以穿工作服或整洁清爽的服装,忌奇装异服,且必须佩戴景区工作人员的工作牌或标志牌。

(3) 景区讲解员在夏季工作时可戴太阳帽,但不能撑太阳伞;面向客人讲解时应摘下太阳镜。

图 11-4 上海世博会讲解员

---

[1] 李娌.《导游服务案例精选解析》.北京:旅游教育出版社,2007

**2. 讲解接待礼仪**

(1) 接待游客时首先应向游客问好,然后作自我介绍。介绍时面带笑容,语气亲切,态度热忱。

(2) 不主动与游客握手,遇到游客先伸手,则应大方地与其握手,并真诚地表达欢迎。

(3) 讲解员作具体景点的讲解时,表情自然大方,语音语调运用合理,音量适中,口齿清晰,语速视人数的多少及游客的普通话水平而定。

(4) 运用手势要恰当,总的来说宜少不宜多;动作的幅度也应恰当把握;切忌使用一些可能引起不同国家或民族的游客误解的手势。

(5) 游客提问时应耐心倾听,并及时回答。当多位客人同时提问时,应提醒客人一个个来,并安抚后提问的游客;若有客人在讲解过程中提问,应用眼神亲切地示意对方稍等,待讲解告一段落后再解答,切不可视而不见,毫无回应。

(6) 与游客交谈时应注意交谈礼仪,不多问、不开不恰当的玩笑,不涉及敏感的话题。

(7) 在陪同游览过程中要平均分配好自己的注意力,尽量照顾到全体团员,要照顾及配合整体的前进速度。

(8) 在提醒游客加快游览速度时,一定要注意方法,切不可态度粗暴、语气生硬,应注意说话的艺术和技巧。

**3. 告别礼仪**

(1) 结束景区的游览行程时,讲解员可对此次游览过程中的精华再作总结提示,让游客们对景区留下更为深刻的印象,并方便他们回去后对其他人宣传。

(2) 为不周到的地方向游客们表示歉意,并真诚地感谢大家对解说工作的支持和配合,期待有机会再为大家服务。

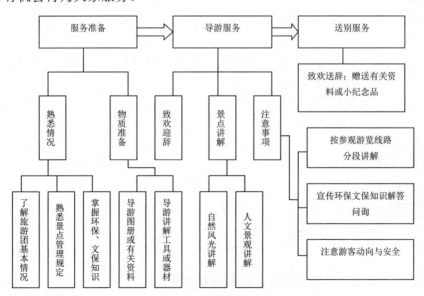

图 11-5 景区(点)导游工作流程图

## 五、旅游汽车司机服务礼仪

司机服务礼仪同样也是旅游接待服务礼仪的重要组成部分。旅游司机除了安全、准时、舒适地将游客送到旅游目的地外，还要求在服务中与导游密切配合，注重对客服务的礼貌礼节，创造旅游接待的最佳效果。

### 1. 准备服务及个人礼仪

旅游车司机应注重个人仪容仪表，服饰整洁、精神饱满，保持良好的个人卫生。注意维护和保持车厢内的清洁卫生，及时清洁车内的垃圾，并按时更换干净的座套。

### 2. 游览中服务礼仪

(1) 迎接游客时应面带微笑，站在车门一侧引客上车，并帮助有需要的客人拿行李，并真诚的向游客问好，表示欢迎。在导游介绍到自己时，应有所回应，并热情地向所有人问好。

(2) 旅游车司机在行车过程中应保持驾驶姿势文明，并在遇到特殊路况的时候，提醒客人们注意扶好扶手、注意安全。

(3) 游客下车时，司机一般要先下车，对需要照顾的客人主动搀扶一下，并协助导游做好游客的疏导工作，并热情地回答客人有关景点等问题的提问。

(4) 宾客游览时，旅游车司机应耐心等候，无特殊情况不轻易将车挪往它处；不翻阅客人留在车内的文件、书刊杂志等物品，保持车内物品原状。

(5) 游客结束行程离开时，真诚感谢大家的配合，并送上美好的祝愿。

# 本章小结

本章从旅行社门市服务礼仪和导游服务礼仪两个方面全面阐述了旅行社服务礼仪的宗旨，保持热情大方的态度，真诚的接待游客是旅行社从业人员应该做到的最基本的行为规范，通过对本章的学习，以期望学生达到对旅行社服务礼仪的初步理解，为其迈上相应的工作岗位提供理论基础。

习题

1. 全陪导游在接团过程中应注意的礼仪有哪些？
2. 旅行社门市接待礼仪有哪些？

3. 景区讲解员在讲解中应注意的礼仪有哪些？
4. 景点讲解中，导游语言表达方面应注意哪些问题？
5. 旅游车司机在接待过程中应注意的礼仪有哪些？

# 实训项目

## 实训项目一：门市接待练习

将学生分组，各组学生分别扮演旅行社门市销售人员与咨询客人，演示门市销售礼仪；请其他学生找出不合规范之处，并予以纠正。

## 实训项目二：导游模拟训练

将全班同学分成若干小组，每个小组选择校园内的一处场地进行模拟导游练习。每次练习，由小组中的一位同学扮演导游，其他同学扮演游客，导游进行现场解说，游客们可以自由提问。小组中的每位同学都必须轮流扮演导游。全部结束后，各小组自行进行评比，选出所在组表现最优秀的两位同学参加全班的交流。

# 第十二章　会展服务礼仪
## ——热情周密

【本章导读】

我国会展业已初具规模，随着会展规模的逐渐扩大，各种区域性和以城市为特色的博览会、贸易洽谈会和交流会如雨后春笋般开展着。会展业是如今服务行业中最引人注目的组成项目之一，而会展和旅游又有非常大的联系和关联，会展的发展往往会影响和带动旅游的发展。会展服务礼仪是现代服务业发展中必不可少的新兴领域，在会展产业链中处于核心位置，它决定着整个会展工作的成败。

本章在此基础上，介绍了会展的内涵并简明扼要的说明了会展的相关礼仪。从会展未准备阶段的接待礼仪到会展进行中关于展台的布置和观众的组织以及会展后续礼仪三个方面具体阐述了会展的服务礼仪。

【教学重点】

通过本章的学习，使本专业的学生能掌握一定程度的会展礼仪知识，并应用于实际的会展服务当中。

【核心概念】

会展礼仪　会展场馆布置礼仪　现场服务　会展后续服务

# 第一节 会展接待礼仪

会展是指会议、展览、大型活动等集体性活动的简称。其概念内涵是指在一定地域空间，许多人聚集在一起形成的、定期或不定期、制度或非制度的传递和交流信息的群众性社会活动，其概念的外延包括各种类型的博览会、展览展销活动、大型会议、体育竞技运动、文化活动、节庆活动等。狭义的会展仅指展览会和会议；广义的会展是会议、展览会、节事活动和奖励旅游的统称。会议、展览会、博览会、交易会、展销会、展示会等是会展活动的基本形式，如世界博览会为最典型的会展活动[1]。

## 一、会展接待工作的原则

**1. 热情亲切，耐心细致**

会展接待工作对象是多位宾客，这无疑需要会展接待人员时要耐心、要细致、要认真、要体贴，随时给宾客一个微笑，随时用礼貌的言语、行为去表达对宾客的尊重，有条不紊地进行接待工作。

**2. 和平对待，平等处理**

在面对众多宾客时，要注意"平等"的处理方式，即总体上对所有宾客一视同仁，不能在心理上或者是言行举止中表现出半点歧视。

**3. 勤俭节约，倡导新风**

对于会展中的各种资源，必须合理应用，使得资源得到最优化配置，谨记合理节俭，懂得回收应用，不浪费一笔一纸。

**4. 加强防范，确保安全**

在会展准备前期、会展进行过程中，要加强防范，注意尤其是在密闭空间举行的会展的安全性问题，如防火、防电，以求确保各位宾客的人身、财产安全。

## 二、会展前期准备工作礼仪[2]

### (一)组展商的会展前期准备工作礼仪

简单来讲，组展商的前期准备工作的流程应该是有根据、有目的地自行组织或决定接受委托组织展览，然后根据资金、人员等因素制定会展的相关计划(包括预算)和安排，

---

[1] http://baike.baidu.com/view/246991.htm

[2] 刘大可，会展活动概论 (根据此书略有改动)

合理进行会展的宣传工作,确定参展商,最后签订合同。

**1. 做出会展决策**

怎样做出是否举办会展的决策呢?那必须做到有理有据,即主要考虑以下几个因素:展出目标、企业所处的市场条件、组展商的内部状况(企业的人力资源、物力资源、财力资源)。根据这些因素进行全盘考虑,综合决定。

**2. 制定会展计划**

在做出会展决策之后,就应该立即进行会展计划的制定,也就是对整个会展做出整体性、全局性的安排。会展计划通常内容多变、复杂,没有统一的、固定的安排标准,一般来说,会展计划是以时间为依据来安排各个期间的工作。

**3. 会展宣传**

会展的宣传方式决定了参加会展的企业的数量和质量,同时,它还决定了专业观众的寡众。在会展宣传之前,首先要确定宣传对象(你想出售商品、搭建关系的对方)。比如对于一个纺织展览会,就应该把对象限制在纺织业中或者是与纺织业的相关产业中。会展的宣传内容包括展览会资料、市场资料、产品资料、合同和协议等,以媒体广告、邀请函、新闻报道和情况介绍等形式传递给参展商和参观者。

**4. 财务预算**

制定财务预算可以使组展单位的所有费用最小化,有针对性的节约开支。制定财务预算主要从收益和费用两方面入手,收益一般指用于会展的直接拨款,视情况而定还会有门票收入或者是赞助,而费用主要是指场地费用、广告宣传费、展品运输费、清理费、水电费等相关费用。

## (二) 会场场馆布置礼仪

**1. 上下相对式**

上下相对式是指主席台与代表席上下面对的形式,突出主席台的地位,适合召开大中型的报告会、总结会、工作会、代表大会等,它又可以细分为剧院式和课桌式。

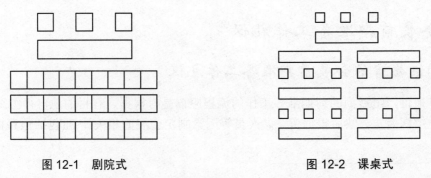

图 12-1　剧院式　　　　　　　　图 12-2　课桌式

## 2. 全围式

全围式是指不设专门的主席台，所有与会者均围坐于一起，分为圆形全围式、椭圆形全围式、长方形全围式、多边形全围式等，如图 12-3、12-4 所示。

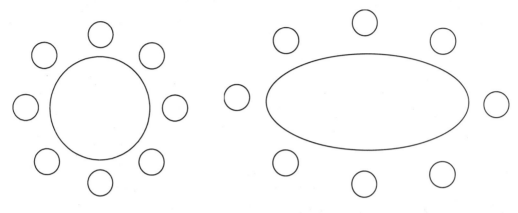

图 12-3　圆形全围　　　　　　　　图 12-4　椭圆形全式

## 3. 半围式

主要特征是在主席台的正面和两侧安排代表席，行程半围的形状，即突出了主席台的地位，又增加了融洽的气氛，适用于中型的工作会议、座谈会、研讨会等。可以细分为 U 字形、多边形就、半圆形、T 字形等。如图 12-5、12-6 所示。

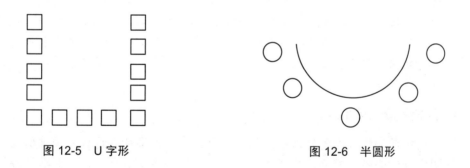

图 12-5　U 字形　　　　　　　　图 12-6　半圆形

## 4. 分散式

分散式即将会会场座位分散为由若干个会议桌组成的格局，每一个会议桌形成一个谈话交流中心，与会者根据一定的规则安排就座，其中领导人和会议主席就座的桌席成为"主桌"，适用于召开规模较大的联欢会、茶话会等，可以细分为圆桌型、方桌性、V 字形。

## 5. 并列式

并列式座位格局用于双边会见和会谈，将双方的座位安排为面对面地并列式、侧面并列式或弧形并列式。

## 三、会场接待礼仪——迎接礼仪①

迎来送往,是社会交往接待活动中最基本的形式和重要环节,是表达主人情谊、体现礼貌素养的重要方面。尤其是迎接,是给客人良好第一印象的最重要工作。给对方留下好的第一印象,就为下一步深入接触打下了基础。迎接客人要有周密的部署,应注意以下事项。

### 1. 预先安排

对于来访问、洽谈业务、参加会议的外国、外地客人,组织者应首先了解对方到达的车次、航班,安排与客人身份、职务相当的人员前去迎接。若因某种原因,相应身份的主人不能前往,前去迎接的主人应向客人作出礼貌的解释。组织者到车站、机场去迎接客人,应提前到达,恭候客人的到来,决不能迟到让客人久等。客人看到有人来迎接,内心必定感到非常高兴,若迎接来迟,必定会给客人心里留下阴影,事后无论怎样解释,都无法消除这种失职和不守信誉的印象。

### 2. 迎接礼仪

接到客人后,组织者应首先问候"一路辛苦了"、"欢迎您来到我们这个美丽的城市"、"欢迎您来到我们公司"等等。然后向对方作自我介绍,如果有名片,可送予对方。

**小贴士**

注意送名片的礼仪:当你与长者、尊者交换名片时,双手递上,身体可微微前倾,说一句"请多关照"。你想得到对方名片时,可以用请求的口吻说:"如果您方便的话,能否留张名片给我?"。作为接名片的人,双手接过名片后,应仔细地看一遍,千万不要看也不看就放入口袋。主人应提前为客人准备好交通工具,不要等到客人到了才匆匆忙忙准备交通工具,那样会因让客人久等而误事。

### 3. 迎接后续安排礼仪

主人应提前为客人准备好住宿,帮客人办理好一切手续并将客人领进房间,同时向客人介绍住处的服务、设施,将活动的计划、日程安排交给客人,并把准备好的地图或旅游图、名胜古迹等介绍材料送给客人。将客人送到住地后,主人不要立即离去,应陪客人稍作停留,热情交谈,谈话内容要让客人感到满意,比如客人参与活动的背景材料、当地风土人情、有特点的自然景观、特产、物价等。考虑到客人一路旅途劳累,主人不宜久留,让客人早些休息。分手时将下次联系的时间、地点、方式等告诉客人。

### 4. 引导方法和引导姿势礼仪

在走廊的引导时接待人员应在客人二三步之前,配合步调,让客人走在内侧。当引

---

① http://news.wooshoes.com/plus/view.php?aid=10124

导客人上楼时，应该让客人走在前面，接待人员走在后面，若是下楼时，应该由接待人员走在前面，客人在后面，上下楼梯时，接待人员应该注意客人的安全。在引导客人乘坐电梯时，接待人员先进入电梯，等客人进入后关闭电梯门。到达时接待人员应让客人先走出电梯。当客人走入客厅，接待人员用手示意，请客人坐下，看到客人坐下后，才能行点头礼后离开。如客人错坐下座，应请客人改坐上座(一般靠近门的一方为下座)。并诚心诚意的奉茶。

## 四、会场接待礼仪——乘车礼仪

### 1. 小轿车

如有司机驾驶时，小轿车的座位以后排右侧为首位，左侧次之，中间座位再次之，前坐右侧殿后，前排中间为末席。如果由主人亲自驾驶，以驾驶座右侧为首位，后排右侧次之，左侧再次之，而后排中间座为末席，前排中间座则不宜再安排客人。主人夫妇驾车时，则主人夫妇坐前座，客人夫妇坐后座，男士要服务于自己的夫人，宜开车门让夫人先上车，然后自己再上车。如果主人夫妇搭载友人夫妇的车，则应邀友人坐前座，友人之妇坐后座，或让友人夫妇都坐前座。主人亲自驾车，坐客只有一人时，应坐在主人旁边。若同坐多人，中途坐前座的客人下车后，在后面坐的客人应改坐前座，此项礼节最易疏忽。若女士乘车不要一只脚先踏入车内，也不要爬进车里。需先站在座位边上，把身体降低，让臀部坐到位子上，再将双腿一起收进车里，双膝一定保持合并的姿势。

### 2. 吉普车

吉普车无论是主人驾驶还是司机驾驶，都应以前排右坐为尊，后排右侧次之，后排左侧为末席。上车时，后排位低者先上车，前排尊者后上。下车时前排客人先下，后排客人再下车。

### 3. 旅行车

我们在接待团体客人时，多采用旅行车接送客人。旅行车以司机座后第一排即前排为尊，后排依次为小。其座位的尊卑，依每排右侧往左侧递减。

# 第二节　会展现场服务礼仪

会展现场管理工作的目的就是最大限度地实现预期目标。它是全部展前准备工作效果的直接反映和体现。

## 一、现场接待员服务礼仪

### 1. 确定展台工作人员

现场管理的主要作用是通过展台工作人员的接待、宣传、产品介绍以及贸易洽谈等工作，与客户达成协议并签订合同，最终达到销售产品、长期合作的目的。展台工作人员的整体素质是否满足展览现场工作的需要是展出目标能否实现的重要因素。因此，要根据展台工作的实际需要，确定展台工作人员。

展览人员包括筹备人员和展台人员。筹备人员主要负责展品、运输、展台设计、施工、宣传、联络、行政、后勤及财务等，由项目经理负总责；而展台人员主要负责接待观众、介绍产品、记录情况、洽谈贸易、签订合同等。展台工作人员是参展商形象的直接体现，因此展台工作人员的选拔一定要遵循严格的标准。一般来说，展台人员应该具有以下几方面的素质或能力：①较强的业务知识。包括展出者的基本情况、展品或服务产品的基本情况及相关的技术问题、展品的市场需求及竞争态势等。②有展览工作经验。③有决断能力；④有领导、鼓舞士气的能力；⑤有组织、处理紧急事务的技巧；⑥处事沉着、善于表达；⑦有责任心；⑧能够谈判、协调；⑨具备积极的工作态度和工作能力和技巧；⑩穿着整齐，举止端庄。

### 2. 展台接待礼仪

接待客户是展台现场工作的第一步，也是比较关键性的一步。大量参观者中只有一少部分是展出者的客户或潜在客户。如何激发这些客户的需求，这是展台接待要解决的一个重要问题。一般来说，展台人员对于普通观众，不要耗费太多的时间和精力接待，但要注意礼貌，对其问题做简单回答并尽快结束交谈；而潜在客户和现有客户才是展台接待工作的重点。展台工作人员的展台接待技巧如下。

1) 保持开放的心态

让参观者感觉到展台人员有交流的愿望，参观者进入展台后，先让其有足够的时间参观展台、展品。注意其对何种产品、服务感兴趣。不要在参观者一进入展台就冲上前，也不要在参观者身前身后走动，以免参观者感觉不舒服。如是熟悉的参观者，应立即接待。

2) 展示能力和技巧

在参观者显示兴趣或有疑问时，工作人员可以上前简单介绍参观者所感兴趣的产品，并迅速了解参观者的业务范围、寻找种何产品以及其本人在订货方面的权力。在确认参观者需求之前，不要太多的介绍公司和产品。接待之后，必须将情况记录下来。参观者记录是后续工作的基本依据。

### 3. 贸易洽谈礼仪

经过展台工作人员有效地推销、介绍，参展人员对展出公司的产品、服务产生兴趣后，展台工作人员就应该积极与这些潜在客户进入洽谈阶段。洽谈是展出者建立新的客户关系的重要方式，不要以为进入洽谈就一定要签订贸易合同，且不可感觉对方是大客户，就盲目与客户签订合同，毕竟大的贸易交易合同的签订是建立在彼此信任、熟悉的基础上的。因此，展出者应尽可能通过贸易洽谈赢得新客户、巩固老客户，而不是追求立即签订合同。

### 4. 展台情况记录

对展台接待和洽谈情况所做的记录是参展商进行展览评估和展览后续工作的主要依据。很多展出者无法判断展出效果和无法取得很好的展出效果，与没有做好记录有很

第十二章 会展服务礼仪——热情周密

大关系。记录可以采用多种方式，如收集名片、使用登记簿、记录表格、电子记录设备等。

## 二、展台现场控制礼仪

### 1. 提前安排座次

为参观者提前安排好座次，在接待宾客之后，按照宾客的签到名单和之前的安排，引领宾客依次就座，以免发生现场混乱，或者是主要宾客没有得到妥善安置。

### 2. 主持人现场控制

主持人在现场中若发现有个别宾客存在座位纠纷或者没有座位的情况，要灵活应变，积极处理，争取做到双方满意，不能留给宾客被歧视、被怠慢的印象。

### 3. 安全、保卫及茶水等服务工作[①]

安全、保卫工作除了事先的安排之外，还应指定人员不断地进行巡逻和安全检查，以保护宾客的安全。服务人员在续茶水时，应注意方式、位置和茶水的温烫程度。用茶壶斟茶时，应该以右手握壶把，左手扶壶盖。在客人面前斟茶时，应该遵循先长后幼，先客后主的服务顺序。斟完一轮茶后，茶壶应该放在餐台上，壶嘴不可对着客人。茶水斟倒以七八分满为宜。俗话说："茶满欺客"，如果茶水斟满一是会使客人感到心中不悦，二是杯满水烫不易端杯饮用[②]。

**【案例 12-1】成功的"观众流"组织——巴黎—布尔歇国际航空航天博览会**

在 2008 年 4 月，第 46 届巴黎布尔歇国际航空航天博览会可谓是规模空前，创造了多项历史纪录。据航展主办单位——法国航宇工业协会统计，来自 41 个国家和地区的 1916 家航空航天企业参加了本次航展，超过了以往任何一届航展的规模。此外，本次航展的参观人数达到了创纪录的 48 万，是 2003 年第 45 届巴黎航展总参观人数的两倍还多，远远超过展前预计的 30 万人的规模。本次航展的另一个纪录体现在交易额和飞机订购数量上，仅欧洲空中客车公司与美国波音公司接到的订单总金额就达 485 亿美元，两公司共接受订购总飞机架数达到了创纪录的 466 架，这在以往的任何一届国际航展上从未所见。

对于航展这类影响面广、参观人数众多的展会，与其他展会相比，现场"观众流"的组织显得尤其重要。秩序井然的交通，观众人流的引导及有效的安全措施是展会顺利举行的保障。巴黎航展的主办方在这方面做得比较成功，可以从以下两个细节管窥本届展会的"观众流"组织体系。

首先，展会的停车场设置和展场周围的交通管制和引导情况。由于参观人数众多，"车展"成了航展的一个副产品，众多观众车辆的停放对于任何航展主办者都是要首要

---

① http://wenku.baidu.com/view/88979eff910ef12d2af9e712.html
② http://eat.veryeast.cn/eat/45/2006-10/15/06101521001716196.htm

考虑的问题。本届航展主办者将停车区域规划为以下六类：加长房车，高级加长轿车及部分小客车；参展商用车；展览主办方、VIP人士、展商官方代表团用车；新闻记者采访车；观众车辆；残疾人车辆。在展场周围开辟了大面积的观众停车区域，在指示标志、临时停车设施设置及警察指挥方面做了大量准备工作。

其次，主办方通过增加设置现场问询处和发放大量展场地图，一方面方便观众参观展会，另一方面也起到引导人流的作用。该展会有两个主入口，展会主办方为不同入口的观众分别设计了一条整体参观路线。该参观地图正反两面共有四张展区全景图，分别起不同的指示作用。第一张，专门详细指示主办方推荐的两条参观路线，另外标出了12个展场不同主题参观区域的位置和介绍；第二张，标注了分布在展场的各个餐饮处、厕所、问询处、医疗救护处、行李寄存处以及报警处的准确位置；第三张，用来指示展会官方纪念品销售处的具体位置；第四张，用来指示展会主办方免费提供的游览车行驶路线。展会主办方免费为观众提供的这种游览车设计成观光火车的式样，既不影响观众观看正在进行的飞行表演，又因为围绕展场外围行驶，不影响展场内部的人流，有效地分离了部分人流并使观众及时到达目标参观区域。

# 第三节　会展后续工作礼仪

在一次参展活动中，展会上的展出只是企业经营、营销工作的开始，在展出之后，往往有更多的工作需要做，这些工作对于参展而言，可以称作"后续工作"。展览后续工作的主要内容是巩固，发展客户关系，推销产品和服务，洽谈贸易，签订成交合同。如果说，展览相当于"播种"，建立新的客户关系，那么后续工作则相当于"耕耘"和"收获"，是将新的关系发展成为实际的客户关系的重要环节。

## 一、会展评估

会展评估是对展览环境、展览工作及展览效果进行系统地、深入地评价。展览结束后，无论是组展商还是参展商都应该对所组织的展会或所参加的展会进行评估，以了解展会整体情况，是否达到展出目的等，因此，会展评估可分为组展商评估和参展商评估两种。

### (一)组展商会展评估

组展商的会展评估主要对展览整体情况、参展商以及观众的整体情况做评估。展览的整体情况主要包括组展商的前期准备工作、会展现场管理工作，这些情况可以通过对参展商、展台工作人员以及参观者进行会展活动概论调查获得。从而了解参展商对展馆环境及组展者的组织管理工作是否满意，展出者的展览效果是否理想，接待客户情况、参观展台的客户质量、展览期间的成交情况等；如通过对展台工作人员调查，也可获得展出者对组织工作的评价，接待新老客户情况，实际成交额，成本效益比等；对参观者的调查也可获得其对组织工作的评价情况以及参观者是否在展会上获得了相应的信息并实现了参展的目的等。

展览整体情况评价可以说是组展商通过相关主体的反馈来了解自身的工作情况。对参展商的评估主要是评价参展商在行业中或参展企业中的地位，通过这项评估组展商可以了解所举办展会的档次、规模等，了解是否有行业内的知名企业参展，参展商在行业内的影响如何等。

对观众的评估主要了解国外的观众比例以及专业观众的比例。对参展商和观众的评估结果是组展商工作效果的间接反映，一般来说，组展商实力越强，展会的品牌效应越强，越能吸引到高质量的参展商和观众。

### (二)参展商会展评估

参展商主要是对展览工作和展出效果进行评估。在前期准备工作中，评估内容主要包括：所确立的展览目标是否合适、会展宣传是否到位、展台人员的工作态度、展台整体工作效率、展品的制作运输情况、管理工作情况等。

展出效果的评估主要是计算一些经济指标：

(1) 平均成本= 展览总开支/成交笔数。
(2) 成本效益= 展览总开支/成交总额。
(3) 利润= 成交总额-(展览总开支+ 产品总成本)。
(4) 成本利润= 利润/展览成本。
(5) 客户接待成本效益=展览总支出额/所接待的客户数。

一般来说，平均成本指标越低，而成本效益、利润、成本利润及客户接待成本效益越高，展出效果越好。

应该说明的是，无论是组展商还是参展商所做的评估都是以所收集的信息为依据的。收集信息是评估工作中工作量最大，也是最关键的一个环节。如果所收集的信息不准确，那么会展评估就不具有科学性。收集信息可以采用多种方式，如收集已有资料、实况记录、组织会议、座谈、发调查问卷。其中，组织专家召开会议或座谈所获得的信息通常是定性的，这种方式能够比较迅速地获得对展会的一个整体、大概的评价；而发调查问卷所获得的信息通常是定量的，这种方式以概率论为依据，采取抽样调查的方式，具有一定的科学性，所获得的信息可作为具体项目评估的依据。因此，设计科学、合理的调查问卷也是会展评估中的重要工作。

## 二、会展总结

会展总结是指通过对工作资料的统计整理，对已做工作的评估，形成总结报告，以期为未来工作提供数据资料、经验和建议。可以说，会展总结包括两方面的内容，一方面是对客观的数据资料的总结，另一方面是对主观的经验、教训、意见、建议的总结。这里，组展商和参展商总结的内容大体一致，只不过各自的角度不同而已。客观数据、资料的总结主要包括以下内容。

**1. 展览会概况**

展览会名称、日期、地点、规模、性质、内容、参观者数量和质量、展出者数量和质量等。

**2. 市场和竞争对手情况**

竞争者数量、展台面积、展示内容、展示活动等。

**3. 展台情况**

展馆面积、展馆环境等。

**4. 管理工作**

整体组织和管理工作、展品的运输、设计和施工、宣传和广告等。展览主观评价的对象也是上述这几个方面,是通过客观数据和资料所做的主观评价。

## 三、会展后续服务礼仪

### (一)安排代表返程,清理会议现场

会展结束后,工作人员立即着手安排代表返程,采取一个工作人员负责一部分人的方式,根据各位代表返程的方式,为其预定和确认机票或者火车票。对于不能及时返程的代表,要着手安排食宿等事宜。与此同时,要立即着手清理会议现场,回收能再次循环使用的会场用具,对于贵重物品,要有专门人员进行清点。

### (二)致谢与会后宣传

**1. 致谢**

致谢应作为展后例行工作之一。展览会一闭幕,就应抓紧时间向提供帮助的单位和人员致谢。最好是展台经理亲自致谢。对于最重要的人,可以登门致谢,甚至通过宴请表示谢意;其次可以打电话致谢。如果没有时间亲自向每一个有关人员和单位致谢,至少要向主要的人员和单位致谢,并尽快给不能亲自致谢的人员和单位发函致谢。致谢与付款的道理一样,接受货物和服务需要付款,接受帮助和支持需要致谢,即使不准备再次参展,也要对给予帮助和支持的人表示感谢。

致谢不仅是一种礼节,而且对建立良好的关系有促进作用。如果在感谢信上就接待时所发生的一些问题作出交待,感谢信效果会更好,因为这已不是一般的交流,而是比较近,比较深的交流方式,能表现出对参展者的重视。

对参观展台的客户,不论是现有客户还是潜在客户,都发函致谢,感谢客户参观展台。这是一项比较大的工作,可以在展览会未结束之前就开始做。

## 2. 宣传

如果展出效果好，可以举行记者招待会或发新闻，将有关情况提供给展览会和新闻界，进一步扩大展出影响。在正常情况下，也应将展览会上的相关新闻稿，提供给媒体。很多参展企业不重视展览会后的宣传，而重视展前宣传。其实，展览之后的宣传可以获得比较突出的宣传效果，加强参观者的印象。

## (三)更新客户名单，变潜在客户为实际客户

在展览会闭幕之后和离开展出地之前，可以抓紧时间访问展出地的关键新客户。及时更新客户名单，对于目标客户的联系方式和会后的宣传拜访是十分必要的，良好的礼仪修养可以有效地将潜在客户变为实际客户。

## (四)加强客户联系，促进贸易成交

每个客户在展览会上都会与许多参展企业建立联系，但是只会与少数企业建立实际的贸易关系。这一方面依赖于产品，价格等条件，另一方面依赖于工作效率和质量，要抢在竞争对手之前巩固与新客户的关系，谁的工作做得好，谁就可以争取到新客户。对于接近谈成的项目，也要抓紧继续洽谈，争取在客户离开展出地之前签约，否则，未谈完的项目随时可能变卦。毕竟，市场充满变数，时机不等人。

### 【案例12-2】如何制定展览方案

(一)基本事项
1. 展览会名称或展览项目名称(全称、简称、中文、外文)
2. 展览日期
3. 开馆时间
4. 会场地点
5. 会场使用日期
6. 展览内容
7. 展览性质(贸易、批发、零售、宣传、招商等)
8. 观众性质和入场方式
9. 展出者数量
10. 展出目的
11. 展出内容
12. 展出面积、展出规模(参展公司数等)
13. 主办者
14. 协办者、赞助者、支持者
15. 承办者

(二)总体安排
1. 成立筹备组，筹备人员分工
2. 制定工作方案

3. 制定工作日程
4. 制定费用预算
5. 确定合作者、商量分工、落实方案、签订协议
6. 召开筹备人员会议

(三) 设计实施

1. 设计

(1) 确定设计整体要求、风格、标志、色调等
(2) 选择或委托设计人员或设计公司并交代设计要求
(3) 进行场地和施工设计：平面设计、单元设计、施工设计、道具设计
(4) 宣传设计：广告、海报、资料、资料袋、信封、信纸等
(5) 特殊设计：大门、装饰、问讯台等
(6) 内部审查、外部(展览会等)审查
(7) 修改设计
(8) 向参展公司提出设计施工方面的要求

2. 施工

选择、委托施工公司(索报价、洽谈、签约)，安排、监督施工。

3. 会场

(1) 确定面积
(2) 索资料和图纸(规定、图纸、申请表、合同等)
(3) 选择场地、租用场地
(4) 基本设施：地面、照明、电、水、气、空调、消防、扩音设备、仓库、办公室、会议室等
(5) 需要注意的事项：通道宽度、紧急出口、禁止明火、禁烟、限高等
(6) 展期的展场管理、保卫、清扫

4. 展台

(1) 基本设施：尺寸、用料、地面覆盖物、框、架、板、司标板、照明、桌、椅、废纸篓等
(2) 租用设施：展柜、展架、模型、模特儿、衣架、灯具、花草等
(3) 其他服务：电、水、气等

5. 办公室、接待室、备餐室、休息室

(1) 家具：沙发、茶几、办公桌、椅、备餐桌等
(2) 用具：电话机、传真机、复印机、计算机、冰箱、烧水器、炉、茶具、咖啡具等

6. 道具运输，包括去程和回程：道具装箱、制作清册等
7. 施工安排

(四) 展品运输

1. 参展公司

(1) 招展、宣传、寄发申请表
(2) 确认申请、召开展出者筹备会议，发或寄有关资料：展览会概况、联系地址、

第十二章 会展服务礼仪——热情周密

工作日程、运输安排、设计要求、行政安排等

2. 展品

(1) 公司安排的展品、模型(种类、范围、数量等)

(2) 统一征集、调转、采购的展品

(3) 装箱前测试将操作演示的展品

(4) 准备或要求准备展品说明包括技术数据说明、文图说明

(5) 安排或要求安排包装

(6) 大型展品比如机械设备运抵展台后安排组装调整

3. 运输

(1) 安排运输日程

(2) 选择运输公司和代理:索报价、比价、谈判、签约

(3) 集中展品、理货

(4) 租船:船名、船期

(5) 装箱:集装箱或木套箱,落实箱源

(6) 安排装车、装船

(7) 国外运输安排:通关、运至展台、开箱清点、空箱存放和回运、结关、安排回程运输

(8) 回国运输安排:结关、港口至仓库运输、分运、开箱清点交接

4. 有关手续及单证:参展者办理,组织者审核、汇总

(1) 作清册(15份),内容包括展品、免费样品、宣传品、接待品、赠送品、工具等

(2) 做货载衡量单(8份),参展者办,组织者汇总

(3) 办出口许可证,注意一般许可或特别许可

(4) 做类别单

(5) 出具报关函、出口报关单

(6) 办运输保险

(7) 办商检证(参展者办)

(8) 办普惠制证明

(9) 办原产地证明或领事认证(组织者办)

(10) 出具免征港务费函、包装情况表,发委托装船通知书

(11) 做装箱单

(12) 装车、船后索提单

(五) 宣传广告

1. 宣传文字

2. 基本资料

(1) 展览概要(单页)

(2) 展览指南:公司介绍(名称、地址)、展出内容、产品介绍、展台号等,平面图、会场地图、导向图、询问地址等

(3) 信封、信纸、资料袋

3. 宣传对象

贸易商、制造商、零售商、批发商、消费者等

4. 宣传渠道

公关代理、广告代理、使馆、航空公司、贸易机构等

5. 宣传方式

(1) 新闻：新闻招待会、记者接待室、新闻稿发布

(2) 刊物：在报纸、杂志、内部刊物刊登广告、消息

(3) 海报、招牌广告

(4) 直接发函：组织者和参展者都寄发，寄发给目标观众、工商团体、新闻机构等

(5) 电视、电台：刊登广告、消息

(6) 记录：摄像、摄影(开幕式、招待会、记者招待会、展场、洽谈等)

(7) 展览会目录：填交登录材料、刊登广告

6. 宣传资料运输装箱、造册

(六) 展台工作和贸易活动

1. 准备货源、货单、价格单、合同和成交条件
2. 编印询问表、记录表、统计表和其他表格
3. 选择、培训展台人员，并交代展台工作要求
4. 布置展台、检查展台文字、测试展品
5. 介绍、演示展品
6. 散发资料
7. 接待观众、接待记者、接待贵宾
8. 贸易洽谈、成交
9. 调研：包括市场调研、展出设计布置和效果等
10. 报告会、讲座
11. 统计、记录
12. 展台管理：安排轮班，现场工作安排、管理，维护展台环境和秩序，监督展台人员的工作和效率，总结分析每天展出情况，采取必要的工作调整
13. 评估总结
14. 后续工作

(七) 仪式

1. 开幕式/馆日、招待会

日期、时间、地点、范围、规模、程序、主宾、出席人(名单)、邀请(请柬、印刷、邮发)、签到(名片盒、签到簿、签字笔、胸牌、胸花)、仪式、讲话(讲话稿内容、审核、翻译、设备)、剪彩(立杆、彩带、剪刀、手套、托盘、持彩托盘人、引导)、参观(路线、引导、解说)、招待会、备餐(人数、标准、酒菜水内容)、资料(展览会介绍、讲话稿、贵宾名单)、礼品

2. 邀请安排

(1) 邀请函或请柬格式

(2) 印制、寄发日程

(3) 邀请范围、名单收集筛选

3. 人员安排

(1) 发言人

(2) 工作人员

4. 场地安排

大厅、贵宾室、签到台、租用布置

5. 用具、资料

(1) 用具：国旗、国歌磁带或乐谱、签到簿、签到笔、名片盒、佩花、装饰花、彩带、立杆、剪刀、手套、托盘

(2) 资料：仪式程序表、讲话稿、展览介绍

6. 其他安排

停车、贵宾引导、安全、保卫、消防

(八) 交际

1. 拜会：对象、日程、安排、资料、礼品

2. 宴请：对象、日程、邀请、地点安排、菜水安排、座位安排、讲话安排

3. 礼品：购买、制作、包装

4. 联系征求支持单位

5. 发函致谢支持单位

6. 礼品、招待品装箱造册

(九) 行政

1. 展览团：设立展览团管理体系，任命展览团管理人员，挑选展台人员包括推销人员、技术人员等，雇佣展台辅助人员包括招待员、译员，编制名单等

2. 证件：办理签证、展览会入场证等

3. 交通：安排行期和路线、订机、船、车票，向参展公司确认或自行安排

4. 市内交通：有些地方需要统一安排展台人员上下班的交通

5. 住宿：统计要求，寻房、索价、谈判、订房，向参展公司确认或自行安排

6. 膳食：统计要求，选择餐厅、谈价、订餐，向参展公司确认或自行安排

7. 服装：统一制作或提出要求

8. 财务：做预算、管理开支、支付费用；展览场地费、施工费、道具费、水电费、电话费、运输费、住房费、广告费等

(资料来源于世孚展览展示)

# 本章小结

会展专业是近几年发展起来的新兴专业，随着国际会展业的迅速发展，会展类人才也备受青睐。主要介绍了会展组织接待活动的服务步骤、服务内容以及在会展活动中各相关服务人员和参展人员要掌握的相关礼仪知识，既有对礼仪知识系统、综合的介绍，又力图结合会展业实际，体现较强的行业性和实用性。期望通过本章的学习，使本专业的学生能掌握一定程度的会展礼仪知识，并应用于实际的会展服务当中。

# 习题

1. 会展前期准备工作主要有哪些？应考虑哪些方面的因素？
2. 结合实际谈谈我们应该做好哪些会展接待？
3. 会展场地座位布局有哪些常见形式？
4. 展台接待礼仪有哪些？
5. 会展后续工作礼仪是什么？

## 实训项目

### 实训项目一：会展座位布置

要求学生按照会展座位布置的几种方式进行练习，注意每一种布置的使用范围。

### 实训项目二：展台接待演示

要求学生根据展台接待的要求，进行展台接待，注意一些措辞和技巧。

# 第十三章 仪式礼仪——庄重典雅

**【本章导读】**

仪式也称为典礼,通常是商务或政务活动的重要组成部分和特殊形式。仪式礼仪是指各类组织或机构在举办重大民间、商务或政务活动时应遵守的礼仪规范。仪式礼仪包括个人礼仪和重大活动的惯用仪式礼仪两部分。仪式一般专门举行,比较庄重,接待规格高,本章重点介绍了开幕庆典礼仪、新闻发布会礼仪和商务谈判与签字仪式礼仪,要求旅游行业的从业人员,特别是旅游企事业单位中的管理者和接待人员掌握各项仪式礼仪,讲究仪式礼仪程序,圆满完成接待任务。

**【教学重点】**

通过学习,熟悉庆典仪式、开业仪式、剪彩仪式、签约仪式等基本商务仪式,掌握筹备开业仪式的原则、程序和剪彩仪式的特征

**【核心概念】**

仪式礼仪 开幕庆典 剪彩仪式 商务谈判
签字仪式 新闻发布会

# 第一节　开幕庆典礼仪

开幕庆典又称开幕典礼，是指企业或组织为了庆祝或纪念企业创立、开业，或项目完工、落成，或某建筑物正式启用，或某项工程正式开始等，而按照一定的程序举行的特殊的仪式。开幕典礼的成功与否不仅关系到本次活动的效果，也影响着公众对企业的综合评价。开幕典礼往往以剪彩仪式为主要标志性的活动，也有一些实力雄厚的企业为了宣传造势，还可能为庆祝开幕活动而承办一场文艺表演等。

## 一、开幕庆典的特点

开幕典礼在筹备阶段就应严格按照其礼仪要求进行准备，即开幕典礼应遵循热烈、节俭、有序的宗旨来举办。

### 1. 气氛热烈

举办方对开幕典礼进行筹划时，应围绕如何使开幕典礼始终在热烈的气氛中进行的思路进行设计和组织。即举办方应通过场地布置、音响效果、节目策划等手段，想方设法地营造出一种欢快、喜庆、隆重、令人激动的氛围，保证开幕典礼现场不会出现气氛沉闷或冷场的场面，而达到组织预期的效果。

### 2. 费用节俭

尽管开幕典礼要求热烈、隆重的气氛，但并不意味着开幕典礼活动可以不计成本，甚至是铺张浪费。主办方在筹备及举行典礼的过程中，始终应量力而行，节俭为佳，注重投入与效果之间的合理比例，通过精心的组织和合理的安排节约举办成本，争取以尽可能小的投入获得活动举办的成功。

### 3. 组织有序

主办方从开幕典礼的策划开始，就应遵循礼仪惯例，重视程序，注意细节，保证开幕典礼从筹备到举办结束始终在可控的轨道上行进。要确保典礼中的所有环节都能有条不紊地进行，就必须先对可能出现的意外情况做相应的充分准备，从而避免突发状况的出现，以及在出现突发情况时，能将不良影响控制在最小范围内。

## 二、开幕庆典的筹备礼仪

开幕式具有象征性和标志性的仪式，有特定的程序和丰富的活动内容。

## (一)参加人员及邀请方式

### 1. 确定参会人员

主办单位及其上级机关的领导人；会展活动的承办单位、协办单位、赞助单位的领导或代表；涉外活动也可邀请有关国家、地区、组织的代表出席。

必须邀请有关新闻媒体参加，通过媒体宣传报道可以扩大会展活动的社会影响，提高活动的知名度。视情况还可邀请部分身份特殊的群众代表参加，用温情营造热烈气氛。

### 2. 书面邀请

请柬用于邀请重要来宾；邀请信用于一般的出席对象，内部人员则用书面通知。书面邀请要表达邀请出席的诚意，对一些关系特殊的单位及人员还可以提出一些诸如祝贺、送花篮等希望和请求。

### 3. 电话跟踪落实

要逐一对被邀请人员进行电话跟踪，必要时可以派专人上门联络，落实受邀情况。

## (二)开幕式现场布置

### 1. 会标

开幕式会标要与会场大小协调，色彩与主题相一致，会标文字应当反映活动的主题。涉外会展活动的开幕式，还应悬挂有关国家的国旗。

### 2. 座位布置

设主席台和贵宾区，并摆设座位。如站立举行，事先应划分好场地以便维持现场秩序。主持人、致词人、剪彩人和主要贵宾应面向群众代表。

### 3. 物品准备

准备好以下物品：签到簿、留言簿、笔墨文具、上书"贵宾"或"嘉宾"的胸花和红绸带、礼品、彩球、彩带、剪刀，以及音像设备。

## (三)开幕式程序

### 1. 开幕前气氛渲染

大型会展活动的开幕式现场可摆放花卉、悬挂彩旗和标语，并适当安排音乐、歌舞、体育表演等助兴节目，体现喜庆、欢快、隆重的气氛。

### 2. 来宾签到留念

签到处要有醒目的标志，签到簿和笔墨应准备齐全。礼仪人员要为来宾佩带胸花和来宾证，赠送礼品，然后引入主席台或贵宾区就座。

### 3. 仪式开始

主持人宣布仪式开始,并介绍出席开幕式的领导人和主要来宾。主持人应当具有一定身份,也可请在场身份最高的领导宣布活动开幕。

### 4. 举行升旗仪式

政务性重要活动的开幕式要升国旗、奏国歌商务活动要升会旗、奏会歌。升旗时要求全体起立,神情肃穆,面向国旗或会旗。

### 5. 致辞

主办单位领导人致开幕词,开幕词首先要向各位来宾表示欢迎,对有关各方表示感谢,主体部分要说明会展的目的、任务和要求,并预祝会展圆满成功。大型会展一般另外安排有上级领导主旨发言,并宣布活动开幕。

### 6. 剪彩

主持人应介绍剪彩人员的身份和姓名,身份最高者居中,其他人员按身份高低先左后右顺序排列。联合主办的剪彩仪式,则按主左客右的惯例排列。剪彩时,播放音乐,放鞭炮或礼炮,全体参加人员鼓掌祝贺。

### 7. 参观、植树、观看表演

根据会展活动的具体内容和性质,许多大型活动开幕式结束后主办方可组织来宾参观或举行酒会庆祝,植纪念树活动,或观看文艺、体育表演,还可为到场的广大民众赠送印有企业信息的纪念礼物,使整个典礼在热烈、喜庆的气氛中结束。

## 三、开幕剪彩礼仪

在我国,开幕典礼上的重头戏是"剪彩"。其仪式的主要内容是邀请专人使用剪刀剪断一条中央扎花的红色缎带,即象征着好彩头的所谓的"彩"。

### (一)剪彩的准备工作

#### 1. 确定剪彩人员

为了给剪彩仪式增光添彩,往往需要邀请一些嘉宾出席。因此,在剪彩仪式举行之前需要精心拟定邀请宾客的名单,并提前2～3天给宾客寄送请柬。通常,嘉宾多由上级领导、合作伙伴、社会名流、各界代表、员工代表或客户代表组成。

在剪彩仪式正式举行之前还需要确定剪彩人的名单,名单一经确定,即应尽早告知对方,使其有所准备。

**小贴士**

根据惯例,剪彩者通常是嘉宾中身份或声望最高的人。剪彩者可以是一人,也可以是几个人，但是一般不应多于5人。需要由数人同时担任剪彩者时，应分别告知每位剪彩者届时他将与何人同担此任。这样做，是对剪彩者的一种尊重。

**2. 准备文字材料**

在开幕典礼上嘉宾代表会对开幕典礼的主题致贺词，同时企业方的代表也需对嘉宾的光临致答谢词。为了使典礼按企业方期待的方式进行，典礼筹备组应事先为双方代表准备好所需文字，以备现场所需。

**3. 布置现场及准备道具**

为了配合剪彩仪式的盛况，剪彩现场需要进行一定的装饰。在剪彩处悬挂印有剪彩仪式具体名称的大型横幅，在主席台地面上铺设大红地毯并摆上精致的花盆是最常见的现场布置方式。另外，还需要准备好剪彩所需的缎带、剪刀、手套等道具。

红色缎带——按传统做法，应当准备一整匹崭新的红色绸缎，在其中间结上数朵生动、硕大、醒目的红花，具体数量依剪彩者人数而定，一般红花数比剪彩人数多上一个，以使每位剪彩者都处于两朵红花之间。

新剪刀——为每位剪彩者各准备一把崭新、锋利的剪刀，专供其在剪彩时使用。

白色薄纱手套——在正式隆重的剪彩仪式上，为表示郑重其事，剪彩者一般还会戴上白色薄纱手套，剪彩完后即脱掉。

托盘——在剪彩仪式上所用的托盘通常也是全新的，且首选银色，使用时还应在上边铺上红色的绒布或绸布。礼仪小姐一人一个，专门盛放红花、剪刀、白色薄纱手套。

**4. 剪彩的方式**

剪彩有两种方式，一种是剪彩球，一种是剪彩带。所剪彩球要用彩带联结，数量应是剪彩人数加上1，以使每个剪彩人都处于两个彩球中间。每个彩球均应由礼仪小姐用托盘托住，如不用托盘，应事先告诉剪彩人一定要用左手捏住彩带，以免剪彩后掉落。另外，剪彩用的剪刀也应事先准备好，剪彩人每人一把，在剪彩时由礼仪小姐用托盘递上。

## (二)仪式进程中的礼仪要求

**1. 请来宾就座**

通常情况下，剪彩人员就座于前排，以方便剪彩时在礼仪小姐的带领下上主席台。座次的安排按照国际惯例中的礼宾次序，即第一剪彩人位第一尊位，距离他越远位次越低，且右手位高于左手位。

**2. 主持人宣布开始**

主持人宣布仪式正式开始，全场起立，奏乐或放烟火或放鸽子等来烘托现场的热烈气氛。之后，向全体来宾介绍到场的重要来宾。

### 3. 致辞

先由嘉宾代表致贺词，再由主办方代表致答词。

### 4. 剪彩

礼仪小姐应排成一行率先登场，从两侧同时登台，或是从右侧登台均可。登台之后，拉彩者处于两端拉直红色缎带，其余礼仪小姐手持托盘站立在各捧花后一米左右，并且自成一行。在剪彩者登台时，引导者应在其左前方进行引导，从右侧出场并各就各位。剪彩者仅为一人，则其剪彩时居中而立即可。若剪彩者不止一人时则按礼宾次序就位。接到暗示后，礼仪小姐从各剪彩人员的左后侧递上托盘，待剪彩人员戴上手套、拿好剪刀后，应做好接稳捧花的准备。剪彩者在剪彩成功后，可右手举起剪刀，面向全体到场者致意；然后放下剪刀、取下手套于托盘内，举手鼓掌。剪彩人员依次与主人握手道喜后，在引导者的引导下从右侧退场。之后再礼仪小姐列队由右侧退场。

图 13-1　剪彩仪式

### 5. 收尾

剪彩程序结束后，主办方可请领导和来宾留言或题词，组织来宾参观或举行酒会庆祝，使整个典礼在热烈、喜庆的气氛中结束。

【阅读材料】第 22 届中国·成都国际桃花节开幕式方案(简略)

一、活动时间：2008 年 3 月 22 日 10：00—11：00

二、活动地点：锦江大礼堂广场

三、主办单位：成都市人民政府

四、承办单位：中共成都市龙泉驿区委员会(其他单位略)

五、区上出席领导：全区副区级以上领导(52 名)

六、美方出席人员：行政官员、农场主、艺术团成员共计 37 人

七、其他参加人员：

(一)区级部门、街道、镇乡领导 260 人

(二)企业代表 100 人

(三)大学生代表 400 人

## 八、活动时间安排

07:00　音控调试，试放桃花节宣传片(桃花节组委会录制宣传片以及美国各界人士祝贺桃花节宣传片)。企业展示车辆到位。

07:30　所有工作人员到位，救护车到位。

08:30　主持人、礼仪人员进场就位，演出队伍(桃郡演艺人士代表团、区艺术团、军乐队、狮龙队)进入指定区域并开始彩排。

08:30　现场大屏幕电视播放桃花节宣传片(桃花节组委会录制宣传片以及美国各界人士祝贺桃花节宣传片)。

09:00　桃花节承办单位领导、区级领导；区级各部门、街(镇)乡代表、企业代表、大学生代表到位。

09:30-09:55　省、市领导、美国佐治亚"桃花节"访问代表团到达会场、美方行政官员佩带鲜花并在休息区稍作休息(礼仪配合)。

09:40　美国佐治亚"桃花节"访问代表团由礼仪人员引领至站位区。

09:55　礼仪人员引领省、市领导及美方行政官员从贵宾休息室到达主席台。

10:00　开幕式正式开始。

10:40　开幕式结束。

## 九、开幕式议程

09:00—09:45　美方艺术团、区艺术团、军乐队轮流演出。

09:45—9:55　司仪介绍桃花节概况(翻译)

09:55—10:00　军乐队演奏《迎宾曲》，礼仪小姐引领省、市领导从休息区到达主席台。

10:00—10:03　司仪请出成都市政府分管领导主持开幕式(翻译)。

10:03—10:18　主持人介绍出席领导及嘉宾(翻译)。

10:18—10:28　成都市领导致辞(翻译)。

10:28—10:38　美国佐治亚州行政长官致辞(翻译)。

10:38—10:40　到会最高领导宣布"第22届中国·成都国际桃花节开幕"(翻译) 礼花同时鸣放。

10:40—11:00　开幕式结束，领导和嘉宾退场。与此同时，广场上响起欢快的音乐(军乐 乐队奏乐)。

## 十、组织机构

(一)开幕式由桃办、接待组、督查组共同承办，其他各组协办。

总指挥：略

现场总指挥：略

现场副总指挥：略

(二)各组织机构及任务

1. 文秘组

略

主要任务：

(1) 负责草拟开幕式议程；

（2）负责邀请到会领导的跟踪落实，3月22日开幕式现场向主持人提供到会领导名单；

（3）负责领导致辞的草拟、送审、呈送；

（4）负责向到会最高领导呈送"我宣布第22届中国·成都国际桃花节开幕"文稿；

（5）负责主席台领导站位的确定工作。

2. 接待组

略

主要任务：

（1）负责领导和外宾签到；

（2）负责贵宾休息室的布置、后勤接待并引导参会领导和外宾分别进入休息室；

（3）负责为领导和外宾佩戴胸花；

（4）负责引领领导和嘉宾登台和退场；

（5）负责领导和外宾22日白天的参观安排和接待；

（6）负责礼仪人员的管理和指挥。

3. 现场布置组

略

主要任务：

（1）负责主席台的搭建、会场布置(礼堂建筑物横幅及竖幅、鲜花、喷绘展板、红地毯)；

（2）负责开幕式的音响、大屏幕电视的设置和调试；

（3）负责领导休息室的设置；

（4）负责现场内外气氛的营造(升空气球、标语制作安装)；

（5）负责作好防雨预案(小雨：领导准备雨伞，嘉宾准备雨衣；大雨：搭建背景板防雨棚，嘉宾准备雨衣。)

（6）负责落实礼炮鸣放相关事宜(礼花采用小纸屑和桃花花瓣，礼花炮口向观众区)。

4. 安全保卫组

略

主要任务：

（1）区公安分局负责向市公安局报告并争取支持；

（2）负责落实与锦江区公安分局的协调；

（3）负责指挥来宾车辆的分流和车辆停放；

（4）负责安排消防车；

（5）负责21日晚开幕式现场设施的安全值守以及22日开幕式会场及周边区域的安全保卫工作。

5. 保障组

略

主要任务：

（1）区卫生局负责安排救护车；

（2）区供电局负责21日彩排和22日开幕式会场的供电保障，并做好应急预案；

(3) 区气象局负责提前 3 天做好开幕式当天天气预测工作。

6. 综合协调组

略

主要任务：

(1) 开幕式方案的策划和印发；

(2) 负责开幕式领导观看区域的划分；

(3) 负责参会领导名单、出席嘉宾范围的确定；

(4) 负责工作证、嘉宾证、车辆通行证、总指挥、副总指挥胸标等的印制和发放工作；

(5) 负责参加开幕式人员的组织和接待工作；

(6) 负责艺术团现场表演和乐队指挥、礼炮鸣放的组织工作。

7. 宣传组

略

主要任务：

(1) 负责制定开幕式宣传方案；

(2) 负责宣传资料准备和现场标语口号的审定；

(3) 负责媒体记者的邀请、现场签到以及 22 日当天的接待与安排；

(4) 负责开幕式现场的音像工作；

(6) 负责提供开幕式现场大屏幕电视播放的桃花节宣传片(桃花节组委录制宣传片以及美国各界人士祝贺桃花节宣传片)。

8. 督查组

略

主要任务：

(1) 负责督促各工作组按职责分工推进工作，确保按时、保质完成各项筹备工作任务；

(2) 负责对各项任务进行目标考核。

### 十一、活动组织实施

(一)媒体造势

由宣传组牵头，充分调动驻蓉各大媒体的积极性，大力宣传推介第 22 届中国·成都国际桃花节开幕式，并对开幕式首游所涉及的路线、重点景区进行宣传。

(二)会场氛围营造

1. 主席台设置在锦江大礼堂台阶上的平台处，主体结构呈花瓣形，主背景板上书"第 22 届中国·成都国际桃花节开幕式"，设置扩音系统一套，设置大屏幕一个，安置立式麦克风 2 个(居左)，以备主持人和领导致辞使用。

2. 鲜花 5000 盆放于主席台两侧；

3. 主席台和通往主席台的台阶铺设红地毯；

4. 主席台左侧为军乐队表演区，中间为外国友人、区艺术团表演区，左右两边为狮龙站位区；

5. 会场设置升空气球 20 个，主会场两侧各 10 个。

附件：
1. 开幕式布局示意图(略)
2. 开幕式整体气氛图(略)
3. 车队前往龙泉路线图(略)
4. 车辆疏散示意图(略)

中国·成都国际桃花节组委会办公室
2008年3月19

# 第二节　新闻发布会礼仪

新闻发布会，又称记者招待会，是指组织或机构向社会传达信息，与公众、媒体进行沟通的公关手段。新闻发布会的主题广泛，会展阶段性成果、最新发生的新闻事件、为公众所关心的政策、立场和观点等，要求具有极强的新闻性、时效性、社会性和真实性。而在危机公关事件中，通过新闻发布会澄清事实，解释立场，纠正谬误，检讨失职，争取媒体与公众的谅解，能够化险为夷，挽救组织形象和声誉。

## 一、发布会筹备礼仪

筹备新闻发布会，最重要的是要做好主题的确定、时空的选择、人员的安排、材料的准备等一些具体的工作。

### (一)主题的确定

决定召开一次新闻发布会之后，即应首先确定其主题。主题确定是否得当，往往直接关系到本单位的预期目标能否实现。这是的"得当"主要表现为是否有较强的新闻价值，能否引起新闻媒体的兴趣及公众的广泛关注。事无轻重都举办发布会是对企业资源的浪费，只有对企业发展会产生较大的影响的事件才适合作为新闻发布会的主题。

**新闻发布会前应思考的问题**

(1) 准备的新闻通稿或声像资料带——附带事件简介、背景材料——是否完全可以提供给记者所需的、媒介受众喜欢的故事？

(2) 让记者们亲眼看到或试用某一新产品时，是否可以给一则新闻通稿增加些什么？

(3) 公司高层管理者或董事会成员公开露面是否能为公司获得或提高凝聚力或可信度？

(4) 能否提供给记者在别处得不到的新闻？

(5) 是否存在其他有效向记者传递信息的途径？如，一次舞会或一次聚餐。

(6) 公司新闻发言人能否有效传递信息并经受住提问的考验？

(7) 与记者面对面的交流是否可以为他们提供一个询问公司其他方面情况而我们又不希望将之公开化的机会？

### (二)时间、地点的选择

选择适当的新闻发布会的时间与地点，对新闻发布会的效果有积极的影响。

#### 1. 时间的选择

通常，新闻发布会的时间都会控制在两个小时以内。而选择新闻发布会举行的具体时间，还须注意以下问题：一是要避开节日与假日；二是要避开本地的重大社会活动；三是要避开其他单位的新闻发布会；四是要选择贵宾方便的时间。以上4点如果得到保证，就能在一定程度上确保新闻发布会的效果。

通常，新闻发布会适宜安排在周一至周四的上午十点至十二点，或是下午的三点至五点之间。这两个时段，大多数人都是方便出席的。除非特殊原因，周五、周六不得选择召开新闻发布会，人们的重心大都转移到对周末的计划上，往往对大型商务活动关注不足。

#### 2. 地点的选择

确定新闻发布会的举行地点应以主题的影响力为依据，除可以考虑本单位本部所在地、活动或事件所在地之外，影响力大的还可优先考虑首都或其他影响巨大的中心性城市。具体地点应选择交通方便、环境优雅、音响设备精良、有一定知名度的场所，如本单位的会议厅、知名酒店的多功能厅、当地有影响的建筑物等。

### (三)相关人员的安排

#### 1. 确定主持人和发言人

发布方出席新闻发布会的代表人数应依发布会的规模和重要性而定。不论发布会大小，主持人和发言人都是其中最关键的人物，他们的发挥往往直接关系到发布会的成败。主持人主要说明举行新闻发布会的目的和背景，介绍发言人的身份和姓名，掌握发布会进程和时间，信息发布和回答提问则由发言人负责。按照常规，新闻发布会的主持人往往在发布方高层领导者中选择，其基本条件是：有丰富的主持经验，善于控制场面。

发言人应具备有效传播与沟通能力即涉及知识面、清晰明确的语言表达能力、倾听的能力及反应力、外表及身体语言；执行原定计划并加以灵活调整的能力。同时，头衔很重要，新闻发言人应该在公司身居要职，有权代表公司讲话。在答记者问时，一般由一位主答人负责回答，必要时，如涉及专业性强的问题，由他人辅助。必要时可安排会展负责人或主管人员回答有关的方针、政策和具体业务方面的问题。

#### 2. 选择翻译人员

有国外参展商或外国媒体记者参加的新闻发布会，要事先安排多语种的翻译人员，进行现场同声翻译。

### 3. 工作人员

负责现场的礼仪接待工作的人员也应提前安排好,主办单位宜选择有较高素质的年轻男女担任。为了宾主两便,主办单位所有正式出席新闻发布会的人员,均须在会上佩戴事先统一制作的姓名胸卡。

## (四)材料的准备

提供给媒体的资料,一般以广告手提袋或文件袋的形式,整理妥当,按顺序摆放,在会前发放给新闻媒体。同时,注意不要把同样的新闻稿发给所有的媒体。要根据报纸杂志的读者群特点量体裁衣,提供不同特点的信息来满足他们的需要,这样他们才会刊登对你有利的报道。

**小贴士**

资料顺序依次应为:会议议程、新闻通稿、演讲发言稿、发言人的背景资料介绍(应包括头衔、主要经历、取得成就等)、会展宣传册、产品说明资料、有关图片、纪念品、会展组织新闻负责人名片(供新闻发布后进一步采访、新闻发表后寄达联络)、空白信笺、笔(方便记者记录)。

### 1. 发言提纲

它是发言人在新闻发布会上进行正式发言时的发言提要,也是企业向媒体和公众交代这次发布会的主题和中心容。它既要紧扣主题,又必须全面、准确、生动、真实。其中供发言人参考使用的发言材料一定要全面反映情况,准确表述立场,并经领导审定,统一口径后方能公布。

### 2. 问答提纲

为了使发言人在现场正式回答提问时表现自如、不慌不忙,事先可对有可能被提问的主要问题进行一定的准备,这样既能节约时间,又能回答得更充分和准确。

### 3. 辅助材料

通常,在新闻发布会的举办现场可预备一些与主题相关的形象化辅助材料,如图表、照片、实物、模型、沙盘、录音、录像、影片、幻灯、光碟等,以配合发言人的发言,或方便出席者了解更多的情况。

## (五)确定邀请的新闻媒体

新闻发布会上的主宾就是邀请出席发布会的各新闻界人士,新闻发布会最终的效果如果取决他们对会议报道的及时性和客观性。为确保新闻发布会真正取得成功,必须对新闻媒体有所选择、有所侧重,应尽可能地优先邀请公众中影响力及影响范围都较大的媒体参加发布会,对会议内容作如实的报道。同时,还要注意媒体类型的平衡和协调,并应关照平面媒体记者与摄影记者一起前往。

邀请媒体参加发布会。信息发布者是社会传播的媒介和喉舌，会展组织者应该事先制定一个周密的媒体联系计划，列出准备要联系的名单，并安排专人分别与之联系。一般在会展开幕前大约3个月时，就应该向媒体发出书面邀请函，或直接电话邀请，并再发布会前一天做适当的提醒。

### (六)布置会场

**1. 会场布置**

新闻发布会现场的背景布置和外围布置需要提前安排，如会场外横幅、竖幅、飘空气球、拱形门等。在大堂、电梯口、转弯处应有导引指示欢迎牌，酌情安排人员做好记者引导迎宾工作。在发布会门口需安排签到台和签到簿。一般会议会要求与会者留下名片，需准备好"请赐名片"盒。

新闻发布会可根据规模和特点，考虑设置主席台(讲台)，在其上方或布景板上要书写会标。主席台需摆放席卡，以方便记者记录发言人姓名。摆放原则是"职位高者靠前靠中，职位低者靠边靠后"。小型发布会可将会场座位格局摆成回字形，发言人坐在中间，两侧及对面为新闻记者座席，并注意在后面会准备一些无桌子的座席。会场内要配备足够的电源、音响、音像设备，上网接口或者可以无线上网，供媒体记者采访、提问使用。如果是产品、技术或成果发布，需要现场展示和演示的器械、设备要准备妥当，演示人员要落实到位并训练有素。

**2. 新闻发布会会标选择**

我国对新闻发布会是有严格申报、审批程序的，对会展企业而言，可以尽量避免使用新闻发布会的字样，直接把发布会的名字定义为"××信息发布会"或"××媒体沟通会"即可。最好在发布会的标题中说明发布会的主旨内容，有时，可以为发布会选择一个具有象征意义的标题。这时，一般可以采取主题加副题的方式。副题说明发布会的内容，主题表现企业想要表达的主要含义。通常情况下，在主标题下需要以稍小字体打出会议举办的时间、地点和主办单位。

## 二、会议进程中的礼仪

新闻发布会的主要内容就是发言人发言，及回答记者的提问。

### (一)发言与回答

**1. 沉着应对**

发言人不论发言还是答问都应紧扣问题、条理清楚、简明扼要；遇到有记者问起事先未准备，甚至是难以回答或不便回答的问题，发言人也应保持风度、沉着应对，切不可脸色一变、横眉冷对的不予理睬。

### 2. 妥当处置

当有多个发言人共同出席发布会时，每个发言人应明确自己的发言范围；需要对同一问题进行说明时，也应讲究相互配合，不宜出现争相发言的场面。

### 3. 真诚相待

所有的新闻界朋友都一视同仁，真诚相待。尽可能地向新闻记者提供他们所需的信息，且保证信息的真实有效性。

## (二)媒体接待

包括记者招待会的组织与召开、记者到达现场后安排车辆的停放、记者在会展现场的休息场地及茶点供应、膳食安排、在与记者沟通中的语言技巧等细节问题。要奉行四海媒体皆是客的待媒体之道，给企业结交更多善缘。

新闻发布会和记者招待会都属于发布会，内容都应当具有新闻性，也最容易混淆。区别之一，邀请的对象不同。记者招待会是邀请记者参加，向记者发布信息并提问的会议形式。新闻发布会除媒体记者外，还可有针对性地邀请一些特殊身份的公众参加，通过公众向公众进行传播与沟通。区别之二，发布的形式不同。记者招待会采取双向沟通的形式，而新闻发布会视情况灵活采取双向沟通，或由举办方单向发布信息、不安排提问的沟通方式。

# 三、会后工作

新闻发布会一结束，主办方就应着手善后事宜：第一，广泛收集每一位到会记者的新闻稿，如有不实报道，要及时补救；第二，查看签到簿，核对是否每位到会记者都已发稿，对如实报道的记者表示感谢，并作相应记录，以便下次有活动时再邀请；第三，总结经验教训，写成文字材料归档备查，为下一次的发布会作充分的经验准备。

# 第三节 商务谈判与签字仪式礼仪

商务谈判又称为商务洽谈，是指在商务交往中，企业间为建立联系、达成交易、拟定协议、签署合同、处理争端等而进行的双方或多方面对面的商谈。签字是文件生效的重要标志，商务谈判成功后，谈判双方会拟定合作协议，最后举办签字仪式来使达到一致的协议对双方都产生相同的法律约束力。

# 一、商务谈判礼仪原则

商务谈判的主要目的是企业间达成某种一致性的意见，是双方合作的基础。经济谈判实质上是谈判双方通过在知识、经验、信息及口才上的较量，以求为自己争取更好的合作条件，而非是一场孰胜孰负的战斗。

### 1. 知己知彼

古人有云："知己知彼，百战不殆"。从商务谈判礼仪的角度看，"知彼"比"知己"更为重要。这里的知彼是指通过各种方法了解谈判对手的礼仪习惯、谈判风格及谈判经历；切忌冒犯对方的民族或宗教禁忌，以免因文化上的差异使谈判出现不愉快的局面。

### 2. 互惠互利

互惠互利即是要求谈判双方都应在不损害自身根本利益的前提下，主动照顾对方的一定利益，以达到"双赢"的最佳结局。这样不仅可以赢得对手的尊重，还能在商界树立良好的声誉，有助于企业在商场上的长远发展。"商场上没有永远的敌人"，今天最大的竞争对手明天可能就是最大的合作伙伴。因此，任何时候都不能故意伤害对手，要为今后可能的合作留有一定余地。

### 3. 求同存异

商务谈判要使谈判各方面都有收获，实现"双赢"的结局，就必须要坚持求大同存小异的原则，即要充分理解对方在个别问题上与自己的分歧，包涵对方在礼节上的不足之处，即使分歧过大难以达成妥协，也要尽可能寻求双方可能的合作机会。

### 4. 礼敬对手

不礼不胜天下，不义不胜人(管仲)。礼敬对手，就是要求洽谈者在洽谈会的整个进程中，要排除一切干扰，始终如一地对自己的洽谈对手讲究礼貌，时时、处处、事事表现得对对方不失真诚的敬意。在洽谈过程上，不管发生了什么情况，都始终坚持礼敬对手，充分地展示自身的修养和风度，即便谈判没能成功，也能赢得对手的称赞与尊重。

## 二、准备阶段的礼仪

作为商务谈判的主方，为了促成谈判的成功需要做一些准备工作。这里的准备工作主要是指谈判的接待准备工作。

### 1. 充分了解客方

为了做好谈判的接待工作，主方人员需要充分了解客方谈判代表的具体情况。如客方谈判团的具体成员名单；每个成员的性格、爱好、经历，并牢记他们的姓名。这不仅是为了更准确地提供他们所需要的接待服务，更是为了在谈判过程中做到知己知彼的必要步骤。

如果是涉外谈判，还需要清楚地知道对方的风俗习惯、民族禁忌等，照顾好对方成员的饮食起居，提供令其愉快的服务，展现我国作为礼仪之邦的真正风采。

### 2. 按国际惯例布置会场

商务谈判，特别是涉外商务谈判必须依照国际惯例布置谈判会场。布置会场的基本准则是礼宾次序,会场内一般摆放长方桌。长桌的摆放有对门横放和对门竖放两种形式。如图 13-2 所示。

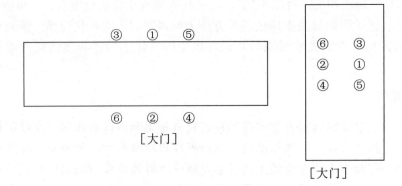

图 13-2　谈判中长桌的摆放与位次

注:①为客方第一谈判员;②为主方第一谈判员;③为客方第二谈判员、⑤为客方第三谈判员,若是涉外谈判则③为客方翻译员⑤为客方第二谈判员;同理,④为主方第二谈判员、⑥为主方第三谈判员,若是涉外谈判则④为主方翻译员⑥为主方第二谈判员。

## 三、谈判中的礼仪

正式的商务谈判需按照一定的礼仪和程序来进行。

### (一)双方见面时的礼仪

#### 1. 重视个人仪表礼仪

在商务谈判中,双方代表都应穿着简洁、高雅、正规的套装。通常,男士应穿深色西服配白衬衫、正式领带;女士则宜穿着深色的职业套裙以显示出精神、干练的风采。同时,男士还要注意仪表的整洁卫生,女士则还应着淡妆。整洁端庄的仪表不仅体现出了对对方的尊重,又提高了个人的自信心。

#### 2. 准时到达

商界普遍认为:"不守时的人不可靠"。守时是对商务人员最基本的礼仪要求。作为主方代表还应提前到达现场,做好充分地接待准备工作,当客方代表到达时,主方代表应有序的在会场门口迎接客方的到来。

#### 3. 自我介绍并互赠名片

双方代表初次见面时需相互自我介绍,通常由各方的谈判团主席介绍各自谈判成员,按照惯例由客方先介绍。被介绍到的人应起立一下微笑示意,可以礼貌地道:"幸会"、"请多关照"等,而主方成员应表示"欢迎,欢迎"。同时还要互赠名片,因此谈判人员还应注意呈、接名片的礼仪。

## (二)谈判之初的礼仪要点

### 1. 友好的气氛

谈判之初,双方接触的第一印象十分重要。言谈举止要尽可能创造出友好、轻松的良好谈判气氛。

### 2. 正确的姿态

谈判之初,姿态动作也对把握谈判气氛起着重大作用。目光注视对方时,目光应停留于对方双眼至前额的三角区域正方,这样使对方感到被关注,觉得你诚恳严肃;手势自然,不宜乱打手势,以免造成轻浮之感;切忌双臂在胸前交叉,那会让人觉得傲慢无礼。

### 3. 明确意图

谈判之初,重要任务是摸清对方的底细。要认真听对方谈话,细心观察对方举止表情,并适当给予回应,这样既可了解对方意图,又可表现出尊重与礼貌。

## (三)磋商的礼仪

在谈判过程中,双方代表都应牢记商务谈判的基本原则,始终以礼待人,保证谈判的顺利进行。

### 1. 阐述与应答

阐述意见应简洁明了,不可反反复复、喋喋不休,特别是在报价时更应明确无误,按商业惯例恪守信用,不欺蒙对方。事先要准备好有关问题,并选择气氛和谐时提出,态度要开诚布公。切忌气氛比较冷淡或紧张时询问,言辞不可过激或追问不休,以免引起对方反感甚至恼怒。但对原则性问题应当力争不让。

### 2. 倾听与退让

对方发言应专注的倾听,不宜随意打断;对方回答完自己的询问后,要及时向解答者表示谢意。

出现意见分歧时,应讲究方法,保持风度,不可唇枪舌剑的争吵,应就事论事,保持耐心、冷静,不可因发生矛盾就怒气冲冲,甚至进行人身攻击或侮辱对方。可做好适当退让的准备,以促成谈判取得成功。

### 3. 冷场的处理

双方僵持不下出现冷场时,主方要灵活处理,可以暂时转移话题,稍作松弛。如果确实已无话可说,则应当机立断,暂时中止谈判,稍作休息后再重新进行。主方要主动提出话题,不要让冷场持续过长。

### 4. 善始善终

如果谈判成功,作为谈判代表也应保持庄重,不可喜形于色、手舞足蹈。重点应放在对谈判协议的履行上，真正做到"言必信，行必果"；即使谈判失败，作为谈判代表也表现出应有的气度，"买卖不成情意在"，真诚地向对方表达对谈判失败的遗憾之情，期待与对方的下次合作。

**【案例 13-1】巴西谈判团为什么吃大亏？**①

巴西一家公司到美国去采购成套设备。巴西谈判小组成员因为上街购物耽误了时间。当他们到达谈判地点时，比预定时间晚了 45 分钟。美方代表对此极为不满，花了很长时间来指责巴西代表不遵守时间，没有信用，如果总是这样下去的话，以后很多工作很难合作，浪费时间就是浪费资源、浪费金钱。对此巴西代表感到理亏，只好不停地向美方代表道歉。谈判开始以后似乎还对巴西代表来迟一事耿耿于怀，一时间弄得巴西代表手足无措，说话处处被动。无心与美方代表讨价还价，对美方提出的许多要求也没有静下心来认真考虑，匆匆忙忙就签订了合同。

等到合同签订以后，巴西代表平静下来，头脑不再发热时才发现自己吃了大亏，上了美方的当，但已经晚了。

**案例点评：**本案从谈判艺术的角度的看，是一个挑剔式开局策略成功运用的经典案例。若在一开始的时候对对手的某项错误或礼仪失误严加指责，使其感到内疚，从而达到营造强势气氛，迫使对方让步的目的。而从礼仪的角度来看，是一个因为礼仪上的失误而招致对方猛烈攻击，最终导致吃亏的典型案例。试想，若巴西代表没有集体迟到，谈判又会是一个什么样的结果呢？

## 四、签字仪式礼仪

所谓商务签字仪式，是指商务活动中的合作双方经过协商或谈判，就彼此间的商务合作、商品买卖或争端解决方式达成协议或签订合同，并由双方代表在正式文件上签字的一种隆重而严肃的仪式。作为商务仪式之一，商务签字仪式有一套完整的礼仪规范。

### (一)准备阶段的礼仪要求

签字礼仪正式举行之前，双方都应对各自承担的工作进行完善，主办还应负责签字仪式现场活动的一切事宜。

**1. 准备正式文件资料**

签字仪式之前，要对签字文本和签字所需物品精心制作，做好充分的现场准备工作。文本是签字仪式的主要对象，文本定稿、翻译、校对、印刷、装订、盖火漆印，要做到准确、精美、及时。如果是涉外协议或合同的签字仪式，应按照国际惯例，使用宾主双方的母语准备文件资料。在准备正式文本上，主方应承担主要任务。签字时用的国旗、文具要准备齐全，符合规格。特别是签字用笔和用墨必须符合归档的要求，签字笔要防止墨水堵塞，确保签字时书写流畅。

---

① http://zhichang.china.cn/zcsy/txt/2006-10/10/content_219641_2.htm

**2. 布置好签字厅**

签字厅一般要张贴会标、摆放签字桌、悬挂国旗、放置讲台和话筒。签字仪式的会标要求醒目，由签约双方名称、签字文本标题和"签字仪式"或"签约仪式"组成。签字厅内可设置两张方桌为签字桌，双方签字人各坐一桌，其他参加仪式的人员均坐在签字桌的对面。或者安排一张长方桌为签字桌。座位按主左客右的惯例摆放，多方签字则按英文国名当头字母的顺序排列，也可按事先商定的顺序排列。签字桌上可放置各方签字人的席卡，用中英两种文字标示，写明签约的国家或组织的名称、签字人的职务及姓名。

签字人分坐左右，国旗分别悬挂在签字人身后，或悬挂在各自的签字桌上。多边签字仪式，则插在各方签字人座位前的桌上或身后。如现场有会标，国旗不应遮挡会标。如果签字仪式还安排各方领导人致辞，可在签字桌右侧摆放讲台，或放置落地话筒。

现场的布置视签字厅面积及布局的不同，常选择以下两种方式，见图13-3所示。

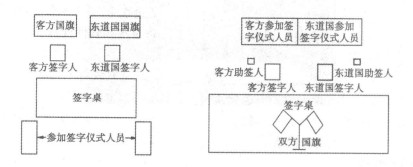

图13-3 签字厅的布置

多边签字仪式的礼仪与上述大体相似。若仅有三四个签字方，只需相应多配备签字人员座位、签字文具及国旗等。若签字方众多，通常只设一席，先客后主，客方按礼宾次序，先由文本保存方代表签字。

**3. 确定参加仪式的人员**

签字人一般由缔约双方根据文件的性质和重要性协商确定，级别有高有低，高者由国家领导人签署，低者也可由政府有关部门负责任人出面签字，但各方签字人的身份应大致相当。而双方助签人员应该事先与对方商定，双方人数最好大体相等，并洽谈有关细节。参加会谈的人员一般都出席签字仪式。为体现出双方对协议或合同的重视，可以安排更高级别的领导出席签字仪式，主方往往采用这种高格接待来体现对客方的礼遇。

## (二)仪式程序

签字仪式是既是一次洽谈或谈判的结束，更是一次商务活动的高潮，所以，参加签字的所有人员都应注重仪表、仪态，穿着打扮力求整洁得体，言谈举止要求大方自然，整体感觉应是喜悦而庄重。签字仪式一般有以下4个步骤。

### 1. 各就各位

各方出席人员准时步入签字厅，签字代表按照主左客右就座于预先安排好的位置，各方陪同人员分主客两方排列站立于各签字者之后，或坐在己方签字者的对面，双方助签人员分别站在签字者的外侧。

### 2. 签署文本

首先是助签员协助己方签字代表翻揭文本，并指明签字处；双方代表先签署己方保存的合同文本，接着再交换签署他方保存的合同文本。按照国际惯例，每个签字人在己方保留的合同文本上将自己的名字签在首位。见图13-4所示。

图13-4　签字仪式现场

### 3. 交换文本

在交换签署了对方保存的文本后，双方签字人起立，正式交换合同文本。此时全场人员应热烈鼓掌以示祝贺。双方签字人热情的握手，互致祝贺，并相互交换各自一方刚才使用过的签字笔，以资纪念。

### 4. 共饮香槟庆祝

交换已签的合同文本后，国际上通行的做法是：双方签字人端起香槟酒共同举杯，接着，其他出席仪式人员亦同时举起酒杯，大家相互道贺后将香槟一饮而尽。

# 本章小结

本章通过对商务仪式礼仪的全面介绍，使旅游从业人员熟悉签约仪式、开业仪式、庆典仪式、剪彩仪式等基本概念，掌握筹备开业仪式的原则、程序和剪彩仪式的特征，重点介绍了开幕庆典礼仪、新闻发布会礼仪和商务谈判与签字仪式礼仪，为旅游从业人员较好的完成商务仪式礼仪接待任务提供了有章可循的依据。

## 习题

1. 开幕典礼的礼仪要求是什么？
2. 谈判过程中主办方应注意的礼仪有哪些？
3. 签字仪式的会场布置有哪两种常见形式？
4. 召开新闻发布会前应考虑好哪些相关问题？
5. 重大商务活动对参加人员的基本礼仪要求有哪些？

## 实训项目

**实训项目一：签字仪式会场布置**

要求学生按照签字仪式会场布置的两种方式进行练习，注意主客方的礼宾次序。

**实训项目二：谈判现场布置**

要求学生对模拟谈判现场进行布置，注意主客方的礼宾次序。

# 参 考 文 献

[1]. 牟红，杨梅. 旅游礼仪与实务[M]. 北京：清华大学出版社，2008.
[2]. 顾希佳. 礼仪与中国文化[M]. 北京：人民出版社，2001.
[3]. 杨军，陶梨. 旅游公关礼仪[M]. 昆明：云南大学出版社，2000.
[4]. 黄示平. 现代礼仪学[M]. 武汉：武汉大学出版社，2003.
[5]. 吴正平. 现代饭店人际关系学[M]. 深圳：广东旅游出版社，2003.
[6]. 张岩松. 现代交际礼仪[M]. 北京：中国社会科学出版社，2005.
[7]. 王水华. 公关与商务礼仪[M]. 南京：东南大学出版社，2001.
[8]. 李鸿军. 交际礼仪学[M]. 武汉：华中理工大学出版社，1997.
[9]. 田光占. 旅游礼仪[M]. 成都：西南财经大学出版社，2001.
[10]. 张蓝. MPA礼仪手册[M]. 北京：中国商业出版社，2002.
[11]. 何小娥. 礼仪时尚[M]. 乌鲁木齐：新疆人民出版社，2001.
[12]. 杨眉. 现代商务礼仪[M]. 大连：东北财经大学出版社，2000.
[13]. 赵关印. 现代礼仪基础[M]. 北京：气象出版社，2000.
[14]. 杨继明等. 实用公关礼仪[M]. 海口：南方出版社，2000.
[15]. 薛建红. 旅游服务礼仪[M]. 武汉：郑州大学出版社，2002.
[16]. 张利民. 旅游礼仪[M]. 北京：机械工业出版社，2004.
[17]. 张岩松. 现代交际礼仪[M]. 北京：中国社会科学出版社，2005.
[18]. 胡锐，边一民. 现代礼仪教程[M]. 杭州：浙江大学出版社，2004.
[19]. 范明华. 礼仪美学[M]. 武汉：华中理工大学出版社，1997.
[20]. http://www.gy16.com/cg/sort/8_1.htm.
[21]. 中国礼仪网 www.cnliyi.cn.
[22]. 中国管理联盟 http://www.cnmanage.com.
[23]. 谭受清. 高尔夫俱乐部管理[M]. 国防科技大学出版社，2004.
[24]. (美)约翰·斯坦布莱德著，曾婷婷译. 高尔夫规则与礼仪[M]. 北京：机械工业出版社，2008.
[25]. 李娌主. 导游服务案例精选解析[M]. 北京：旅游教育出版社，2007.
[26]. 佟玉华，张建国(百国(地区)礼俗与食俗). 北京：中国商业出版社，1993.
[27]. 国家旅游局人教劳动司编. 旅游服务礼貌礼节[M]. 北京：旅游教育出版社，1999.
[28]. 张四成. 现代饭店礼貌礼仪[M]. 深圳：广东旅游出版社，1996.
[29]. 马桂茹. 仪表美与训练[M]. 北京：中国旅游出版社，1993.
[30]. 徐易. 体育健身健美50法[M]. 北京：华夏出版社，1996.
[31]. 朱金官，马巧云. 健身健美锻炼[M]. 上海：上海科学技术出版社，1999.
[32]. 王晞，牟红. 旅游实用礼宾礼仪[M]. 重庆：重庆大学出版社，2002.
[33]. 门书春，李文霞. 现代社交礼仪[M]. 北京：经济管理出版社，1996.
[34]. 金正昆. 现代商务礼仪教程[M]. 北京：高等教育出版社，1996.
[35]. 陈继光. 礼貌礼节礼仪[M]. 广州：中山大学出版社，1997.

[36]. 舒伯阳. 旅游实用礼貌礼仪[M]. 天津：南开大学出版社，2000.

[37]. 林敏. 清心瑜伽[M]. 深圳：广东教育出版社，2003.

[38]. 李莉. 会展服务礼仪规范[M]. 长沙：湖南科学技术出版社，2005.

[39]. 刘大可. 会展活动概论[M]. 北京：清华大学出版社，2004.

[40]. http://news.wooshoes.com/plus/view.php?aid=10124.

[41]. http://wenku.baidu.com/view/88979eff910ef12d2af9e712.html.

[42]. http://eat.veryeast.cn/eat/45/2006-10/15/06101521001716196.htm.

[43]. 何春晖，彭波. 现代社交礼仪[M]. 杭州：杭州大学出版社，1995.

[44]. 徐永新. 交际的艺术[M]. 北京：中国人民公安大学出版社，1994.

[45]. 礼仪培训师赵鸿渐的新浪博客礼仪培训师·鸿渐儒雅斋，http://blog.sina.com.cn/zhonghualiyi.

[46]. http://baike.baidu.com/view/1662115.htm

[47]. 李嘉珊. 饭店服务礼仪，北京：中国人民大学出版社，2007.